西部史学

（第五辑）

邹芙都　赵国壮◎主编

西南師範大學出版社
国家一级出版社　全国百佳图书出版单位

图书在版编目(CIP)数据

西部史学.第五辑/邹芙都,赵国壮主编.—重庆:西南师范大学出版社,2020.12
ISBN 978-7-5697-0640-6

Ⅰ.①西… Ⅱ.①邹… ②赵… Ⅲ.①史学-研究-中国 Ⅳ.①K092

中国版本图书馆CIP数据核字(2020)第262572号

西部史学(第五辑)

邹芙都 赵国壮 主编

责任编辑:段小佳
责任校对:张昊越
书名题签:朱彦民
装帧设计:闰江文化
照　　排:王　兴
出版发行:西南师范大学出版社
网　址:http://www.xscbs.com
地　址:重庆市北碚区天生路1号
邮　编:400715
电　话:023-68868624
经　　销:新华书店
印　　刷:重庆荟文印务有限公司
幅面尺寸:170mm×240mm
印　　张:17.75
字　　数:296千字
版　　次:2020年12月 第1版
印　　次:2020年12月 第1次印刷
书　　号:ISBN 978-7-5697-0640-6

定　　价:68.00元

目录

一 古代史研究

二 近代史研究

三 经济史研究

四 世界史研究

五 教学改革

六 学术综述

七 中学历史教育研究

一 古代史研究

清华简人名所见谥号考论*

张淑一　余蔚萱[①]

摘　要:《清华大学藏战国竹简》包含了大量带有谥号的人名,为先秦时代的谥号与谥法研究提供了丰富的材料。文章节取哀、毕、成、定、戴、大、悼、共、惠、怀、桓、敬、简、景、庄15个谥号用字和38个带谥号的人名,分析清华简与传世文献对同一人名谥号的记载和用字上的异同,《逸周书·谥法解》对谥字的训释与该字本义的区别,谥号与典籍所载该人事迹的契合度等,并考察清华简人名所见谥号对先秦谥号谥法与历史研究的意义。

关键词:《清华大学藏战国竹简》;人名;谥号;先秦历史

谥号是中国古代特有的名号形式,其一般被认为起于周初,是在商代以特定的祭日和特选的名号来称呼其先公先王的基础上发展而来的。《礼记·郊特牲》:"死而谥,今也。古者生无爵,死无谥。"[②]命谥则被认为是依据逝者生前的行状,对其一生的事迹予以褒贬臧否,所谓"谥者,行之迹也,号者,功之表也。……是以大行受大名,细行受小名"[③]。近年出版的《清华大学藏战国

* 基金项目:国家社科基金一般项目"战国楚简姓氏人名资料的整理与研究"(15BZS036)。

① 作者简介:张淑一,女,1971年生,黑龙江双城人,华南师范大学历史文化学院教授,博士生导师,研究方向为先秦史、先秦文献;余蔚萱,女,1994年生,广东澄海人,华南师范大学历史文化学院硕士研究生。

② 《礼记正义》卷26《郊特牲》,《十三经注疏》,北京:中华书局影印本,1982年,第1455页。

③ 黄怀信、张懋镕、田旭东:《逸周书汇校集注》,上海:上海古籍出版社,1995年,第668-669页。

竹简》(1—9辑)[①]包含了大量带有谥号的人名,为先秦时代的谥号与谥法研究提供了丰富的材料。本文选取其中的一部分进行考察,冀为相关研究加添砖瓦。

一、相关谥字谥号考察

本文共涉及清华简中哀、毕、成、定、戴、大、悼、共、惠、怀、桓、敬、简、景、庄15个谥号用字和38个带谥号的人名,以下将顺次讨论。

1.哀。清华简人名谥“哀”者有鲁哀公和蔡哀侯,[②]后者又单称“哀侯”。[③]几例人名中的“哀”字皆作“[illegible]”,从“口”从“衣”,与传世文献的谥号用字相同。《逸周书·谥法解》:“蚤孤短折曰哀,恭仁短折曰哀。”[④]“哀”字在谥法中通常被认为属于平谥,表示哀矜或同情,用于一些中年夭寿或未能善终的君臣。

据《荀子·哀公》篇鲁哀公自述:“寡人生于深宫之中,长于妇人之手,寡人未尝知哀也,未尝知忧也,未尝知劳也,未尝知惧也,未尝知危也。”[⑤]则其早年生活平顺安稳,无忧无惧,无“早孤”之状;从《荀子·哀公》《礼记·中庸》《儒行》诸篇其对于孔子的求教以及《左传》和《礼记·檀弓》篇对于孔子哀悼来看,应较为符合“恭仁”的义项。而所谓“短折”,通常意义上指未及婚冠中途早夭,然鲁哀公仅作为鲁国国君的时间就长达二十七年,与早夭显然不符。但其末年,为三桓之族所攻,先后逃亡到卫、邹、越,最后卒于有山氏。孔晁注“恭仁短折曰哀”谓“体恭,质仁,功未施”,以“短折”为尚未完成政治抱负便身先去世,似更契合鲁哀公的生平,其谥“哀”,或系据此而来。

蔡哀侯名献舞,前后在位二十年,综合其在传世与出土文献中的生平事迹来看,与“蚤孤”“恭仁”都无关,《左传》《史记·管蔡世家》和清华简《系年》皆记载蔡侯献舞无礼于路经蔡国的妻妹、同时也是息侯夫人的息妫,遭息侯报复而为楚文王所俘;被释归后不思悔改,又鼓动楚文王灭息掳息妫,再次遭息妫报复而成为楚囚,九年之后困死于楚国。《左传》庄公十四年对其不为善德、

---

① 清华大学出土文献研究与保护中心编,李学勤主编:《清华大学藏战国竹简》(1—9)(以下简称“清华简”),上海:中西书局,2010–2019年。

②《清华简(叁)·良臣》简8;《清华简(贰)·系年》简23、24、25。

③《清华简(贰)·系年》简26。

④ 黄怀信、张懋镕、田旭东:《逸周书汇校集注》,第730–731页。

⑤ 王先谦:《荀子集解》卷20《哀公》,北京:中华书局,1988年,第543页。

不得善终有严厉的批评:"《商书》所谓'恶之易也,如火之燎于原,不可乡迩,其犹可扑灭'者,其如蔡哀侯乎!"[①]被谥为"哀",应是取自其死非其所的结局,但就"谥者,行之迹也"来说,已经属于相当的委婉。

2.毕。清华简《系年》有"秦[illegible]公",[②]整理者隶定"[illegible]"为"异",作"秦异公"。通过比较可知,该人即传世文献中的秦哀公,于《史记·秦始皇本纪》又作"毕公",[③]《史记·秦本纪》索隐又作"㻫公",[④]"毕""㻫"声近通假。对于"异"与"毕"的关系,曾有学者认为"异"为正字,"毕"为"异"之讹,[⑤]但苏建洲根据清华简从"毕"字中的"毕"皆作"异",此人于传世文献中亦作"毕公",认为正字应以"毕"为先,[⑥]说为有据。

《逸周书·谥法解》不见"毕"字,但北宋苏洵《谥法》卷3却有"趩",苏洵谓:"趩或作毕。""趩"训为"意深虑远",苏氏云:"趩者,取其警而后行,深慎之称也。"[⑦]据《左传》定公四年,吴攻楚,楚昭王亡在随,申包胥如秦乞师,秦伯起初并不答应:"秦伯使辞焉,曰:'寡人闻命矣,子姑就馆,将图而告。'"[⑧]直至申包胥立于秦庭墙哭七日七夜,秦伯才同意派兵。此秦伯即秦毕公,谓其"意深虑远""警而后行",谥为"毕",并无不通。

3.成。清华简人名谥"成"者有周成王、楚成王、卫成公、郑成公、晋成公和郑大夫子人成子,[⑨]周成王、楚成王又单称"成王",[⑩]卫成公又单称"成公"。[⑪]"成"字简文多作"[illegible]",与传世文献用字相同,只有周成王之"成"写作"[illegible]",增加了"土"旁。《逸周书·谥法解》:"安民立政曰成",孔晁注:"政以安之。"[⑫]朱右

---

① 杨伯峻:《春秋左传注》庄公十四年,北京:中华书局,2014年,第199页。

②《清华简(贰)·系年》简105。

③ 司马迁:《史记》卷6《秦始皇本纪》,北京:中华书局,1963年,第286-287页。

④ 见《史记·秦本纪》"景公立四十年卒,子哀公立"索隐,司马迁:《史记》卷5《秦本纪》,第197页。

⑤ 王辉:《一粟居读简记(六)》,《古文字研究》第30辑,北京:中华书局,2014年,第362-363页;李松儒:《清华简〈系年〉集释》,上海:中西书局,2015年,第271页。

⑥ 苏建洲、吴雯雯、赖怡璇:《清华简〈系年〉集解》,台北:万卷楼图书股份有限公司,2013年,第748页。

⑦ 苏洵:《谥法》卷3,清文渊阁钦定四库全书本,第3页。

⑧ 杨伯峻:《春秋左传注》定公四年,第1548页。

⑨《清华简(贰)·系年》简17;《清华简(贰)·系年》简41、《清华简(叁)·良臣》简5;《清华简(贰)·系年》简61;《清华简(贰)·系年》简61-62、62;《清华简(陆)·郑文公问太伯(甲)》简1、《清华简(陆)·郑文公问太伯(乙)》简1。

⑩《清华简(壹)·金縢》简6、《清华简(贰)·系年》简13-14、《清华简(叁)·周公之琴舞》简1-2、《清华简(叁)·良臣》简4;《清华简(壹)·楚居》简9;《清华简(贰)·系年》简29。

⑪《清华简(贰)·系年》简21。

⑫ 黄怀信、张懋镕、田旭东:《逸周书汇校集注》,第698页。

曾则谓:“能成先业。”[①]

上述谥“成”诸人中,周成王、卫成公、郑成公、晋成公都属于执政期间既无重大建树、亦无显著差池的守成之君,符合“成”字“立政安民”“能守先业”的义涵。楚成王在位四十余年,是春秋时代楚国霸业的重要创建者,但其谥“成”却有特殊原因。据《左传》文公元年,楚成王欲废太子商臣而立王子职,商臣反叛,围困成王,成王自缢。叛乱者最初为其“谥之曰‘灵’”,成王“不瞑”;“曰‘成’,乃瞑”[②]。此记载虽涉神怪色彩,但反映这一谥号的得来带有交易的成分,与其人真正的行迹或未能完全相合。

“子人成子”,据《春秋》桓公十四年“夏五,郑伯使其弟语来盟”,以及同年《左传》“夏,郑子人来寻盟,且修曹之会”,[③]郑厉公母弟、同时也是郑文公之叔父有名“子人语”者,“子人”为其字,“语”为其名,其后以字为氏,曰“子人氏”,“子人成子”盖即子人语。从清华简《郑文公问太伯》记子人成子死后太伯继任当邑,太伯临终前仍告诫郑文公要追慕先君、任用贤良、克己节欲来看,“子人成子”显然为郑国重臣。其谥“成”,应与其对郑国的辅弼有关,《资治通鉴》胡三省注引贺琛《臣谥》云:“佐相克终曰成。”[④]

4.定。清华简人名谥“定”者有郑定公和楚阳城洹定君。[⑤]郑定公之“定”,简文作“[illegible]”,与传世文献无别,楚阳城洹定君之“定”,简文则作“恶”,读为“定”。《逸周书·谥法解》:“安民大虑曰定,安民法古曰定,纯行不伤曰定。”[⑥]郑定公在位十六年,文献中直接反映其事迹的内容并不多,但据《左传》和《史记·郑世家》的记载,其前期以良臣子产为执政,后期以贤大夫子太叔为执政,内政上宽猛相济,外交上从晋和楚,杀楚叛太子建,送周敬王返国,使郑国处于晋楚两争霸大国之间仍能谋得生存空间,其“安民”之功不容质疑,谥为“定”,或是从这个意义而言。楚阳城洹定君除见于《系年》之外,没有其他典籍记载,得谥之由不详。

5.戴。清华简人名谥“戴”者有卫戴公,于清华简《系年》中出现过两次,分

---

① 朱右曾:《逸周书集训校释》,上海:商务印书馆,1937年,第95页。

② 杨伯峻:《春秋左传注》文公元年,第515页。

③ 杨伯峻:《春秋左传注》桓公十四年,第139、140页。

④ 司马光:《资治通鉴》卷第12《汉纪》4,北京:中华书局,1976年,第417页。

⑤《清华简(叁)·良臣》简9;《清华简(贰)·系年》简127、135。

⑥ 黄怀信、张懋镕、田旭东:《逸周书汇校集注》,第688–689页。

别作“悳公申”与“讆公”，[①]“悳”“讆”声符皆与“戴”相近，互为通假。同一人名在同一篇简文中存在不同用字，是战国时代文字异写现象突出的表现。传世文献关于卫戴公的记载见于《左传》闵公二年：卫懿公被杀后，戴公在宋、许、齐等国的帮助下立为卫君，庐于曹，[②]清华简所述历史内容与传世文献相近。

《逸周书·谥法解》“爱民好治曰戴，典礼不塞曰戴”[③]，但卫戴公据《左传》闵公二年杜预注“立其年卒”[④]，则其于继位的当年即去世，在位时间极短，所谓“爱民好治”“典礼不塞”皆很难与之对应。谥为“戴”，或与其在卫国为狄人所破濒临灭国之际，为其他诸侯国所拥戴，带领残剩的卫遗民复国有关。

6. 大。清华简人名中有“简大王”和“楚简大王”，[⑤]即传世文献中的楚简王。“大”字不见于《逸周书·谥法解》，有学者指出“大”当为谥字，但又认为“大”当为“厉”或“烈”，[⑥]其说稍嫌迂曲。因为谥号从本质上说，原本是为了与逝者生前称名相区别的“死号”，并无评价的色彩，是在发展演变过程中逐渐出现的“辨善恶”的功能。“大”字虽不见于《谥法解》，但其表达尊敬祖先和避讳逝者生名的用意明显可见，因此归入谥字行列并无滞碍。“大”完全可以从其本字读之，同“太”。甲骨文中已有“大甲”“大庚”等称，周人先公古公亶父被称为“大王”，王季之母亦称“大姜”，文王之母称“大任”，此“楚简大王”之“大”与前述诸“大”并无本质区别，都是表示对所追怀之先人的尊尚。

7. 悼。清华简人名谥“悼”者有宋悼公、楚平夜悼武君、晋悼公和楚悼哲王，[⑦]晋悼公又单称“悼公”，[⑧]楚悼哲王即传世文献中的楚悼王。作为谥号的“悼”字在清华简中共出现了九处，包含四种写法，其中五处作“悼”，与传世文献相同；另外三处则分别作“[illegible]”“[illegible]”“[illegible]”，学者们则分别隶作“殦”“恖”“夃”。[⑨]这四种写法又分为两大类：一类从“卓”声，宋、楚、晋诸国人名皆有；

① 《清华简（贰）·系年》简20。

② 杨伯峻：《春秋左传注》闵公二年，第266–267页。

③ 黄怀信、张懋镕、田旭东：《逸周书汇校集注》，第721–722页。

④ 《春秋左传正义》卷11闵公二年，《十三经注疏》，北京：中华书局影印本，1982年，第1788页。

⑤ 《清华简（壹）·楚居》简15；《清华简（贰）·系年》简114。

⑥ 董珊：《楚简中从“大”声之字的读法》，《古代文明》第8卷，北京：文物出版社，2010年。

⑦ 《清华简（贰）·系年》简114、119；《清华简（贰）·系年》简133、135、137；《清华简（贰）·系年》简108；《清华简（壹）·楚居》简16；《清华简（贰）·系年》简127。

⑧ 《清华简（贰）·系年》简108。

⑨ 董珊：《清华简〈系年〉所见的“卫叔封”与“悼折王”》，复旦大学出土文献与古文字研究中心网站，（2011-04-01）[2019-12-30]，http://www.gwz.fudan.edu.cn/Web/Show/1448；苏建洲、吴雯雯、赖怡璇：《清华简〈系年〉集解》，第831页。

一类从“刀”声，仅见于楚国人名。

《逸周书·谥法解》：“年中早夭曰悼，肆行劳祀曰悼，恐惧从处曰悼。”[①]“悼”一般也认为属于平谥，童书业《春秋左传研究》：“谥为悼、哀、闵、怀，均其人不寿或不获令终，可哀悼怀闵者。”[②]

清华简人名诸谥“悼”者中，宋悼公的事迹文献记载很少。虽然杨宽谓其“盖被韩所执而死”[③]，此其所以谥悼，但并未讲清楚该“悼”字究竟对应《谥法解》的哪个义涵。晋悼公为政，对内“举不失职，官不易方，爵不逾德，师不陵正，旅不逼师，民无谤言”[④]，对外多次会盟诸侯，令晋国得以“复霸”。楚悼王任用吴起实行变法，“明法审令，捐不急之官，废公族疏远者，以抚养战斗之士。……于是南平百越，北并陈蔡，却三晋；西伐秦。诸侯患楚之强”[⑤]，但二者均为事业未竟便突然离世，谥“悼”，应是取“年中早夭”的义涵。楚平夜悼武君仅见于清华简《系年》。《系年》记载其曾率师侵晋，在晋楚舞阳之战中与楚鲁阳公、阳城洹定君等人一同战死，其谥“悼”，应亦与未得寿终有关。

8.共。清华简人名谥“共”者有楚共王和晋太子共君，[⑥]前者又单称“共王”。[⑦]简文中楚共王之“共”共有五种写法，分别作“龏”“龙”“䶮”“龏”“恭”，除“恭”外，其他四种写法均从“龙”或“龙”省，“共”“恭”“龙”三者音近相通，但以“恭”为本字。晋太子共君亦作“龙君”，即太子申生。

《逸周书·谥法解》有关“恭”的解释多达十个：“敬事供上曰恭，尊贤贵义曰恭，尊贤敬让曰恭，既过能改曰恭，执事坚固曰恭，安民长悌曰恭，执礼敬宾曰恭，芘亲之门曰恭，尊长让善曰恭，渊源流通曰恭。”[⑧]《国语·楚语上》记楚共王临终前召大夫罪己，请求身后恶谥，曰：“不谷不德，失先君之业，覆楚国之师，不谷之罪也。若得保其首领以殁，唯是春秋所以从先君者，请为‘灵’若‘厉’。”但其死后，其先命遭到了令尹子囊的反对，理由是“夫事君者，先其善，不从其过。赫赫楚国，而君临之，抚征南海，训及诸夏，其宠大矣。有是宠也，

① 黄怀信、张懋镕、田旭东：《逸周书汇校集注》，第726页。

② 童书业：《春秋左传研究》，上海：上海人民出版社，1980年，第383页。

③ 杨宽：《战国史料编年辑证》，上海：上海人民出版社，2001年，第68页。

④ 杨伯峻：《春秋左传注》成公十八年，第911页。

⑤ 司马迁：《史记》卷65《孙子吴起列传》，第2168页。

⑥《清华简(贰)·系年》简85、《清华简(叁)·良臣》简11；《清华简(贰)·系年》简31。

⑦《清华简(壹)·楚居》简11；《清华简(贰)·系年》简77、86、87、90。

⑧ 黄怀信、张懋镕、田旭东：《逸周书汇校集注》，第682-686页。

而知其过，可不谓恭乎？若先君善，则请为‘恭’。”[①]子囊所依据的，显然是“恭”字“既过能改”的义涵。

《左传》僖公四年和《国语·晋语二》均记载晋太子申生明知骊姬谗害自己，却不向父亲晋献公辩诬，理由是“君非姬氏，居不安，食不饱，我辞，姬必有罪。君老矣，吾又不乐”；亦不肯逃走，谓“君实不察其罪，被此名也以出，人谁纳我？”[②]遂自缢于新城之庙。《国语·晋语二》韦昭注亦以“既过能改”解释申生之谥“恭”，且谓“国人告公以此谥也”，[③]但恐怕是加进了他自己的想象；《礼记·檀弓上》“是以为恭世子也”句孔颖达疏“申生不能自理，遂陷父有杀子之恶，虽心存孝而于理终非，但谥‘恭’以其顺父母而已”，[④]谓其谥“恭”是出自“芘亲之门”的意思，似更近于情实，《谥法解》潘振注云：“芘同庇，覆也。”[⑤]

9. 惠。清华简人名谥“惠”者有献惠王、携惠王、周惠王和晋惠公，[⑥]献惠王即传世文献中的楚惠王，携惠王即传世文献中的周携王，于简文中又单称“惠王”，[⑦]晋惠公于简文中亦单称“惠公”。[⑧]简文“惠”皆作“”，与传世文献写法相同。

《逸周书·谥法解》：“柔质慈民曰惠，爱民好与曰惠，柔质受课曰惠。”[⑨]上述人中楚惠王在位五十七年，以平定白公胜之乱、伐灭陈蔡杞等国闻名，但据《论衡·福虚篇》，其还有食寒葅遇菜中有蛭，不忍治庖厨之罪而吞蛭，因此仁德之举而令久患之疾痊愈的故事，《福虚篇》谓其“能终不以饮食行诛于人，赦而不罪，惠莫大焉”[⑩]。虽然楚惠王吞蛭不一定真有其事，但该故事演绎自其某些惠爱百姓的事迹却不无可能，谥为“惠”，或取自“柔质慈民”“爱民好与”的义涵。

但相比于楚惠王，周惠王在位期间“天不靖周，生颓祸心”[⑪]，诸侯屡叛，事

---

① 徐元诰集解，王树民、沈长云点校：《国语集解》，北京：中华书局，2002年，第487页。

② 杨伯峻：《春秋左传注》僖公四年，第298–299页。

③ 徐元诰集解，王树民、沈长云点校：《国语集解》，第281页。

④《礼记正义》卷6《檀弓上》，《十三经注疏》，北京：中华书局影印本，第1277页。

⑤ 黄怀信、张懋镕、田旭东：《逸周书汇校集注》，第685页。

⑥《清华简(壹)·楚居》简13、《清华简(贰)·系年》简106；《清华简(贰)·系年》简7；《清华简(贰)·系年》简18；《清华简(贰)·系年》简38。

⑦《清华简(贰)·系年》简8。

⑧《清华简(贰)·系年》简32、33、34、35。

⑨ 黄怀信、张懋容、田旭东：《逸周书汇校集注》，第710–711页。

⑩ 王充：《论衡》，北京：商务印书馆，1934年，第78页。

⑪ 杨伯峻：《春秋左传注》昭公二十六年，第1476页。

迹乏善可陈;晋惠公则所有的政治活动都围绕争夺和巩固君位进行,非但在位期间政绩平平,还背弃帮助过他的秦国和本国大臣,此二者与“柔质慈民”“爱民好与”皆相去甚远,谥为“惠”,可能是出自臣子或继位之君的溢美之词。

周携惠王为周幽王之弟,名余臣,幽王死后,以虢公翰为首的邦君、诸正立之于虢,与幽王之子平王呈并立的局面。立二十一年,为支持周平王的晋文侯所杀。传世典籍只称其为“周携王”,清华简显现其又谥为“惠”,为各类文献中首见。

10.怀。清华简人名谥“怀”者有晋怀公,简文作“褱公”。[①]“褱”字本意为怀抱,《说文·衣部》“褱,侠也”,[②]段玉裁注:“侠当作夹,转写之误。……今人用怀挟字,古作褱夹。”[③]西周金文《班簋》中即有表怀抱义的“褱”,[④]从“心”之“怀”字晚起,至秦简中才见。[⑤]

《逸周书·谥法解》:“幸义扬善曰怀,慈仁短折曰怀”,又谓“怀,思也”。[⑥]“短折”,孔晁注:“短未六十,折未三十”[⑦],指人未达到六十岁或三十岁而亡;但朱右曾引郑玄说谓:“未冠曰短,未婚曰折。”[⑧]晋怀公为晋惠公之子,于鲁僖公二十三年继位,次年即被杀,考其人事迹,与“幸义扬善”“慈仁”都不符,惟在世时间不足二十年,与“短折”相契合。又先秦男子二十而冠,冠后婚娶,晋怀公不到二十岁即被杀,自然未到冠龄,其虽有秦穆公赠女为妾媵,但并不是正式的婚娶,亦属未婚,谥为“怀”,从“未冠曰短,未婚曰折”的义涵亦能解释得通。

11.桓。清华简人名谥“桓”者有齐桓公、赵桓子、楚声桓王和郑桓公,[⑨]楚声桓王即传世文献中的楚声王,郑桓公于简文中又单称“桓公”。[⑩]简文“桓”

---

① 《清华简(贰)·系年》简35、37、38、39。

② 许慎:《说文解字》,北京:中华书局,1978年,第171页。

③ 段玉裁:《说文解字注》,上海:上海古籍出版社,1988年,第392页。

④ 中国社会科学院考古研究所编:《殷周金文集成》4341,北京:中华书局,2007年。

⑤ 如睡虎地秦简《封诊式》简八四与《日书》(甲种)简一一二背,见睡虎地秦墓竹简整理小组编:《睡虎地秦墓竹简》,北京:文物出版社,1990年,第75、112页。

⑥ 黄怀信、张懋镕、田旭东:《逸周书汇校集注》,第715-716、755页。

⑦ 黄怀信、张懋镕、田旭东:《逸周书汇校集注》,第716页。

⑧ 朱右曾:《逸周书集训校释》,第97页。

⑨ 《清华简(贰)·系年》简20、《清华简(陆)·管仲》简1、2等24处、《清华简(叁)·良臣》简6;《清华简(贰)·系年》简111;《清华简(贰)·系年》简119、126;《清华简(叁)·良臣》简8。

⑩ 《清华简(陆)·郑文公问太伯(甲)》简4。

字共四种写法,分别为从"走"之"□",从"辵"之"逗",从"车"之"�",和从"水"之"洹"。而古文字中表示行动的"辵"与"走"常可互易,"逗"亦即"□"。"□""洹""輴""桓"四者均从"亘"声,互相通假。

《逸周书·谥法解》:"辟土服远曰桓,克敬勤民曰桓,辟土兼国曰桓",又曰"服远为桓"。[①]《说文》训"桓"为"亭邮表也",[②]显然与作为谥号的"桓"不合。而西周时期的□钟、禹鼎、虢季子白盘等铭文中都有"□□",[③]表威仪貌,所以"□"才应是谥字的本字,"桓"为假借字。

上述人中的齐桓公"九合诸侯,一匡天下"[④]"并国三十,启地三千里"[⑤];郑桓公为郑国始封之君,东取虢、郐,为郑国最终立国于东方奠定基础,二者均为开疆拓土的典型人物,谥为"桓",显然出于"辟土服远"或"辟土兼国"的义涵。赵桓子逐赵献侯而自立,其谥为"桓",或亦有以武正定的义涵。楚声桓王事迹文献记载较少,不详其谥"桓"之由。

12.敬。清华简人名谥"敬"者有晋敬公,[⑥]《竹书纪年》亦作"敬公",[⑦]但《世本》和《史记·赵世家》皆作"懿公",[⑧]《史记·晋世家》又作"哀公"。[⑨]一人而多称,陈美兰、罗小华等认为其为三字谥,[⑩]或为有据。《逸周书·谥法解》:"夙夜警戒曰敬,夙夜恭事曰敬,象方益平曰敬,合善法典曰敬",[⑪]晋敬公在位期间,晋国已被韩、赵、魏与知氏四卿瓜分,史载"当是时,晋国政皆决知伯,晋哀(敬)公不得有所制"[⑫],在此背景下,其不得不"夙夜警戒""夙夜恭事"倒也极为可能,谥为"敬",或即缘此。

13.简。清华简人名谥"简"者有赵简子、晋简公[⑬]和已见于上文的楚简大

---

① 黄怀信、张懋镕、田旭东:《逸周书汇校集注》,第708、752页。

② 许慎:《说文解字》,第121页。

③ 中国社会科学院考古研究所编:《殷周金文集成》246、2833、10173。

④ 司马迁:《史记》卷32《齐太公世家》,第1491页。

⑤ 王先慎:《韩非子集解》卷2《有度》,北京:中华书局,2003年,第31页。

⑥《清华简(贰)·系年》简111。

⑦ 方诗铭,王修龄辑录:《古本竹书纪年辑证》,上海:上海古籍出版社,2005年,第91页。

⑧ 宋衷注,秦嘉谟等辑:《世本八种》,北京:商务印书馆,1957年,第43页;司马迁:《史记》卷43《赵世家》,第1794页。

⑨ 司马迁:《史记》卷39《晋世家》,第1686页。

⑩ 陈美兰:《战国竹简东周人名用字现象研究——以郭店简、上博简、清华简为范围》,台北:艺文印书馆股份有限公司,2014年,第115页;罗小华:《试论清华简〈系年〉中的几个多字谥》,《简帛研究》2016秋冬卷,2017年,第17页。

⑪ 黄怀信、张懋镕、田旭东:《逸周书汇校集注》,第716–717页。

⑫ 司马迁:《史记》卷39《晋世家》,第1686页。

⑬《清华简(柒)·赵简子》简1、5、6–7;《清华简(贰)·系年》简109、110。

王，晋简公又单称“简公”。[①]简文中“简”皆作“柬”，“简”“柬”音近通假。《逸周书·谥法解》：“壹德不解曰蕑，平易不疵曰蕑”[②]，以德行专一、温厚平易作为谥“简”者之特征。赵简子的事迹在先秦秦汉典籍中记载甚多，遍及《左传》《国语》《孟子》《韩非子》《吕氏春秋》《史记》《春秋繁露》《说苑》《论衡》《淮南子》等各类文献，谥为“简”，可与“壹德不解”或“平易不疵”相印证者皆有。

“晋简公”不见于传世文献，但据清华简《系年》上下文，可知其即传世文献中的晋定公。从上古音来看，“柬”为见纽元部字，“定”为定纽耕部字，二字读音并不接近，通假的可能性很小。该人有两个谥号，可能是双字谥，也有学者提出或是由于传世文献与清华简传本的来源不同。[③]不过晋定公在位的时间，正是赵简子为晋正卿的时间，晋定公与赵简子的主要活动多有重叠，《系年》所记载的该人事迹——“会诸侯，以与夫差王相见于黄池”[④]，亦是以赵简子作为随从，“晋定公”在简文中作“晋简公”，或亦有抄手在抄写文本时将他的名字与赵简子之名混淆的可能。不过以上仅属猜测，欲弄清真相，还需待更多材料的出现。楚简王即前述楚简大王，材料所限，谥“简”之由不详。

14. 景。清华简人名谥“景”者有晋景公与楚景平王，[⑤]前者又单称“景公”[⑥]，后者即传世文献中的楚平王。简文中的“景”皆作“竸”，“景”“竸”音近通假。《说文》训“景”为“光也”，[⑦]即日影、日光。《周礼·地官·大司徒》：“正日景以求地中”[⑧]，其中的“景”亦是日影、日光义，后由日光引申出光明、光大的意思，《诗经·小雅·车舝》：“高山仰止，景行行止”，《周颂·潜》：“以享以祀，以介景福”，[⑨]其中的“景”就都是光明、光大之义。但《逸周书·谥法解》：“由义而济曰景，布义行纲曰景”[⑩]，对于“景”的解释多主刚强义，与“景”的本义并不相符。陈美兰指出，战国竹书所见诸侯称名，举凡传世文献写作“景”者，简文皆

---

① 《清华简（贰）·系年》简100。

② 黄怀信、张懋镕、田旭东：《逸周书汇校集注》，第676-677页。

③ 陈美兰：《战国竹简东周人名用字现象研究——以郭店简、上博简、清华简为范围》，第114-115页。

④ 《清华简（贰）》，第186页。

⑤ 《清华简（贰）·系年》简66、72、85、108；《清华简（贰）·系年》简81、82、99、100、104。

⑥ 《清华简（贰）·系年》简72、86、87。

⑦ 许慎：《说文解字》，第138页。

⑧ 《周礼注疏》卷10《地官司徒》，《十三经注疏》，北京：中华书局影印本，1982年，第704页。

⑨ 《毛诗正义》卷14之2《小雅》、卷19之3《周颂》，《十三经注疏》，北京：中华书局影印本，1982年，第482、595页。

⑩ 黄怀信、张懋镕、田旭东：《逸周书汇校集注》，第705页。

作“競”，“競”或许才是谥号“景”的本字，[①]说为有据。“競”，《说文》训“彊语也，一曰逐也”，[②]《尔雅·释言》亦云“競、逐，彊也”。[③]

晋景公在位期间，晋国先后在柳棼之战和颖北之战击败楚军，又在沈之战中攻入楚国本土，在鞍之战中大败齐国。其晚年又将晋国国都由绛迁往新绛，剿灭了专权的赵氏家族，取得公室对于卿族的第一次胜利。由以上事迹看，晋景公之谥“景”，取刚强义，并无不妥。

相比于晋景公，楚景平王则无甚事迹可称道，其在位的十三年里，宠幸费无极，夺太子建妻，并诛杀大臣。在其治下，楚国国力日下，失去了与晋国争霸的实力，其本人亦郁郁而终。司马迁对其人的评价非常负面：“弃疾（楚景平王名）以乱立，嬖淫秦女，甚乎哉，几再亡国！”[④]这样的一位国君死后如何被谥为“景”，无从得知。不过上博简《景平王问郑畴》又有其“如我得免，后之人何若”[⑤]之语，从该对话来看，其对于楚国未来的危机亦颇为关心，似非全然无道之君，谥为“景”，或许另有所据。

15.庄。清华简人名谥“庄”者有楚庄王、郑庄公、晋庄平公、齐庄公和战国楚封君郎庄平君，[⑥]楚庄王于简文中又单称“庄王”，[⑦]郑庄公、齐庄公亦单称“庄公”，[⑧]晋庄平公即传世文献中的晋平公。《逸周书·谥法解》：“兵甲亟作曰庄，叡通克服曰庄，死于原野曰庄，屡征□（杀）伐曰庄，武而不遂曰庄。”[⑨]楚庄王、郑庄公皆为春秋霸主，晋庄平公在位时，也有恢复霸业的举动，三人皆好勇杀伐，其谥为“庄”，或与“屡征杀伐”“胜敌志强”等义涵相契合；齐庄公被杀死于崔杼宫中，寿不终于正寝，谥为“庄”，或与“死于原野”相关。楚郎庄平君据《系年》记载战死于舞阳，谥为“庄”，与“死于原野”或“屡征杀伐”都有可能契合，未详孰是。

---

① 陈美兰：《战国竹简东周人名用字现象研究——以郭店简、上博简、清华简为范围》，第70页。

② 许慎：《说文解字》，第58页。

③《尔雅注疏》卷3《释言》，《十三经注疏》，北京：中华书局影印本，1982年，第2582页。

④ 司马迁：《史记》卷40《楚世家》，第1737页。

⑤ 马承源主编：《上海博物馆藏战国楚竹书》（六），上海：上海古籍出版社，2007年，第262页。

⑥《清华简（贰）·系年》简74；《清华简（贰）·系年》简91、96、99；《清华简（贰）·系年》简93、93–94；《清华简（贰）·系年》简130。

⑦《清华简（壹）·楚居》简10；《清华简（贰）·系年》简58、59、61、63、74、75、77。

⑧《清华简（贰）·系年》简10、《清华简（陆）·郑文公问太伯（甲）》简8、《清华简（陆）·郑文公问太伯（乙）》简7；《清华简（贰）·系年》简95。

⑨ 黄怀信、张懋镕、田旭东：《逸周书汇校集注》，第712–714页。

以上通过15个谥号用字和38个带谥号的人名分析了分析清华简与传世文献对同一人名谥号的记载和用字上的异同,《逸周书·谥法解》对该谥字的训释与该字本义的区别,谥号与典籍所载该人事迹的契合度等。下面谈一谈清华简人名所见谥号对先秦谥号、谥法及历史研究的意义。

二、清华简人名谥号对先秦历史研究的意义

出土文献人名谥号研究必须借助传世文献和先秦史研究才能进行,但前者也为后两者提供了补益,注入了新鲜血液。查证目前已出版的《清华大学藏战国竹简》1—9辑,共包含30个谥号用字和81个带谥号的人名。限于篇幅,本文仅选取了其中约一半的内容进行讨论,但即使从这一半的人名谥号当中,仍能看出其对于先秦谥法和历史研究上的价值。

首先,印证了先秦谥号用字有一定的取用范围。清华简人名中的谥号用字,大部分与传世文献中的用字相同,亦即大部分同于《逸周书·谥法解》所收录的谥字,这说明先秦谥号的取用不是任意一个字都可以,而是有着较为严格的(或至少是约定俗成的)用字范围。这个范围是如何形成的,目前尚无更多材料可供判知,但其造成的一个结果是:由于谥字的取用范围有限,必然形成多人共享一个谥号的情形,同一时期不同国家(或家族)同谥号者众多,同一国家(或家族)前后代谥号相同者也不少,因之"文王""文公""文侯""武王""武公""桓王""桓公""桓侯"等谥在春秋战国时代的各个国家在所多有。而谥号相同者的生平事迹不可能完全相同,在既不能突破谥字的取用范围、又要体现出不同个人之间区别的情况下,人们发展出两种解决办法:第一,在增加谥字的义涵上做文章,一字而多义,以一代多,这就是《逸周书·谥法解》同一谥字而有多个谥解的原因;第二,由单字谥逐渐发展出双字、三字谥乃至多字谥,当一个谥字不足以体现众人之间的区别的时候,就增益一个或几个字,用数学中的排列组合办法,以有限的谥字的实现无限扩大区分度的目的。

其次,丰富了我们对先秦历史人物谥号及相关历史的认知。李零先生曾谓:"现存文献所见的单字谥,恐怕还有不少原来也是双字谥;其省称之例,或用上字,或用下字,并不固定,也未必局限于文献所录的某一种。"[①]清华简就

① 李零:《楚景平王与古多字谥——重读"秦王卑命"钟铭文》,《传统文化与现代化》1996年第6期。

和其他出土文献一道，证明了原传世文献中的单谥人物实际上可能有多个谥号。比如传世文献中的楚惠王，清华简作“楚献惠王”，多一“献”字；楚声王，清华简作“楚声桓王”，多一“桓”字；晋平公，清华简作“晋庄平公”，多一“庄”字；晋定公，清华简又作“晋简公”，弥补了传世文献所无。

而谥号多寡的意义又不仅仅在于谥号本身，因为先秦列国君臣以及天子的谥号，多与其人的功业、德行以及寿终与否相关。谥号的背后，往往隐藏着受谥者生前数十年的政治经历和人事是非，以及一个国家政治形势的变迁。如清华简中的“周携惠王”，传世文献只作“周携王”，清华简比之多一“惠”字。对于“周携王”，传世文献所表现的是王室正统对其建立伪政权的批判，《左传·昭公二十六年》即谓：“携王奸命，诸侯替之，而建王嗣，用迁郏鄏。”[①]但作为与传世文献并行的史料，清华简补充了其还有“惠”这一谥号，而惠的谥义为“柔质慈民”“爱民好与”或“柔质受课”，属于美谥。新发现的谥号表明当政治形势发生变动以后，已经取得压倒性胜利的一方，会借谥号这一政治性书写来收拢人心，复归统一后的周王室对曾是敌对势力的携王，亦表达了政治上的和解。从这一点上说，清华简谥号可以丰富我们对于先秦历史的认知。

再次，为长期聚讼的历史问题的解决提供了新资料。仍以周携王为例，传世文献记载立于虢之后的余臣被称为“携王”，但关于“携”究竟何义，史上一直存在争议。或说为地名，方诗铭《古本竹书纪年辑证·周纪》引雷学淇《竹书纪年义证》卷27云：“携，地名，未详所在。《新唐书》：《大衍历议》谓丰岐骊携皆鹑首之分，雍州之地，是携即西京地名矣。”[②]或说为对其非正嫡却僭称天子的贬斥，《左传·昭公二十六年》“携王奸命”孔颖达疏：“以本非嫡，故称携王。”[③]又或称为斥其荒怠政事、专意交通诸侯的谥号，如童书业认为：“携王之‘携’或非地名，而为谥法。《逸周书·谥法》：‘怠政外交曰携’。”[④]

上述说法孰是孰非千年莫辨，但清华简人名谥号带来的新证据为这个问题的解决提供了新线索。我们看到余臣除了被称为“携王”之外，还称“惠王”，而“惠”字谥解已如前述，为纯粹的美谥，“携”与“惠”并称，其当然也不会是与美谥相抵牾的恶谥或者恶评，上述各种说法中，只有地名说较为恰当。

① 杨伯峻：《春秋左传注》昭公二十六年，第1476页。

② 方诗铭，王修龄辑录：《古本竹书纪年辑证》，第64页。

③《春秋左传正义》卷52昭公二十六年，《十三经注疏》，北京：中华书局影印本，第2114页。

④ 童书业：《春秋左传研究》，第40页。

最后，有助于厘清某些谥字的本字和通假字。以“庄”字为例，《逸周书·谥法解》：“兵甲亟作曰庄，睿圉克服曰庄，胜敌志强曰庄，死于原野曰庄，屡征□（杀）伐曰庄，武而不遂曰庄”，诸义项除了“死于原野”，多与好勇杀伐有关。“庄”字因为是汉明帝刘庄之名，许慎《说文》只谓“上讳”而未作其他解释，但徐锴注云：“盛饰也，故从艸壮声，壮亦盛也。又道路六达谓之庄，亦道路交会之盛也。”[①]《玉篇·艹部》亦谓：“庄，草盛貌；又，庄，敬也。”[②]二说与作为谥号的“庄”的义涵皆不合。而出土文献中作为谥号的“庄”字，写法上都与表示壮盛和庄敬的“庄”有别，郭店简《穷达以时》篇中的楚庄王，上博四《曹沫之阵》篇中的鲁庄公，其“庄”字皆作“[illegible]”，从“口”“戕”声；清华简作为谥号的“庄”则作“[illegible]”，为“[illegible]”字多一饰笔。而“[illegible]”为“臧”字的异写，“臧”的本义为臧获奴隶，正与武力征伐有关，“臧”“庄”同为精纽阳部字，二者音近互通。作为谥号的“庄”是“臧”字的假借，但以“臧”为本字。同类的问题，前文在论述“景”“桓”诸谥字及相关谥号时亦有所涉及，通过考察以清华简为代表的出土文献与传世文献谥字在用字上的不同，可为解决某些谥字的谥解与其本义不对应的问题提供帮助。

此外，清华简人名谥号还对《逸周书·谥法解》某些漏收的谥字如“大”“毕”等进行了补遗，证明了后世如宋代的谥法书所收录的一些谥字亦渊源有自，并非晚出。

附记：本文造字感谢牛新房副教授和段凯博士。

① 徐锴：《说文解字系传》，北京：中华书局，1987年，第11页。

② 许慎：《说文解字》，第15页。顾野王：《玉篇》卷13艸部第162，《钦定四库全书》经部10小学类，第91页。

册命金文、作册职官与《摄命》史事的年代问题*

王少林[①]

摘　要：册命金文语词用法有自身的规律，比照册命金文，《摄命》简32的册命用语不得早于共王世；作册职官在甲骨文、金文中都有发现，西周金文中，作册的年代下限是共王世，《摄命》出现作册，其年代不得晚于共王世。两者参照，《摄命》史事的年代应当在周共王时代。

关键词：册命金文；作册职官；清华简；《摄命》

自清华简《摄命》公布以来，其文本材料的重要性吸引了众多学者参与研究，提出了许多开创性的意见。由于《摄命》记载史事缺乏历史背景，关于《摄命》所述史事的年代问题，学者争议颇大，主要意见有如下两种[②]：

1. 周穆王说：最早将《摄命》与周穆王联系起来的是李学勤，他在2010年芝加哥大学北京中心"顾立雅学术讲座"上首次提出，《摄命》很可能是《书序》中提到的《冏命》。[③]后李先生又在清华简（柒）成果发布会上重申此说。[④]《书序》云："穆王命伯冏为周太仆正，作《冏命》。"[⑤]《史记·周本纪》云："穆王即位，

* 基金项目：国家社科基金重大项目"出土简帛文献与古书形成问题研究"（19ZDA250）；安徽师范大学校级人才项目"民惟邦本：西周户政制度研究"。

① 作者简介：王少林，男，1984年生，河南新安人，安徽师范大学历史与社会学院讲师，研究方向为先秦史及出土文献。

② 另在网络上有古文字与古史爱好者主张的周成王说、周平王说，无太大意义，本文不予讨论。

③ 后整理成文发表，见李学勤：《清华简与〈尚书〉、〈逸周书〉的研究》，《史学史研究》2011年第2期。

④ 李学勤：《在〈清华大学藏战国竹简（柒）〉成果发布会上的讲话》，《出土文献》第11辑，上海：中西书局，2017年，第2页。

⑤《尚书正义》，《十三经注疏》，北京：中华书局影印本，1980年，第246页。

春秋已五十矣。王道衰微，穆王闵文武之道缺，乃命伯䌛，申诫太仆国之政，作《䌛命》。”①若《摄命》即《冏命》，则《摄命》史事必周穆王时事，由此产生《摄命》史事穆王说。后程浩、贾连翔申论李说，皆主张《摄命》即《冏命》，支持穆王说。程浩从“人物系联”出发，详细陈述了《摄命》简32所见佑者“疌”“作册任”与金文人物的可能性关联，推断“疌”即穆王时之“祭公”“作册任”可能为《逸周书·史记解》所记穆王时之“左史戎夫”。②贾连翔则从文字字形学角度提出，传世文献所见伯䌛之“䌛”为“㷜”之讹，“囧命”之“囧”为“𡆥”之讹，从而在传世文献与《摄命》之间建立起链接，从而证明《摄命》即《冏命》。③

2. 周孝王说：《摄命》史事孝王说是在检讨穆王说的基础上提出的，关键的驳论意见在于对《摄命》与《冏命》的等同关系提出质疑。如马楠提出《摄命》等同《冏命》“于简文中并无内证”，④刘信芳认为《摄命》与《书·冏命》“内容相差太远，不宜混为一谈”。⑤陈民镇从册命铭文出发，认为金文材料对穆王说不利。⑥按：马楠等人的反驳是有道理的，《书序》《周本纪》提到的《冏命》乃西汉古文尚书逸十六篇中之一篇，⑦其具体内容已不可详考，《摄命》是否为《书序》所提到的《冏命》缺乏直接的证据支撑。刘信芳注意到不可轻易将《摄命》与《冏命》等同，是值得赞同的，但其根据是伪古文尚书《冏命》的文字，却不足凭信。马楠从册命金文、西周历年、孝王史事等角度出发，以“摄”与“燮”音近相通，以为伯摄即周夷王燮，从而推断《摄命》乃孝王命夷王之辞。⑧

穆王说与孝王说各有证据，也各有其优势与缺点。穆王说的优势在于《摄命》与《冏命》的可能性关联，这得益于传世文献的强势理据支持。而“君以此兴，必以此亡”，穆王说的缺点也正在于此，真古文尚书《冏命》已经亡轶不存，今传本《冏命》为伪古文尚书文，不足为凭。这使《冏命》与《摄命》的关

---

①《史记》卷4《周本纪》，北京：中华书局，1959年，第134-135页。

② 程浩：《清华简〈摄命〉的性质与结构》，《清华大学学报》（哲学社会科学版）2018年第5期。

③ 贾连翔：《“摄命”即〈书序〉“䌛命”“囧命”说》，《清华大学学报》（哲学社会科学版）2018年第5期。

④ 马楠：《清华简〈摄命〉初读》，《文物》2018年第9期；亦见李学勤：《清华大学藏战国竹简（捌）》，上海：中西书局，2018年，第112页。

⑤ 刘信芳：《清华藏竹书〈摄命〉释读》，复旦大学出土文献与古文字研究中心网站，[2019-02-02]，http://www.gwz.fudan.edu.cn/Web/Show/4381。

⑥ 陈民镇：《清华简〈摄命〉性质小议》，《纪念清华简入藏暨清华大学出土文献研究与保护中心成立十周年国际学术研讨会会议论文集》，北京：清华大学，2018年11月15日，第47-52页。

⑦ 刘起釪：《尚书学史》，北京：中华书局，1989年，第92页。

⑧ 马楠：《清华简〈摄命〉初读》。

联性论点始终处于推断阶段，而无具体文本支撑。孝王说本是反思穆王说的疑点而来，其优势在于《摄命》文本中已存在的可能性内证证据。如"劼侄毖摄"所透露的孝王与夷王的叔侄身份，"摄"字与夷王私名"燮"字在音韵学上的通假问题等，这都构成了孝王说的依据。另外，支持孝王说的学者还从《摄命》简32所记述的历日与学界复原的西周历日进行比较、从册命制度的发展规律与《摄命》册命简文进行比较等角度，来论证孝王说，这都比穆王说论证得更为充分。但孝王说也有其缺点。在论证过程中学者所提到的依据如西周历日本身就是一个复杂、模糊而无定论的重大历史课题，目前已经复原的西周历法只是诸多复原方案中的一种，并不能作为确实的证据来参考。又，册命制度本身也经历了起源、发展与完善的过程，这意味着册命制度本身所代表的是一个较长的历史时段，而非一个精确的时间节点，这让以册命制度作为参照系的孝王说也缺乏完全充分的理据。总而言之，穆王说与孝王说目前所见的论证过程都存在着这样或那样的缺憾，究其缘由，还是由于《摄命》本身缺乏更多的背景资料而导致的。

本文在先前学者利用册命制度作为参照系来研究《摄命》年代方法的启发下，进一步讨论《摄命》史事的年代问题。我们的方法如下：

首先，从《摄命》简32所记述的册命简文的两种句型出发，比较与其相似的册命金文，以册命金文中该两项句型出现的年代作为判断标准，进而推定《摄命》的年代上限。

其次，从《摄命》简所记述的"作册"职官出发，比较金文中"作册"语词出现的历史时段，从而确定《摄命》的时间下限。

最后，在推定的时间上限与下限中，结合其他相关历史信息，推断出《摄命》史事的最可能年代。

一、册命铭文与《摄命》简32的比较研究

《摄命》简32文曰：

> 唯九月既望壬申，王在镐京，格于大室，即位，咸。士疌右伯摄，立在中廷，北向。王呼作册任册命伯摄：虘。[①]

① 李学勤：《清华大学藏战国竹简（捌）》，上海：中西书局，2018年，第112页。

这段简文与西周册命金文很是接近，先前学者多已经提出。在讨论《摄命》史事年代时，马楠已将册命制度作为参照系来论证《摄命》的年代问题，程浩也有涉及。马楠所引册命制度的年代，以韩巍的研究作为基础，要点在于：册命制度出现于穆共之际，共王时期成熟，共懿之际基本定型。①程浩引李峰的观点，以西周中期作为册命制度成熟的历史时间，与马楠大致相同。②按：李峰与韩巍关于册命制度出现时间的研究并无太大差异，根据大致相同的参照系，马楠与程浩关于《摄命》史事年代却得出不同的结论。其原因在于册命制度出现的上限是在穆共之际，这就为穆王世作为可选择方案提供了基础。疑点的关键在于册命制度所表明的是一个比较长的历史时段，而非具体的历史节点，从而让作为参照系的册命制度处于一个比较宽泛而不精确的境地之下。本文采用的方法是将简32中“王在镐京，格于大室”“王呼作册任册命伯摄”两个句型与具体的西周册命铭文进行比较，以便得出更为精确的结论。

为讨论方便，我们先将册命铭文中有上述二句式之铭文罗列如下：

表1　“王在×，格于×”与“王呼×册命×”相关铭文

序号	器名	册命铭文	出处年代	出处
1	盠方尊	王格于周庙……王册命尹	西周中期	《集成》9899、9900
2	親簋	王在周，格大室……王呼作册尹册申命親	西周中期前段	《铭图》5362
3	肣簋	王在宗周，格大室……作册尹册命肣	西周中期前段	《铭图》5258
4	古鼎	王在康宫，格于大室……王呼内史尹册命古	西周中期前段	《铭图》2453
5	召簋	王在周，格大室……王呼内史册命召	西周中期前段	《铭图》5230
6	趞簋	王在宗周……王格于大庙……内史即命	西周中期	《集成》4266
7	士山盘	王在周新宫，王格大室……王呼作册尹册命山	西周中期	《新收》1555
8	休盘	王在周康宫，旦，王格大室……王呼作册尹册赐休	西周中期	《集成》10170

① 马楠：《清华简〈摄命〉初读》。

② 程浩：《清华简〈摄命〉的性质与结构》。

续表

序号	器名	册命铭文	出处年代	出处
9	师瘨簋盖	王在周师司马宫,格大室……王呼内史吴册命师瘨	西周中期	《集成》4284
10	廿七年卫簋	王在周,格大室……王呼内史赐卫	西周中期	《集成》4256
11	虎簋盖	王在周新宫,格于大室……王呼内史曰:册命虎	西周中期	《近出》491
12	师虎簋	王在杜宔,格于大室……王呼内史吴	西周中期	《集成》4316
13	免簋	王在周……王格于大庙……王受作册尹书	西周中期	《集成》4240
14	师晨鼎	王在周师录宫,旦,王格大室……王呼作册尹册命师晨	西周中期	《集成》2817
15	牧簋	王在周,……格大室……王呼内史吴册命牧	西周中期	《集成》4343
16	申簋盖	王在周康宫,格大室……王命尹册命申	西周中期	《集成》4267
17	师艅簋盖	王在周师录宫,旦,王格大室……王呼作册内史册命师俞	西周中期	《集成》4277
18	望簋	王在周康宫新宫,旦,王格大室……王呼史年册命望	西周中期	《集成》4272
19	吴方彝	王在周成大室,旦,王格庙……王呼史戊册命吴	西周中期	《集成》9898
20	趩尊	王在周,格大室……王呼内史册命趩	西周中期	《集成》6516
21	宰兽簋	王在周师录宫,旦,王格大室……王呼内史尹仲册命宰兽	西周中期	《近出》490
22	师酉簋	王在吴,格吴大庙……王呼史□册命师酉	西周中期	《集成》4288-91
23	畯簋	王在周般大室,旦,王格庙……王呼作册尹册命畯	西周中期后段	《铭图》5386
24	谏簋	王在周师录宫,旦,王格大室……王呼内史微册命谏	西周晚期	《集成》4285
25	走簋	王在周,格大室……王呼作册尹	西周晚期	《集成》4244

续表

序号	器名	册命铭文	出处年代	出处
26	蔡簋	王在減应,旦,王格庙……王呼史敖册命蔡	西周晚期	《集成》4340
27	扬簋	王在周康宫,旦,格大室……王呼内史先册命扬	西周晚期	《集成》4294
28	师察簋	王在旁宫,格于大室……王呼尹氏册命师察	西周晚期	《集成》4253-54
29	辅师厘簋	王在周康宫,格大室……王呼作册尹册命	西周晚期	《集成》4286
30	善夫山鼎	王在周,格图室……王呼史□册命山	西周晚期	《集成》2825
31	元年师兑簋	王在周,各康庙……王呼内史尹册命师兑	西周晚期	《集成》4274-75
32	颂簋	王在周康邵宫,旦,王格大室……尹氏受王命书,王呼史虢生	西周晚期	《集成》4332
33	师厘簋	王在周,格于大室……王呼尹氏册命师厘	西周晚期	《集成》4324-25
34	四十三年逨鼎	王在周康宫穆宫,旦,王格周庙……王呼尹氏册命逨	西周晚期 宣王世	《铭图》2501-02
35	师簋簋	王在周康宫。旦,王格大室……王呼内史遣册命师簋	西周晚期	《集成》4312
36	元年师事簋	王在減应……王格庙……王呼作册尹克册命师事	西周晚期	《集成》4279-82
37	此鼎	王在周康宫夷宫,旦,王格大室……王呼史翏册命此	西周晚期	《集成》2821-23
38	迁簋	王在周昭宫……王格于宣榭……王呼内史册命	西周晚期	《集成》4296
39	三年师兑簋	王在周,格大庙……王呼内史尹册命师兑	西周晚期	《集成》4318-19
40	伊簋	王在周康宫,旦,王格穆大室……王呼命尹封册命伊	西周晚期	《集成》4287
41	师道簋	王在康宫,格于大室……王呼尹册命师道	西周晚期	《新收》1394

《殷周金文集成》《新收殷周青铜器铭文暨器影汇编》《近出殷周金文集录》《商周青铜器铭文暨图像集成》四种著录书所给出的西周中期指的是周穆王至周夷王时段,西周晚期指的是周厉王至周幽王。此种断代比较模糊但相对安全,不至于出现太大争议。这可以说明册命铭文主要集中在西周中晚期,不见于西周早期——周武王至周昭王时。这说明《摄命》简32所见之册命命书不得早于周昭王时期。

为了更精确地判断《摄命》史事年代,我们需要进一步考察表1中所见西周中期1–22号青铜器更为准确的年代,而关键是几件被认为是穆王时期青铜器的讨论。其中,唐兰认为6、13号在穆王世,[①]陈梦家认为13号在懿王世。[②]按:13号免簋器,与免盨、免尊、免盘同属免组器,铭文中出现了"井叔",从人物系联的方式出发,陈梦家的观点可从,当为懿王时。另6号趞簋,从铭文上来看,唐兰认为属于穆王时,当是正确的。但《摄命》简32中的册命命书文字要比趞簋册命铭文更为成熟,当晚于趞簋的年代。另外争议比较大的是2号親簋铭文,多数学者主张在穆王时,但韩巍力排众议,从册命铭文的规律出发,认为親簋铭文的年代在共王时。[③]另外如新出7号士山盘的年代,朱凤翰、董珊等都主张在共王世。[④]

从以上的比较来看,尽管著录书给出的具体的册命青铜器的年代相对比较模糊,集中在西周中期和晚期,而见于西周中期的册命命文,同时包含"王在×,格于×""王呼×册命×"的册命铭文属于比较晚出的现象。结合册命铭文溯源于穆共之际的观点,《摄命》所记录的册命命书与册命铭文比较成熟的形态更为接近,而与早期形态差距较远。基于册命铭文在穆王晚期已经发端,但其成熟形态主要是在共王、懿王时期完成这一认识,我们认为,《摄命》简32的内容不得早于共王世。因此,我们主张穆王说当不能成立。

① 唐兰:《西周青铜器铭文分代史征》,上海:上海古籍出版社,2016年,第380页。

② 陈梦家:《西周铜器断代》,北京:中华书局,2004年,第177页。

③ 韩巍:《親簋年代及相关问题》,载朱凤瀚主编:《新出金文与西周历史》,上海:上海古籍出版社,2011年,第56–70页。

④ 朱凤瀚:《士山盘铭文初释》,《中国历史文物》2002年第1期;董珊:《谈士山盘铭文的"服"字义》,《故宫博物院院刊》2004年第1期。

二、甲骨文、金文所见“作册”年代与“作册任”

《摄命》简32中出现了“作册任”，其中“任”为私名，“作册”为职官。“作册”一职见于甲骨刻辞以及晚商至西周时期的金文，自身也具有演变的规律。由此，我们可以利用“作册”在金文中出现的时代下限，来判断《摄命》史事的年代。

根据陈梦家的研究，西周金文中出现的史官主要有作册、作册尹、作册内史、作命内史、命尹、史、内史、内史尹、尹氏等几种。[①]关于作册与其他几种史官的关系，王国维认为，“作册为内史之异名……作册亦称作册内史，亦称作命内史……亦单称内史。”[②]陈汉平主张：“作册”与“作册内史”“作命内史”“或为同官异名”“作册尹”“当为其长”。[③]王国维、陈汉平的主张可以代表比较宽泛的意见，同时，陈梦家先生也指出，将这些史官“等同起来，是不对的”，他主张：“古代官制的研究，固当明其类别与其彼此的关连，但亦应注意主持某一类事的官常有变换，而某一种官因时代不同而改易其地位和性质。”对于“作册”，陈梦家指出：“作册本是制作策命之人，及史官代宣王命的制度产生，乃兼而为代宣王命之人；西周中期其权落于在王左右的内史(其初当为记言之官)；在西周晚期则尹氏取而代之。”[④]陈梦家的意见是值得重视的，特别其关于史官制度演变规律的总结是我们讨论作册在金文中使用下限的基础，如果作册与其他史官不加辨别而简单混同，那就失去了讨论年代的意义。但陈梦家关于“作册”在西周中期为内史所取代的结论相对简单，我们必须通过对金文的详细考察，再做进一步的清理。

“作册”见于甲骨刻辞：

(1)作册	《合集》1724反	典型宾组
(2)作册西	《合集》5658反	典型宾组

《合集》1724反的刻辞即《京津》703[⑤]，《合集》5658反即《乙》4629正+反+

① 陈梦家：《西周铜器断代》，第398-399页。

② 王国维：《释史》，《观堂集林》(附别集)，北京：中华书局，1959年，第263-273页。

③ 陈汉平：《西周册命制度研究》，北京：学林出版社，1986年，第120页。

④ 陈梦家：《西周铜器断代》，第399-400页。

⑤ 胡厚宣：《甲骨文合集材料来源表》(上编)，北京：中国社会科学出版社，1999年，第49页。

乙4628,这两片甲骨白川静在《作册考》一文中都提到过。[①]其中,《京津》703陈梦家也提到过。[②]另外陈梦家还提到过另一片甲骨《前》4·27·3,认为这片甲骨中也有"作册",该片刻辞陈梦家释为"王其宁小臣吘(按:陈氏原文"吘"从上午下口结构),叀作册商□□,王弗每",将其作为卜辞中有"作册"职官的证据。[③]按:《前》4·27·3甲骨刻辞即《合集》36421,今释为"辛巳卜,贞王其宁小臣吘,叀亡灾,商余令王弗每"。陈梦家释文当误。《合集》1724反与5658反这两片甲骨仍是目前仅见的"作册"刻辞,这两片甲骨从字形、同版关系来看,属于典型宾组卜辞,时代当属于武丁中晚期。这表明至少在武丁时期,"作册"作为职官已经出现。

除了甲骨刻辞之外,"作册"还大量见于晚商与西周时期的金文中,如下表:

表2 作册铭文所见青铜器

序号	器名	铭文	出处年代	出处
1	作册般甗	王商作册般贝	晚商	《集成》0944
2	帚□鼎	作册友史赐□贝	晚商	《集成》2710
3	作册丰鼎	王□于作册般新宗。王商作册丰贝。	晚商	《集成》2711
4	六祀𠨘其卣	□其赐作册……	晚商	《集成》5414
5	作册□鼎	赐作册□贝	西周早期	《集成》2504
6	寓鼎	大人赐作册寓……	西周早期	《集成》2756
7	作册大方鼎	公商作册大白马	西周早期	《集成》2758-61
8	作册□令簋	作册□令□宜于王姜	西周早期	《集成》4301
9	作册䣄卣	公赐作册䣄鬯	西周早期	《集成》5400
10	作册睘卣	王姜令作册睘安夷伯	西周早期	《集成》5407
11	作册益卣	作册嗌作父辛□	西周早期	《集成》5427
12	作册魆卣	公大史在礼,□作册魆马	西周早期	《集成》5432
13	作册睘尊	君令余作作册睘安夷伯	西周早期	《集成》5989

① [日]白川静:《作册考》,载宋镇豪、段志洪主编:《甲骨文献集成》第19册,成都:四川大学出版社,2001年,第398-402页。

② 陈梦家:《殷虚卜辞综述》,北京:中华书局,1988年,第518页。

③ 陈梦家:《殷虚卜辞综述》,第506、518页。

续表

序号	器名	铭文	出处年代	出处
14	作册䋣父乙尊	公赐作册䋣鬯	西周早期	《集成》5991
15	作册折尊	令作册折兄□土于相侯	西周早期	《集成》6002
16	麦方尊	作册麦赐金于辟侯	西周早期	《集成》6015
17	矢令方彝	作册令敢扬明公尹厥□	西周早期	《集成》6016
18	作册折觥	令作册折兄□土于相侯	西周早期	《集成》9303
19	折方彝	令作册折兄望土于相侯	西周早期	《集成》9895
20	吴方彝盖	宰朏右作册吴。	西周中期	《集成》9898

从上表可以看出，金文“作册”职官只要见于晚商与西周早期，这大大补充了甲骨刻辞“作册”的资料。陈梦家说“乍册之名，西周中期以后，渐以不行”，[①]是比较符合历史实际的。张亚初、刘雨在《西周金文官制研究》一书中认为：“作册始见于商代，盛行于西周早中期，消失于西周晚期。”[②]按：张、刘二先生认为“作册”源于商代是正确的意见，说“盛行于西周早中期”则可商，从表2“作册”金文的使用情况来看，“作册”主要盛行于西周早期。西周中期可见的“作册”只有吴方彝盖一件。从张、刘二先生的表述来看，他们是将“作册”与“作册尹”一起讨论的，从表1来看，“作册尹”出现在2、7、8、13、14、23、25、29、36等多件青铜器铭文中，年代从西周中期一直延续到西周晚期，这与陈梦家的考察结果相似，陈梦家认为盛行在西周中期的并非“作册”而是“作册尹”。[③]张、刘二先生言“作册”盛行于“西周早中期”的观点，其中盛行于早期是可以成立的，但言“作册”盛行于中期则是不可取的。

从表2可知，“作册”职官最晚出现在青铜器铭文中是在吴方彝盖（《集成》9898）铭文中。其铭曰：

> 隹二月初吉丁亥。王才周成大室。旦。王各庙。宰朏右乍册吴。入门。立中廷。北乡。王乎史戊册令吴。嗣旃眔叔金。易秬鬯一卣。玄衮衣。赤舄。金车。𨌲䩜朱虢靳。虎冟熏里。𨌲較。画轉。金甬。马四匹。攸勒。吴拜稽首。敢对扬王休。用乍青尹宝尊

① 陈梦家：《西周铜器断代》，第399页。

② 张亚初、刘雨：《西周金文官制研究》，北京：中华书局，1986年，第34页。

③ 陈梦家：《西周铜器断代》，第399页。

彝。吴其世子孙永宝。用隹王二祀。

因铭文中有“隹王二祀”,故又称二祀吴方彝。其年代大致有五说:(1)共王说,郭沫若、唐兰、陈梦家主之;[①](2)懿王说,马承源主之;[②](3)懿王前后说,王世民等主之;[③](4)孝王说,刘启益先生主之;[④](5)厉王说,彭裕商主之。[⑤]

按:二祀吴方彝仅存器盖,但仍可以推测出是典型的西周中期时器,从器物发展的角度来看,方彝在西周中期后被淘汰,因此,二祀吴方彝的年代不当在西周晚期,彭裕商的主张当是可以商榷的。另,主孝王说的刘启益之所以将二祀吴方彝置于孝王时,乃是由于刘先生主要从西周历法复原的角度出发,在他的复原方案里,由于无法将二祀吴方彝的“二祀”“二月初吉丁亥”置于其构拟的西周历法之中,才不得已将其年代定于孝王世,此亦缺乏相当理据。基于此,我们仍主要考察二祀吴方彝共王说与懿王说。

郭沫若很早就提出二祀吴方彝的“作册吴”与师虎簋(《集成》4316)“内史吴”系同一人,[⑥]陈梦家同意郭说。[⑦]之后的多数学者也将二者一并讨论。如刘启益、彭裕商也都将师虎簋与二祀吴方彝的年代安排在同一个王世。师虎簋铭文如下:

隹元年六月。既望甲戌。王才杜□。各于大室。井白内右师虎。即立。中廷。北乡。王乎内史吴曰。册令虎。王若曰。虎□先王既令乃□考事。啬官嗣左右戏緐荆。今余隹帅井先王令。令女更乃□考。啬官嗣左右戏繁荆。敬夙夜勿废。朕令易女赤舄。用事。虎敢拜頶首。对扬天子。不□鲁休。用乍朕剌考日庚□毁。子子孙孙其永宝用。

师虎簋铭文中师虎是器主,内史吴是册命史官,井伯为右者,这为我们通过人物系联的方法讨论器物年代提供了可能。

① 以上诸说见郭沫若:《两周金文辞大系图录考释》,《郭沫若全集·考古编》第8卷,北京:科学出版社,2002年,第74-75页;唐兰:《西周青铜器铭文分代史征》,第478页;陈梦家:《西周铜器断代》,第157-159页。

② 马承源:《商周青铜器铭文选》(一),北京:文物出版社,1986年,第137页。

③ 王世民、陈公柔、张长寿:《西周青铜器分期断代研究》,第143页。

④ 刘启益:《西周纪年》,广州:广东教育出版社,2002年,第330页。

⑤ 彭裕商:《西周青铜器年代综合研究》,成都:巴蜀书社,2003年,第402-403页。

⑥ 郭沫若:《两周金文辞大系图录考释》,《郭沫若全集·考古编》第8卷,第74页。

⑦ 陈梦家:《西周铜器断代》,第151页。

师虎，虎为私名，同见于虎簋盖铭。[①]

作册吴即内史吴，同见于二祀吴方彝盖铭、师虎簋铭、牧簋（《集成》4343）铭，师瘨簋盖（《集成》4284）铭。

井伯，或称司马井伯，同见于师虎簋铭、师瘨簋盖铭、永盂（《集成》10322）铭、豆闭簋（《集成》4276）铭、走簋（《集成》4244）铭、师奎父鼎（《集成》2813）铭、利鼎（《集成》2804）铭、师毛父（《集成》4196）簋铭、七年趞曹鼎（《集成》2783）铭等。

趞曹同见于七年趞曹鼎、十五年趞曹鼎（《集成2784》）铭。

二祀吴方彝：	作册吴			
师虎簋：	内史吴	师虎	井伯	
牧簋：	内史吴			
师瘨簋盖：	内史吴		司马井伯	
虎簋盖：		虎		
永盂：			井伯	
豆闭簋：			井伯	
师毛父簋：			井伯	
利鼎：			井伯	
七年趞曹鼎：			井伯	趞曹
十五年趞曹鼎：				趞曹
走簋：			司马井伯	
师□父鼎：			司马井伯	

按：上文所列为由作册吴、内史吴、师虎、井伯、趞曹等人物关系系联起来的相关青铜器。其中十五年趞曹鼎有明确的王年。其铭曰：

> 隹十又五年。五月既生霸壬午。龏王才周新宫。王射于射肤。史趞曹易弓矢。虎肤。九胄。毌。殳。趞曹敢对。曹拜□首。敢对扬天子休。用乍宝鼎。用乡倗友。

① 王翰章等：《虎簋盖铭简释》，《考古与文物》1997年第3期。

其中明确记载为周共王十五年五月壬午，这个时间节点可以为相关青铜器的年代做出最终定案。十五年趞曹鼎的年代在周共王十五年，则七年趞曹鼎在周共王七年，同见于诸器的井伯当也主要生活在共王时期。师虎簋与二祀吴方彝的时间可定在共王世，郭沫若、唐兰和陈梦家先生的意见可从。虎簋盖铭提及王年为王三十年，考虑到共王的年数不永，将虎簋盖定在穆王三十年是比较合适的，学者们也多主张虎簋盖的年代在穆王世，可相互参正。

这里需要提到的是，在2011年朱凤翰先生主编的《新出金文与西周历史》一书中，披露了一件由香港私人藏家所藏的青铜器，被命名为吴盉。其铭曰：

> 隹卅年四月既生霸壬午，王在䢅，执驹于䢅南林，衣(卒)执驹，王呼巂卲召作册吴立厝门。王曰：赐驹，吴拜稽首，受驹以出。吴敢对扬天子丕显休，用作叔姬般盉。[①]

盖器有记录历日，故又称三十年吴盉。其中，器主为作册吴，学者多主张即二祀吴方彝之“作册吴”。关于吴盉的年代，学者争讼不休，代表性的观点有：(1)宣王世，朱凤翰先生主张之；[②](2)穆王世，主张者为夏含夷与张懋镕先生。[③](3)共王世，主张者为韩巍先生；[④](4)厉王世，陈小三先生主之。[⑤]

按：主张三十年吴盉为西周晚期，宣王世或厉王世的学者，主要从历日出发，但这点是不靠谱的。前文我们已经说明，作册职官不得晚于西周中期，这已经是学界的共识。因此，三十年吴盉不能安置在西周晚期，争论只能在共王世与穆王世之间展开。按照上文的研究，如果二祀吴方彝的年代定在共王二年，那么吴盉的年代最好定在周穆王三十年，这亦可得到考古学家在器物、纹饰等方面研究的支持。

综合以上，作册吴见于两件青铜器，一件是二年吴方彝盖铭，一件是三十年吴盉。其年代跨域穆王晚期至共王初期。共王以下不见作册职官。陈梦家曾比较二祀吴方彝盖铭与师虎簋铭，以为内史吴与作册吴为一人，其说至当。由此，陈梦家主张，盖以“共王元二年之间，乍册与内史互用，至此以后乍

---

① 朱凤瀚：《简论语西周年代学有关的几件铜器》，朱凤瀚主编：《新出金文与西周历史》，第45-51页。

② 朱凤瀚：《简论语西周年代学有关的几件铜器》，朱凤瀚主编：《新出金文与西周历史》，第45-51页。

③ [美]夏含夷：《从作册吴盉再看周穆王在位年数及年代问题》，朱凤瀚主编：《新出金文与西周历史》，第52-55页；张懋镕：《新见金文与穆王铜器断代》，《文博》2013年第2期。

④ 韩巍：《简论作册吴盉及相关铜器的年代》，《中国国家博物馆馆刊》2013年第7期。

⑤ 陈小三：《试论“倗叔壶”和作册吴盉》，《中国国家博物馆馆刊》2015年第3期。

册废而但称内史”。[①]陈先生此说理据确凿，以目前所见材料而言，尚不能推翻其说，或有共王以后更晚出材料以修正陈说。但以我们现有观察而言，即便有新材料出现，也不会有更大误差，内史取代作册当为共王世之事也。由此，我们主张，《摄命》“作册任”的年代不当晚于共王时。

另外需要补充说明的是，在利用人物系联研究《摄命》时，学者或认为“作册任”可能是《逸周书·史记解》所见“左史戎夫”，[②]有学者进一步推断即戎生编钟铭中的“戎生”。[③]这种方法主要是通过音韵通假来建立起联系的，不失为一种可能。从简文来看，“作册任”应为当时著名史官，私名为“任”，在金文中我们未能找到有私名为“任”者，但在传世文献中，有名“周任”者，见于古典文献者有三：

(1)《论语·季氏》：“周任有言曰：‘陈力就列，不能者止。’”[④]

(2)《左传·隐公六年》：“周任有言曰：‘为国家者，见恶，如农夫之务去草焉。’”[⑤]

(3)《左传·昭公五年》：“周任有言曰：‘为政者，不赏私劳，不罚私怨’。”[⑥]

对于周任，文献上主要记载他的三条政治格言，从格言的情况来看，当为西周时人。杜预注亦云：“周任，周大夫。”[⑦]马融《论语注》云：“周任，古之良史。”[⑧]可见注疏家已不知“周任”为何时人物。结合我们的分析，“周任”当为西周时之史官，其与《摄命》“作册任”更有可能为同一人。

三、结语

综合以上两节的分析与讨论，我们认为：

---

① 陈梦家：《西周铜器断代》，第151页。

② 程浩：《清华简〈摄命〉的性质与结构》。

③ 子居：《清华简八〈摄命〉末简解析》，(2018-12-10)[2019-04-06]http://www.360doc.com/content/18/1210/00/34614342_800545704.shtml。

④ 程树德：《论语集释》，北京：中华书局，1990年，第1134-1135页。

⑤ 杜预注：《春秋左传集解》，上海：上海人民出版社，1977年，第38页。

⑥ 杜预注：《春秋左传集解》，第1258页。

⑦ 杜预注：《春秋左传集解》，第38页。

⑧ 程树德：《论语集释》，第1134-1135页。

《摄命》简32所见册命简文与西周册命铭文相似度极大，其中“王在镐京，格于大室”与“王呼作册任册命伯摄”语句，与成熟之册命铭文一致。以册命铭文发展规律而言，“王在×，格于×”与“王呼×册命×”同出之册命铭文不早于西周共王时，此为《摄命》简32史事之时间上限。

《摄命》简32中册命史官为“作册任”，作册职官源起于晚商，从甲骨刻辞的材料来看，作册在武丁中晚期既已出现。金文“作册”主要集中在晚商与西周早期。二祀吴方彝盖铭与三十年吴盉为仅见之西周中期“作册”铭文。通过二祀吴方彝盖铭“作册吴”与师虎簋铭“内史吴”的人物关联，另据师虎簋所见佑者“井伯”同出诸器，可与七年趞曹鼎、十五年趞曹鼎相互系联。十五年趞曹鼎为周共王十五年器，以此为标准，可定案二祀吴方彝为共王二年器，进而推断三十年吴盉当为穆王三十年器。由此推论《摄命》“作册任”的时间下限不当晚于共王时。

另，“作册任”为职官+私名，“任”为作册，为西周史官之一。传世文献《论语》《左传》所见“周任”者注疏家云其为周大夫，古之良史，其可能与“作册任”为同一人。

册命铭文与《摄命》册命简文比较所确定的时间上限与作册职官所确定的时间下限，皆为周共王时，由此，我们不得不推论，《摄命》的年代最大可能指向共王世。

这里需要说明的是，由于《摄命》文本重要，而又缺乏背景材料支撑，《摄命》史事年代共王世说仅是根据册命铭文与作册职官发展规律所作出的最大可能性的推断。若共王世说成立，其所引起的《摄命》简文诸多新的解释问题仍需要更多的关注，以期得到更进一步的解读与认识。

附记1：

本文最早在2019年5月31—6月2日由上海大学古代文明研究中心主办的“清华简《摄命》研究高端论坛”上发表宣讲。经四川大学吴毅强先生提醒，笔者所收西周作册器群遗漏作册封鬲（后收入《新收》1556、1557），王冠英先生《作册封鬲铭文考释》将作册封鬲的年代定为厉王时，[①]是对笔者结论不利的观点。笔者在此谨对吴毅强先生表示谢忱！并对王冠英先生的观点略作回应。

① 王冠英：《作册封鬲铭文考释》，《中国历史文物》2002年第2期。

作册封鬲是中国历史博物馆(今国家博物院)新藏的一对青铜器(甲、乙),按照王冠英的考释,其铭文如下:

> 作册封作异井禀明德,虔夙夕恤周邦,保王身,谏辟四国,王弗叚忘,享厥孙子,多锡休,封对扬天子丕显鲁休,作尊鬲,封其万年眉寿永宝。①

王冠英认为,作册封鬲器主"封"即伊簋(《集成》4287)中的"命册尹封",并以伊簋为厉王时器为据,将作册封鬲的年代也定为厉王。笔者遍检商周金文"作册"铭文,以为"作册"的下限最迟不得晚于共王世。王先生的观点是对笔者观点的极大挑战,并将连带影响由此为据而得出的《摄命》史事年代共王说的成立于否问题。但笔者仔细观察王先生的论证,以为将作册封鬲判定为厉王世是不妥的。理由如下:

第一,根据笔者观察,西周金文中"作册"铭文目前下限是共王世,若作册鬲安排在厉王时,将"作册"的下限延长到西周晚期。则共王以下,作册铭文仅见此一件,这种概率分布太小,与前期作册集中出现的分布情况是违背的。因此,我们不主张讲作册封鬲的年代后置。

第二,由于作册封鬲系从民间收集,非科学发掘品。因此在年代判断上,缺乏地层学及相关器物组合关系因素的支撑,学者只能按照器型、纹饰、铭文的特征进行判别。王先生判定作册封鬲年代的主要依据是人物系联下的器物年代比对。换言之,作册封鬲厉王说依赖两个前提:(1)作册封=命册尹封;(2)伊簋年代为厉王世。按:作册封很有可能即命册尹封,但关于伊簋的年代问题,学界争议很大。王先生判断伊簋年代的来源是《夏商周断代工程1996—2000年阶段成果报告》(以下简称《报告》)表七《西周时期四要素俱全的青铜器断代表》。《报告》虽然在表七中认为伊簋为"厉王前后"时器,但同属该报告的表八《西周金文历谱》则说明"伊簋属于西周晚期……其既望与厉、宣二十七年均不合。"《报告》中两处关于伊簋年代的判断在表述上的差异和矛盾,说明《报告》本身对伊簋的年代是存疑的,并非定论。王先生虽然也注意到了《报告》这两处关于伊簋年代判断在陈述上的差异,但仍然坚持伊簋属于厉王

---

① 作册封鬲铭文考释,另可参见:连劭名:《中国历史博物馆新藏青铜器铭文考释》,《东南文化》2005年第4期;郭永秉:《作册封鬲铭文拾遗》,中国文字学会《中国文字学报》编辑部:《中国文字学报》第5辑,北京:商务印书馆,2014年,第73-79页。

世，并以此推论作册封鬲的年代也同属厉王。故笔者认为，由于伊簋年代判断上学界争议太大，即便是作册封鬲中的“封”与伊簋中的“封”为一人，也是不能依靠一种矛盾迭出的判断来判定作册封鬲的年代的。

第三，作册封鬲铭文与追簋（《集成》4223）铭文语词用法十分相似，可依靠追簋的年代来判断作册封鬲的年代。追簋铭文如下：

追虔□夕恤厥死事。天子多易追休。追敢对天子□扬。用乍朕皇且考□□。用亯孝于前文人。用□匄□寿。永命畯臣。天子霝冬。追其万年。子子孙孙永宝用。

王世民、陈公柔、张长寿根据追簋纹饰，判断追簋为西周中期。[①]从“前文人”等用法上我们也可以判断，追簋的年代不得晚于西周中期。

综合以上，作册封鬲的年代不宜判定在西周晚期的厉王时，而更有可能接近追簋的年代，定在西周中期。如果我们的判断成立，作册封鬲的年代应当与其他作册器一样，年代的下限不出共王时，这并不影响我们以此为依据定性《摄命》史事年代为共王时期的判断。

附记2：

该文在“清华简《摄命》研究高端论坛”上发表宣讲后，学界关于《摄命》的年代问题的讨论仍在持续，对笔者的意见亦有所称引。此处谨表谢忱，不再一一详列。

2020年5月24日

① 王世民、陈公柔、张长寿：《西周青铜器分期断代研究》，第81页。

两通误署金碑考辨*

孙建权[①]

摘　要:孟子林庙碑文中的《邹国公坟庙之碑》与《金文最》所收《伊尹墓碑阴》二碑,皆不属金代。仔细考察《邹国公坟庙之碑》碑末的落款时间以及立石人孟宽的身份,可知该碑文乃是宋人作品,且立石时间也在北宋。《伊尹墓碑阴》的作者被张金吾标为“陈思忠”,是罕见的“张冠李戴”式错误,该碑文实为明代中叶名臣李瀚在弘治年间的作品。这两通异代碑刻被误署金朝,折射出明人撰修地方志的工作相当粗疏。

关键词:邹国公坟庙之碑;伊尹墓碑阴;误署;金代;明朝

一、《邹国公坟庙之碑》非金碑

在今存的多篇孟子林庙碑文中,有一篇名为《邹国公坟庙之碑》者,作者题为“柯亭孙弼”。[②]碑文简要追述了孟子的一生,并记载了元丰六、七年间(1083—1084年)北宋朝廷对孟子的追封以及官府拨款增修孟子祠庙之事。

* 基金项目:本文系国家社科基金青年项目“碑刻文献与金朝史事研究”(18CZS016)阶段性成果。

① 作者简介:孙建权,男,1984年生,河北沧州人,辽宁师范大学历史文化旅游学院副教授,研究方向为宋辽金史。

② [明]刘浚:《孔颜孟三氏志》卷6,载北京图书馆古籍出版编辑组:《北京图书馆古籍珍本丛刊》,北京:书目文献出版社,2000年,第14册,第290-291页。又,此碑文在后来诸书中的名字五花八门,如万历三十九年《邹志》卷4题为“贞祐元年孟墓庙记”、康熙五十五年《邹县志》卷1下题作“金孙弼记”、《金文最》卷29题为“孟子祠记”、《重纂三迁志》卷7题作“孙弼谒祠记”、《孟子林庙历代石刻集》题为“邹公坟庙之碑”等等,为便于讨论,笔者概称之为“邹国公坟庙之碑”。

该碑文是我们研究宋人尊崇孟子的重要史料。此碑旧拓现存孟府。关于此碑原委,刘培贵先生说:

刻石原存邹县城北十公里凫村马鞍山孟母林孟母墓前。已毁。

旧拓高1.97米(其中篆额0.30米),宽0.78米。篆额共3行,每行2字。字径高、宽均0.13米。碑文楷书,可识者21行,满行46字。字径高0.03米,宽0.025米。未见撰者、篆额、书丹者及纪年等刻于何处。两侧外沿不知是否还有刻字。从拓片可见刻石已严重剥蚀,石面成片脱落。残缺字及碑文落款"贞祐元年秋九月十一日,柯亭孙弼谨记,孟氏四十七代孙宽立石",据明成化十八年(1482年)刻本刘浚编《孔颜孟三氏志》卷六所载本碑文而补。[①]

故知碑刻今已不存,拓片虽存但有残缺,而在明人刘浚于成化十八年(1482年)编成的《孔颜孟三氏志》一书中,录有该碑全文,末尾的落款为:

贞祐元年秋九月十一日,柯亭孙弼谨记,孟氏四十七代孙宽立石。

按"贞祐"是金宣宗的第一个年号,凡四年(1213—1216年)。正是根据这个题署,明代以降的学者们普遍认为此碑为金宣宗贞祐元年之碑,如明清两代的各种《邹县志》[②]《三迁志》,以及张金吾的《金文最》,今人阎凤梧《全辽金文》、[③]刘培桂《孟子林庙历代石刻集》、王新英《全金石刻文辑校》等书,[④]皆持此说。今日文史学界引用该碑文开展学术研究,几乎所有人都视之为金碑。

不过,一个吊诡的现象是,碑文的主体内容时代与落款年代不符——碑文的主体内容皆系北宋之事,碑末落款时间却显示该碑刊刻于金末。那么该如何解释这个内容与落款时代不符的奇怪现象呢?王庆生先生曾就此问题给出了一种解释:

孙弼撰《孟子祠记》(引者注:即《邹国公坟庙之碑》),乃宋人之作。

① 刘培桂:《孟子林庙历代石刻集》,济南:齐鲁书社,2005年,第22-23页。

② 可参阅孔宪尧:《历代邹县志十种》,北京:中国工人出版社,1995年。

③ 阎凤梧:《全辽金文》,太原:山西古籍出版社,2002年。

④ 王新英:《全金石刻文辑校》,长春:吉林文史出版社,2012年。

> 《金文最》卷二十九。题下注“贞祐元年”。有云:“元丰六年十月,因吏部尚书曾孝宽言于朝曰:‘孟子有庙在邹,未有封爵,载在祀典……宜封爵以示褒崇。’遂特加邹国公。元丰七年九月,蒙朝廷赐库钱三十万,增修其祠……弼一日敬谒祠下,因摭其实而记之。”文中称宋廷为“朝廷”,且只字未及金人之事,疑为宋文。或至金时字迹漫漶,乃重新上石。①

概言之,这种解释是:该碑乃宋文金刻。还有一条证据似可证实王庆生先生的推测。万历《兖州府志》中,收有一篇名为“孟子碑记略”的碑文,署名孙弼所作,名下小注:“宋元丰人。”②笔者检核这篇碑文后发现,此碑文实系《孔颜孟三氏志》所收《邹国公坟庙之碑》之节本。当代学人曾枣庄、刘琳等在编辑《全宋文》时,曾据此将该文归入宋人文献并加以誊抄。③另外值得一提的是,周洪才先生在编纂《文学作品中的济宁》时,据康熙《邹县志》抄录了《邹国公坟庙之碑》中除落款以外的全文,但做了两处改动:其一,康熙《邹县志》原文题名作“金孙弼记”,周先生改名为“孟子墓碑记”;其二,周先生将碑文作者改为“(宋)孙弼”,然未注所据,或亦受《兖州府志》的影响。④至此,王庆生先生的解释完美化解了碑文内容与落款时代不符的矛盾:文由北宋孙弼撰写,石则在金末贞祐元年树立。可是,笔者在对碑文落款进行认真研究之后,发现王先生的猜想并不成立。

事实上,恰恰就是在人们深信不疑的碑文落款中,潜藏着证明此碑绝非金碑的线索。兹揭示如下:

首先,碑文落款时间“贞祐元年秋九月十一日”,看似言之凿凿,实则暗藏谬误。考诸《金史》,至宁元年(1213年)八月,金右副元帅纥石烈执中率兵入中都发动政变,在杀死卫绍王后,迎升王完颜珣即位,“九月甲辰,(完颜珣)即皇帝位于大安殿……壬子,改元贞祐,大赦”。⑤由此可知,金宣宗在至宁元年

---

① 王庆生:《金代文学编年史》,北京:中华书局,2013年,第664页。

② [明]包大爟:《兖州府志》卷8《林庙》,万历元年刻本,载上海书店出版社编:《天一阁藏明代方志选刊续编》,上海:上海书店,1990年,第53册,第601-602页。

③ 曾枣庄、刘琳主编:《全宋文》卷2017《孟子碑记》,上海:上海辞书出版社、合肥:安徽教育出版社,2006年,第93册,第31-32页。

④ 录文见周洪才:《文学作品中的济宁》,北京:中国社会出版社,2015年,第196-197页。

⑤《金史》卷14《宣宗纪上》,北京:中华书局,1975年,第301-302页。

九月十五日壬子才改元为贞祐，那么孙弼又焉能预知宣宗改元而预书“贞祐元年秋九月十一日”？事实上，古代一年之中如有改元，时人常规写法是“新年号+改元”的形式，如“贞祐改元闰九月七日”，[①]故此碑落款年月录文有误，不可信据。

其次，碑末落款有“孟氏四十七代孙宽立石”的字样，可进一步证实此碑非贞祐元年之碑。按碑文云：“宜其后嗣蕃衍，询其祖沠，得孟宁、孟坚等数十家，皆其裔也。弼一日敬谒祠下，因摭其实而记之，用传不朽。”查孟子后代世系，“四十五代孟宁，宋仁宗四年，以孔道辅荐，特授邹县主簿奉祀，为中兴祖。子坚。四十六代孟坚，徐州知州。子宽。四十七代孟宽”[②]。其中孟宁、孟坚、孟宽三代，正与碑文所载相符。[③]由此亦可知孟宽之祖孟宁生活在北宋仁宗朝，因孔道辅举荐而出任邹县主簿，成为孟氏的“中兴祖”，惜“宋仁宗四年”语焉不详。再考《孔颜孟三氏志》：“四十五代宁，仕宋仁宗。景祐四年，龙图阁直学士孔道辅守兖州，访孟子墓，得邹四基山。问其后，得宁，后荐于朝，授邹县主簿。”[④]知孟宁因孔道辅之荐而出任邹县主簿是在景祐四年（1037年），若《邹国公坟庙之碑》碑末落款“贞祐元年”无误，则孟宁、孟宽祖孙的活动时间已相差176年（1037—1213年），绝不可能。据此知立石者孟宽不可能生活在金贞祐元年，而只能是北宋后期人，所以王庆生先生“宋文金刻”的猜想不能成立。

最后，从孟子庙祠在金代的修缮情况来看，这也不是金宣宗时期的碑刻。孟祠自北宋神宗朝翻新之后，宣和三年（1121年）又因原庙地势低洼，重盖于高处。[⑤]这一重建的孟祠自北宋末至金大安初，因长期陷入失修的状态，日益破败。大定二十八年（1188年）十二月七日，金人赵鼎在路过邹县时，拜谒了当时的孟祠，“伤其芜秽殊甚”，并作诗一首，留下了“先师立教尊姬孔，其土一祠犹草莱”的感慨。[⑥]大安三年（1211年）《重修邹国公庙记》也载孟祠在此前

---

① 李文藻：《诸城金石考•障日山香林谷石刻》，新文丰出版公司编辑部：《石刻史料新编》第3辑，台北：新文丰出版股份有限公司，1986年，第28册，第41页，下栏B面。

② [清]冯云鹓辑：《圣门十六子书》之《孟子书》卷7《宗子世表》，上海古籍出版社编：《续修四库全书》，上海：上海古籍出版社，2002年，第931册，第519页。

③ 需要指出的是，金大安三年《重修邹国公庙记》碑阴记录有孟子第四十四代至四十九代孙的图派，其中四十五代有孟宁，四十六代有孟坚，但四十七代有“孟宪”而无“孟宽”，且孟宪有子名孟钦，详见赵伯成：《重修邹国公庙记》，载刘培桂：《孟子林庙历代石刻集》，第17页。考孟钦在《圣门十六子书》之《孟子书》卷7《宗子世表》中被记为孟子的第四十八代孙，父、祖分别为孟宽、孟坚，故笔者认为“孟宪”或即“孟宽”，盖二字形近而致发生识读讹误。

④ [明]刘浚：《孔颜孟三氏志》卷6，《北京图书馆古籍珍本丛刊》，第14册，第276页，上栏，B面。

⑤ [宋]孙傅：《先师邹国公孟子庙记》，《孟子林庙历代石刻集》，第9–11页。

⑥ [金]赵鼎：《敬谒先师邹国公祠》，《孟子林庙历代石刻集》，第13–14页。

"磨以岁月,上栋下宇,久则斯弊",并记泰和八年(1208年)王瑀任邹县令,"越明年"重修之事。[①]所以孙弼如果是金人,则不应舍近求远而去记叙北宋修庙之事,故他必非金人。

至此我们可以确定,此碑落款的年月不可信据,《邹国公坟庙之碑》并非金末之碑。那么此碑又是何代的碑刻呢?值得注意的是,清人吴式芬《金石汇目分编》曾提及有一通《宋邹公坟庙碑》:

> 《宋邹公坟庙碑》。正书,篆额,无年月。碑中述元丰七年修祠事,"朝"字俱空格,又"敬"字缺笔,定为宋刻。《邹志》以为即贞祐元年《孙弼记》,似未确。马鞍山孟母墓西。[②]

吴氏所说《邹志》,即指胡继先《邹志》,不过笔者翻检该书,见其中只收录了《金贞祐元年孟墓庙记》,不见载有《宋邹公坟庙碑》,未知吴氏所言何来。不过孙弼《邹国公坟庙之碑》中确也记述了元丰七年修祠之事,文中也有"朝""敬"字,故二碑为一碑是很有可能的。元贞二年(1296年),元人张䙴曾见到一方"邹公坟庙碑":"孟子自齐葬于鲁,盖母丧也。其地在邹县北二十五里马鞍山之阳。马鬣其封,隆然冈阜。千六百余年,宜有丰碑纪载而蔑之或闻,岂历世既久遂堙没邪?惟片石在旁,题曰'邹公坟庙碑'者仅存,于母之德或略。……䙴读'邹公坟庙碑',莫释其疑。……其言母氏曰李,未知何据,当考。而谓孟子后孔子三十五年生,时周定王三十七年。"[③]核对张䙴所见碑文内容,与孙弼所撰《邹国公坟庙之碑》正合,故他见到的这方碑刻一定就是《邹国公坟庙之碑》。《邹国公坟庙之碑》与《宋邹公坟庙碑》名称如此接近,且张䙴又称"惟片石在旁,题曰'邹公坟庙碑'者仅存",故笔者认为这两通碑刻应该就是同一碑刻,即宋人孙弼撰、也立于宋代的《邹公坟庙碑》。

我们还有佐证。明洪武六年(1373年)立有《孟子圣迹图碑》,系《孟氏祖庭》一书的刻石,该书卷第四有"宋新建孟子庙记;先师邹国公庙记;邹国公坟庙碑;金重修邹国公庙记;金先师邹国公世系图记",[④]其中将"邹国公坟庙碑"

---

① [金]赵伯成:《重修邹国公庙记》,《孟子林庙历代石刻集》,第15–21页。

② [清]吴式芬:《金石汇目分编》卷10之2《兖州府》,新文丰出版公司编辑部:《石刻史料新编》第1辑,台北:新文丰出版股份有限公司,1977年,第28册,第21154页,下栏B面。

③ 刘培桂:《孟子林庙历代石刻集》,第34–35页。

④ 刘培桂:《孟子林庙历代石刻集》,第98页。

列入北宋而非金代，亦可证明《邹国公坟庙之碑》是北宋之作。

综上所论，孙弼《邹国公坟庙之碑》并非金碑，而是一通撰于北宋也立于北宋的碑刻。刘浚《孔颜孟三氏志》所收《邹国公坟庙之碑》落款中的“贞祐”或是“元祐”之误，如此，则碑文主体内容时代与碑末落款年代才能吻合。一方面，碑文后段提及“元丰七年（1084年）九月，蒙朝廷赐库钱三十万，增修其祠”一事，故孙弼应当是在元丰末增修孟庙后不久，才“一日敬谒祠下，因摭其实而记之”的，而元祐元年（1086年）九月恰在元丰七年九月之后两年，时间顺序非常合理；另一方面，元祐元年距景祐四年（1037年）相差49年，这也比较符合孟宁、孟宽祖孙的年龄差。

二、《伊尹墓碑阴》非金碑

张金吾《金文最》卷八七收有《伊尹墓碑阴》一文，署名“陈思忠”，张氏在文末附注：“谨从《钦定古今图书集成》恭录。”[①]今查清代丛书《古今图书集成·方舆汇编·坤舆典》卷一三六，“冢墓部艺文一”目录云：“《伊尹墓碑阴记》……金陈思忠。”可知《伊尹墓碑阴》的全名当为“伊尹墓碑阴记”；再翻阅其正文，果然与《金文最》所载毫无二致。[②]然详阅碑文内容，笔者并未发现其中有记录撰写时间的明文，而张氏之所以将其划入金人作品者，无疑是照搬了《古今图书集成》的结论。[③]《古今图书集成》将此碑文的作者“金陈思忠”写得炳炳凿凿，似无可疑。不过笔者在细读碑文后发现，碑文中有“按宋州，即今归德州”之语，而在金代，宋州的名称并不是“归德州”，而是“归德府”。考宋、金、元、明史诸书可知，宋州在北宋景德三年（1006年）被升为南京应天府，[④]南宋建炎三年（1129年）被金兵攻占，降为归德府，[⑤]伪齐、金、元因之，[⑥]明“洪武元

① 《伊尹墓碑阴》全文参见［清］张金吾：《金文最》卷87，北京：中华书局，1990年，第1270-1271页。

② ［清］陈梦雷：《古今图书集成·方舆汇编·坤舆典》卷136《冢墓部》，上海：中华书局，1934年，第62册，第39页。

③ 另，今人阎凤梧主编之《全辽金文》，也径据《金文最》收入了该文。

④ 《宋史》卷85《地理志一》，北京：中华书局，1975年，第2110页。

⑤ ［宋］赵甡之《中兴遗史》载，建炎三年（1129年）九月“金人至应天，（凌）唐佐投拜，金人以应天府为归德府，令唐佐知府事。”（赵甡之撰、许起山辑校：《中兴遗史辑校》，北京：中华书局，2018年，第117页）此事可得《宋史》证实。《宋史·凌唐佐传》：“建炎初，提点京畿刑狱，加直秘阁，知南京。南京陷，刘豫因使为守。”（第13306页）《宋史·高宗纪二》：“（建炎三年九月）壬子，金人陷单州、兴仁府，遂陷南京，执守臣凌唐佐，降之。”（第468页）。

⑥ ［宋］杨尧弼：《伪齐录》卷上，载缪荃孙：《藕香零拾》，北京：中华书局，1999年，第294页，下栏A面；《金史》卷25《地理志中》，北京：中华书局，1975年，第590页；《元史》卷59《地理志二》，北京：中华书局，1976年，第1407页。

年(1368年)五月降为州,属开封府。嘉靖二十四年(1545年)六月升为府。"[①]是知金元之际,宋州一直以"归德府"的身份存在,[②]至明洪武元年(1648年)五月方降为归德州,故碑文中"按宋州,即今归德州"的记载与金代史实相矛盾,陈梦雷与张金吾将其列入金文,不得不令人生疑。

鉴于《伊尹墓碑阴》所叙主题是河南偃师县境内的伊尹墓,故笔者又查阅了成书于《古今图书集成》之前的《弘治偃师县志》,以期找到解决问题的锁钥。《弘治偃师县志》中果然有一篇题名为《伊尹墓碑阴记》的文章,[③]经对照,此文正是《古今图书集成》所录的《伊尹墓碑阴记》,且录文更为完整,但魏津在题名之下并未标注作者,似表示该文作者与前一篇碑文《偃师伯王辅嗣墓记》的作者是同一人。[④]巧合的是,《王辅嗣墓记》的作者正是"陈思忠",陈梦雷或即因此将《伊尹墓碑阴记》的作者认定为陈思忠。那么,此陈思忠是金代人吗?

笔者注意到,在《弘治偃师县志》一书内,署名为"陈思忠"的作品,除了以上两篇之外,还有《故奉训大夫秘书监丞陈公墓碣》一篇。[⑤]考《陈公墓碣》,墓主卒于至正六年(1346年)十月十九日,据此可知碑文作者陈思忠必是元末人。又,《王辅嗣墓记》中有"忘金忠显校尉……鲜于渊所建,时明昌四年八月望日也"云云,既称金朝为"忘金",则陈思忠必非金人。此外,虽然明人魏津在纂修《弘治偃师县志》时将《王辅嗣墓记》的撰写时间省略掉了,但所幸的是,清代乾隆五十四年(1789年)所修的《偃师县志》对其录文相对完整,碑文末尾题为:"元统甲戌(1334年)冬十一月至日,河南陈思忠志。"[⑥]这里《王辅嗣墓记》已明确交代了陈思忠是元末河南人。至此我们可以确定:由于这位陈思忠是元末时人,所以其作品《伊尹墓碑阴记》实属元文,《金文最》确是误收。至于碑文中的"按宋州,即今归德州"虽然也与元代无归德州的史实相悖,但也可用"传写笔误"来解释,无伤大雅。问题至此好像已经彻底解决,然而笔

① 《明史》卷42《地理志三》,北京:中华书局,1974年,第984页。

② 需要说明的是,在撰于宋嘉定五年(1212,金崇庆元年)的《使金录》中,作者宋使程卓提到"至南京,今改为归德州",称金崇庆元年有归德州,上海师范大学古籍整理研究所《全宋笔记》第6编,第5册,郑州:大象出版社,2013年,第117页。然考诸《金史》及金末碑刻文献,均无"归德州"出现,故窃疑《使金录》中的"归德州"若非因抄刻流传致讹,便因程卓所记本误,总之不足取信。

③ [明]魏津:《弘治偃师县志》卷3《碑碣铭记》,上海:上海古籍书店,1962年,第23-25页。

④ [明]魏津:《弘治偃师县志》卷3《碑碣铭记》,第22-23页。

⑤ [明]魏津:《弘治偃师县志》卷3《碑碣铭记》,第13-14页。

⑥ [清]汤毓倬:《偃师县志》卷28《金石录下》,乾隆五十四年刻本,第50页。

者在核验了清代诸本《偃师县志》后,又有了意外的发现。

继明《弘治偃师县志》之后,清代问世的《偃师县志》,先后有艾元复等纂修的顺治本(凡四卷,已佚)、王泽长等纂修的康熙本(凡四卷,残本存国家图书馆,缺卷3)、朱续志等纂修的乾隆十一年(1746年)本,以及汤毓倬等纂修的乾隆五十四年(1789年)本。[①]其中质量最高、资料最丰富的首推乾隆五十四年本。在该本《偃师县志》中,《伊尹墓碑阴记》被录入《艺文志》里,位于《元陈思忠偃师伯王辅嗣墓碑记》之后。令人惊讶的是,题目中清楚地标注著作者为"明李瀚",且录文较《弘治偃师县志》更加完整,错误更少。[②]问题又生波澜,《伊尹墓碑阴》的作者究竟是元末陈思忠还是明人李瀚?笔者认为是后者。

首先,虽然《弘治偃师县志》收录《伊尹墓碑阴记》是在乾隆五十四年《偃师县志》之前,但前书并未标明作者(陈思忠系后人如陈梦雷等推测而来),而后书却明确标注作者为"明李瀚",这是最直接的证据。另外,乾隆四十四年施诚等纂修的《河南府志》中也收有《伊尹墓碑阴记》全文,且题下也标注作者为"明李瀚",文末注明依据《县志》。[③]《河南府志》所提到的《(偃师)县志》必早于乾隆四十四年(1779年),因知在乾隆五十四年本《偃师县志》之前的清修《偃师县志》中,至少有一种也标明了《伊尹墓碑阴记》的作者是李瀚。

其次,李瀚所在的时代特征与个人履历,较陈思忠更加契合碑文内容。按,李瀚为明朝中叶名臣,焦竑《国朝献征录》收有张璧为其撰写的墓表全文。据墓表记载可知,李瀚字叔渊,山西沁水人,宪宗成化十七年(1481年)中进士第,初官乐亭知县,有惠政;孝宗弘治年间(1488—1505年),历任监察御史兼巡陕西茶马、河南巡按、湖广副使、河南副使、湖广按察使;武宗正德初,历任河南布政使、顺天府尹、右副都御史、左副都御史、吏部右侍郎、吏部左侍郎,官终南京户部尚书,正德六年(1511年)致仕。[④]前文已提及,碑文中有"按宋州,即今归德州"数字,这是我们确定碑文断代的最主要依据。前文已论,宋金元明之际,"归德州"仅存于明洪武元年至嘉靖二十四年之间(1368—1545年),而陈思忠生活在元末,并不符合时段要求,相反李瀚的生活时代恰在此间。

① 刘永之、耿瑞玲:《河南地方志提要》,开封:河南大学出版社,1990年,第228-236页。

② 碑文详见[清]汤毓倬:《偃师县志》卷24《艺文志中》,乾隆五十四年刻本,第51-52页。

③ [清]施诚:《河南府志》卷85《艺文志·记三》,乾隆四十四年刻本,第57-58页。

④ [明]焦竑:《国朝献征录》卷31《荣禄大夫南京户部尚书李公瀚墓表》,周骏富辑《明代传记丛刊》第110册,综录类26,台北:明文书局,1991年,第468-469页。

再次，碑文云："国初乡先生程彦鲁辈考实，载之图经。"按：程彦鲁是明初河南大儒，洪武元年(1368年)四月十五日，明太祖曾下令"遣使诣河南，命大将军徐达征儒士睢明义、钜鼎臣、程彦鲁、秦彦洪、哈天民、王克明、冯子瑞、迈仲德、单有志、王仪等赴京"，[①]其中的"程彦鲁"恰与碑文中"国初乡先生程彦鲁"形成互证，也显示本碑文是明代作品。

以上种种证据表明，本碑文的作者并非元末的陈思忠，而是明代中叶名臣李瀚。碑文的写作时间应在李瀚供职河南的弘治年间，张金吾确是误收其入《金文最》。

余论

《邹国公坟庙之碑》与《伊尹墓碑阴》这两通碑刻被误署金代，皆与明人修志粗疏有关[②]。对于刘浚《孔颜孟三氏志》，清代四库馆臣评价道：

> 明刘浚编。浚，永嘉人，成化中官邹县教谕。邹，孟子所生地，孟庙在焉。浚因考证孔、颜、孟三氏世系，以及褒崇诸典，汇辑成书。先以地图，次以氏系年谱，次以庙制，次以志事，附述圣于卷后。而前列《提纲》一卷，则壬子四月紫阳杨奂所述《东游记》也。壬子为元宪宗二年，而浚于壬子下注云："元宪宗淳祐十二年"，纪年既误，而又以宋理宗年号移之于元，殊为疏舛。即此一端，其他可概见矣。[③]

足见《孔颜孟三氏志》中的纪年讹误并非个例。魏津《弘治偃师县志》排列艺文杂乱无章，《伊尹墓碑阴记》题下又不署作者，而陈梦雷等人根据常理草草补齐，遂致《古今图书集成》产生错误。张金吾又过度迷信《古今图书集成》卷帙浩繁，于是贻误至今。

附记：本文在写作过程中，承蒙康鹏先生提出宝贵修改意见，谨致谢忱。

---

① 中央研究院历史语言研究所校印《明太祖实录》卷31，洪武元年四月乙卯条，上海：上海书店，1984年，第9页。

② 关于明代修志粗疏，明人已颇多非议。如康海称："余读郡邑志，盖将极天下之撰矣，然益繁而不能详，晦而不能白，乱而不能理焉。此安在于志耶?"见［明］韩邦靖：《朝邑县志》，康海序，台北：成文出版社，1976年，第1页。再如顾炎武所举《大明一统志》《肇庆府志》中的讹误等，见［明］顾炎武著、陈垣校注《日知录校注》卷22《张公素》《王亘》，卷31《大明一统志》，合肥：安徽大学出版社，2007年，第1241-1243、第1757页。

③［清］纪昀等撰、四库全书研究所整理：《钦定四库全书总目》卷59《史部十五》，北京：中华书局，1997年，第822页。

汉代关内侯的入仕途径与起家官*

师彬彬①

摘 要:汉代关内侯的入仕规模趋于减少,既反映了关内侯群体的政治地位与社会身份逐渐降低,又体现了官秩和爵位趋于分离。两汉不同类型关内侯的入仕途径与起家官呈现阶段性和多元化的特征,既反映了高爵阶层的分化和重新组合,又体现了各种社会势力在统治集团拥有不同的政治地位。两汉关内侯的入仕途径与起家官取决于权力运行机制,并与关内侯个人的功劳、政治身份及其和皇帝之间的关系演变密切相关。汉代关内侯的入仕途径与起家官成为皇权对高爵群体实施政治管理和身份控制的一项措施,并发挥了调整官僚体制、推动社会阶层流动、巩固政权基础与增强统治集团凝聚力的社会功能。两汉关内侯的入仕途径与起家官经历了从皇权主导到权臣支配的过程,并存在一定弊端。

关键词:汉代;关内侯;入仕途径;起家官

迄今为止,学术界虽已关注两汉选举制度和官员入仕问题并取得了丰硕

* 基金项目:河南省哲学社会科学规划基金青年项目"'爵—秩体制'视角下的西汉列侯问题研究"(项目编号:2018CLS020)。

① 作者简介:师彬彬,男,1986年生,河北临城人,许昌学院魏晋文化研究所讲师,研究方向为秦汉三国史。

的研究成果[①]，但考察的对象大多偏重于外戚、官僚、豪族和列侯。学术界对汉代关内侯入仕途径和起家官的研究尚未开展，这一问题仍有待考察。

本文在“爵—秩体制”[②]下，运用“品位——职位”视角[③]、群体考察法与个案分析法，将政局演变、统治集团变动、官僚体制发展、社会等级秩序调整与两汉关内侯的入仕途径和起家官紧密结合，注重在“权力运作过程”中系统地考察关内侯的入仕途径和起家官及其与皇权之间的关系演变。笔者拟在梳理史料与总结已有研究成果的基础上，梳理汉代关内侯入仕途径和起家官的特征、社会功能及其影响因素。探讨两汉关内侯的入仕途径和起家官问题不仅有助于全面理解关内侯群体经济权益、社会地位与政治影响的变迁，而且成为我们深入考察政局变动、官僚体制发展和二十等爵制演变的重要切入点。

两汉官秩和爵位呈现日益分离的趋势，西汉初期已经出现“吏官庳（卑）而爵高，以宦皇帝者爵比赐之”[④]的权力格局。伴随统治集团变动与社会等级

---

① 参见邹文海：《两汉选举考》，《厦门大学学报》1943年7期；［日］森三树三郎：《汉代的选举》，《中国学》第12卷第3—4号，1946年；劳榦：《汉代的吏员与察举》，《考铨月刊》1952年第11期；［日］永田英正：《论东汉三公的起家与出身》，《东洋史研究》第24卷第3号，1965年；［日］永田英正：《汉代的选举与官僚阶级》，《东方学报》第41册，1970年；［日］东晋次：《后汉的选举与地方社会》，《东洋史研究》46卷第2号，1987年，后收入刘俊文主编：《日本中青年学者研究论中国史·上古秦汉卷》，北京：中华书局，1995年；仝晰纲：《秦汉时期的官吏任用法规》，《学术界》1994年第5期；张涛：《经学与汉代的选官制度》，《史学月刊》1998年第3期；赵沛：《汉代儒学入仕到门阀垄断》，《甘肃社会科学》1999年第3期；仝晰纲：《汉代选官制度刍议》，《社会科学》1999年第6期；王子今：《两汉的少年吏》，《文史》2000年第2辑，后收入《秦汉社会史论考》，北京：商务印书馆，2006年；［日］西川利文：《汉代长吏的任用》，《古代文化》53卷1号，2001年；［日］西川利文：《汉代长吏的任用（补论）》，《鹰陵史学》第28号，2001年；姚培锋、齐陈骏：《两汉选举用人制度述论》，《甘肃社会科学》2004年第4期，后收入齐陈骏：《枳室史稿》，兰州：甘肃文化出版社，2005年；王凯旋、王丽坤：《汉代选举制度论议》，《广西师范学院学报（哲学社会科学版）》2009年第3期；王颖：《“四科取士”与汉代用人标准》，《淮南师范学院学报》2010年第1期；王子今、吕宗力：《汉代“童子郎”身份与“少为郎”现象》，《南都学坛》2011年第4期，后收入王子今：《秦汉称谓研究》，北京：中国社会科学出版社，2014年；余治平：《董仲舒与武帝选官制度改革》，《中共宁波市委党校学报》2016年第1期；劳榦：《汉代选举制度考》，《汉代政治论文集》，台北：艺文印书馆，1976年；韩复智：《东汉的选举》，《汉史论集》，台北：文史哲出版社，1980年；曾维垣：《两汉选士制度》，台北：台湾商务印书馆，1982年第2版；曾资生：《两汉文官制度》，上海：上海书店影印本，1996年；刘厚琴：《汉代伦理与制度关系研究》，北京：中国社会科学出版社，2008年；孟祥才：《中国政治制度通史》（修订版）第三卷（秦汉卷），北京：社会科学文献出版社，2011年；［日］纸屋正和著：《汉代郡县制的展开》，朱海滨，译，上海：复旦大学出版社，2016年。

② 学术界对汉代“爵—秩体制”的研究，参见阎步克：《从爵本位到官本位：秦汉官僚品位结构研究（修补本）》，北京：生活·读书·新知三联书店，2017年，第33-87页。

③ 参见阎步克：《品位与职位——传统官僚等级制研究的一个新视角》，《史学月刊》2001年第1期，第53-60页；阎步克：《品位与职位：秦汉魏晋南北朝官阶制度研究》（第2版），北京：中华书局，2009年，第2-18页；阎步克：《中国古代官阶制度引论》，北京：北京大学出版社，2010年，第9-25页。

④ 彭浩、陈伟、［日］工藤元男：《二年律令与奏谳书——张家山二四七号汉墓出土法律文献释读》，上海：上海古籍出版社，2007年，第212页。

结构调整,汉代关内侯的入仕规模趋于下降。两汉关内侯并不具备行政功能,主要作为皇帝奖励功臣并维护统治集团成员经济权益、政治身份与社会等级地位的高爵而存在。汉代列侯后代绍封为关内侯者大多并不入仕,发挥的社会功能和政治影响亦较小。入仕途径与起家官成为衡量两汉官员仕途状况的两项依据,并对关内侯的政治身份与社会等级地位变迁产生了重要影响。

两汉关内侯的入仕途径以军功、任子、察举与公府辟除为主导,并以功次、荐举[①]、皇帝征召、入财补郎、良家子选郎和博士弟子课试作为补充。汉代关内侯的入仕途径取决于权力运行机制,不仅受政局演变、统治集团变动、官僚体制发展、社会等级结构调整影响较大,而且与关内侯个人的功劳、才能、学识、道德品行、家世[②]、职业、年龄[③]、声望、家庭财产、社会关系变动密切相关[④]。

功劳是两汉前期关内侯入仕的重要依据,并在社会上发挥了一定的功绩激励功能。汉代关内侯的因功入仕既有助于褒奖功臣、巩固政权基础、激励军队士气、维持军队战斗力、维持高爵群体生命力、推动社会阶层流动、增强统治集团凝聚力与维护开国功臣集团的政治支柱地位,又助长了社会上尚武精神和崇尚建功立业风气的盛行。如汉高祖时期,"行赏而授位也,爵以功为

① 荐举即官员以集体或个人名义向皇帝推荐人才入仕,成为汉代选官制度的补充。

② 例如,"孝惠、高后时,为天下初定,复弛商贾之律,然市井子孙亦不得(宦为吏)〔为官吏〕"([汉]班固:《汉书》卷24下《食货志下》,北京:中华书局,1962年,第1153页)。另如《汉书》卷5《景帝纪》载景帝后元元年(前143年)五月诏亦曰:"有市籍不得宦,无訾又不得宦。"(第152页)再如载东汉章帝元和元年(87年)十二月壬子诏曰:"往者妖言大狱,所及广远,一人犯罪,禁至三属,莫得垂缨仕宦王朝。如有贤才而没齿无用,朕甚怜之,非所谓与之更始也。诸以前妖恶禁锢者,一皆蠲除之,以明弃咎之路,但不得在宿卫而已。"([南朝·宋]范晔:《后汉书》卷3《肃宗孝章帝纪》,北京:中华书局,1965年,第147-148页)。又如《后汉书》卷63《李固传》载顺帝阳嘉二年(133年),李固对曰:"又诏书所以禁侍中尚书中臣子弟不得为吏察孝廉者,以其秉威权,容请托故也。"(第2075页)《后汉书》卷7《孝桓帝纪》亦载质帝本初元年(146年)七月丙戌,桓帝诏曰:"臧吏子孙,不得察举。"(第288页)

③《后汉书》卷6《顺帝纪》载:"(顺帝阳嘉元年十一月)辛卯,初令郡国举孝廉,限年四十以上,诸生通章句,文吏能牋奏,乃得应选;其有茂才异行,若颜渊、子奇,不拘年齿。"(第261页)

④ 参见陶希圣、沈巨尘:《秦汉政治制度》,上海:商务印书馆,1936年,第213-219页;陈蔚松:《汉代考选制度》,武汉:崇文书局,2002年,第164-186页;张仁玺:《秦汉家庭研究》,北京:中国社会出版社,2002年,第196-201页;安作璋、熊铁基:《秦汉官制史稿》,第845-875页;刘厚琴:《汉代伦理与制度关系研究》,北京:中国社会科学出版社,2008年,第105-111页;孟祥才:《中国政治制度通史》(修订版)第三卷(秦汉卷),北京:社会科学文献出版社,2011年,第289-295页;本书编委会编著:《中国历代文官制度·文官之管理》,北京:国家图书馆出版社,2014年,第41-46页、第105-107页;[日]高村武幸:《汉代官吏任用中的财产资格的再探讨》,《史林》第88卷第2号,2005年,后收入《汉代的地方官吏与地域社会》,东京:汲古书院,2008年。

先后，官以能为次序”[①]。两汉关内侯通过军功入仕者规模较大，并集中于战事频繁发生的两汉初期、汉武帝时期与东汉献帝时期。

起家官即官员首次入仕后而由政府授予的第一个正式官职[②]，不仅成为衡量汉代官员家世、政治势力和仕途前景的一项标准，而且反映了官僚体制发展。如武帝建元六年（前135年），“（丞相田蚡）荐人或起家至二千石，权移主上”[③]。另如，“哀帝即位，以（朱）博名臣，召见，起家复为光禄大夫”[④]。再如东汉后期，“（苏则）少以学行闻，举孝廉茂才，辟公府，皆不就。起家为酒泉太守，转安定、武都，所在有威名”[⑤]。

两汉关内侯通过公府辟除入仕者，起家官以比三百石的公府掾为主导。而汉代关内侯以任子、入财补郎入仕者，起家官大多为比三百石的郎中。两汉关内侯的起家官呈现制度化、阶段性、多元化、鲜明时代性和严格等级化的特征，但西汉关内侯的起家官以郎官为主导。

汉代关内侯的起家官取决于政局演变、统治集团变动、官僚体制发展和社会等级秩序调整，并与关内侯个人的功劳、才能、学识、家世、声望、道德品行、政治身份、社会关系、入仕途径及其与皇帝之间的关系变动密切相关。两汉关内侯的起家官不仅对其仕途前景产生了一定影响，而且反映了高爵群体的分化和重新组合。

一、两汉关内侯的入仕途径

军功的概念，正如汉武帝时期，中书令司马迁《报任安书》所曰：“备行伍，攻城野战，有斩将搴旗之功。”[⑥]“商君之法曰：‘斩一首者爵一级，欲为官者为五十石之官；斩二首者爵二级，欲为官者为百石之官。’官爵之迁与斩首之功相称也”[⑦]，两汉政府继承了秦代重视奖励军功的历史传统。汉代通过军功入仕者规模较大并呈现阶段性的特征，主要集中于战事频繁发生的两汉初期、

---

①《汉书》卷18《外戚恩泽侯表》，第677页。

② 学术界对汉代起家官的研究，参见[日]永田英正：《论东汉三公的起家与出身》，《东洋史研究》第24卷第3号，1965年。

③ [汉]司马迁：《史记》卷107《魏其武安侯列传》，北京：中华书局，2014年，第3440页。

④《汉书》卷83《朱博传》，第3404页。

⑤ [晋]陈寿：《三国志》卷16《魏书·苏则传》，北京：中华书局，1982年，第490-491页。

⑥《汉书》卷62《司马迁传》，第2727页。

⑦ [清]王先慎撰，钟哲点校：《韩非子集解》卷17《定法》，北京：中华书局，2016年，第435页。

汉武帝时期与东汉献帝时期。如汉武帝元朔五年(前124年),“置赏官,命曰武功爵。……军功多用越等,大者封侯卿大夫,小者郎吏”[①]。军功成为两汉前期关内侯的重要入仕途径,不仅反映了政府重视奖励军功以激励军队士气和提高军队战斗力,而且体现了作为政治支柱的军功集团[②]享有一定的入仕特权。伴随大规模战争日益减少、官僚体制发展、军功集团趋于衰落与其他政治势力逐渐兴起,两汉中后期通过军功入仕的关内侯规模趋于下降。两汉中后期关内侯的入仕途径呈现阶段性、形式多元化和鲜明时代性的特征,发挥了吸纳社会人才、巩固政权基础、推动社会阶层流动、维持二十等爵制生命力与增强统治集团凝聚力的社会功能。

任子制不仅是西周世卿世禄制的一种残余形态,而且以制度形式维护了汉代高官及外戚群体后代的入仕特权。汉代二千石以上的高官子弟可以通过任子入仕,既成为巩固政权基础和增强统治集团凝聚力的一项措施,又为高官、外戚维持家族权势提供了重要条件。例如,“任子令者,《汉仪注》吏二千石以上视事满三年,得任同产若子一人为郎”[③]。另如武帝时期,董仲舒对策曰:“夫长吏多出于郎中、中郎,吏二千石子弟选郎吏,又以富訾,未必贤也。”[④]此外,严耕望先生认为:“至于以事死节,则不论职守高低,一例除子弟为郎,此两汉之通制也。”[⑤]如东汉献帝建安二年(197年),“太祖退住舞阴,闻(校尉典)韦死,为流涕,募间取其丧,亲自临哭之,遣归葬襄邑,拜子满为郎中”[⑥]。两汉任子制呈现阶段性、身份化、鲜明时代性与严格等级化的特征,不仅维护了高官子弟和外戚子弟的入仕优先权,而且发挥了巩固政权基础、协调君臣关系和增强统治集团凝聚力的社会功能。汉代关内侯通过任子入仕者规模较大,并集中于西汉中后期。两汉关内侯以任子入仕者的年龄一般较低,起家官通常为郎官和东宫官,仕途前景大多较好。伴随官僚体制发展、任子制的政治地位下降及汉哀帝于成帝绥和二年(前7年)六月颁布诏书废除任

---

①《史记》卷32《平准书第八》,第1422–1423页。

② 西汉军功集团的家世以平民为主导,是政权的重要支柱与统治集团的核心力量。西汉军功集团出现于高帝时期,但政治势力逐渐衰退,最终消亡于武帝时期。关于西汉军功集团演变问题的研究,参见李开元:《汉帝国的建立与刘邦集团——军功受益阶层研究》,北京:生活·读书·新知三联书店,2000年。

③《汉书》卷11《哀帝纪》颜师古注引应劭注曰,第337页。

④《汉书》卷56《董仲舒传》,第2512页。

⑤ 严耕望:《秦汉郎吏制度考》,《严耕望史学论文选集》,北京:中华书局,2006年,第310页。

⑥《三国志》卷18《魏书·典韦传》,第545页。

子令[①]，东汉关内侯通过任子入仕者的规模趋于下降。

察举制萌芽于汉高祖时期，初步形成于汉文帝时期，正式确立于汉武帝时期，完善于东汉。两汉察举制呈现阶段性、鲜明时代性、"以德选官"为主导、"以能选官"为补充的特征，并逐步以四科取士作为重要标准。如《续汉书·百官志一》司马彪注引应劭《汉官仪》载东汉光武帝建武三十年(54年)诏曰："丞相故事，四科取士。一曰德行高妙，志节清白；二曰学通行修，经中博士；三曰明达法令，足以决疑，能案章覆问，文中御史；四曰刚毅多略，遭事不惑，明足以决，才任三辅令：皆有孝悌廉公之行。自今以后，审四科辟召，及刺史、二千石察茂才尤异孝廉之吏，务尽实覆，选择英俊、贤行、廉洁、平端于县邑，务授试以职。有非其人，临计过署，不便习官事，书疏不端正，不如诏书，有司奏罪名，并正举者。"[②]汉代关内侯通过察举入仕者涉及孝廉、茂才、廉吏、贤良方正、贤良文学五种科目，起家官具有多元化的特征。两汉以孝廉科入仕的关内侯可考者只有二人，与"汉世诸科，虽以贤良方正为至重，而得人之盛，则莫如孝廉，斯亦后世之所不能及"[③]的政治状况并不相符。

功次亦称吏道、积功、积劳、积功劳、稍迁、以功迁、以功次迁，即少吏依据功劳次序升迁而担迁官职。正如汉武帝时期，中书令司马迁《报任安书》曰："累日积劳，取尊官厚禄。"[④]伴随大规模战争趋于减少与官僚体制发展，功次成为两汉中后期的主要入仕途径。功次是汉代关内侯的重要入仕途径，关内侯通过功次入仕者集中于东汉末期。

皇帝征召即皇帝采取特征的方式选拔社会知名人士担任官员，具有"以名选官"为主导，"以德选官"与"以能选官"为补充的特征，但皇帝征召的规模一般较小。两汉皇帝征召始于汉高帝时期但盛行于东汉时期，是当时最受尊崇的一种入仕途径。汉代以皇帝征召入仕的关内侯规模较小，起家官一般较高，仕途前景大多较好。

汉代公府是丞相(司徒)府、太尉府、御史大夫(司空)府、太傅府、大将军府五府的统称，公府长官可以自行任用属员。两汉公府辟除始于西汉而盛行

---

①《汉书》卷11《哀帝纪》载成帝绥和二年(前7)六月，"(哀帝)除任子令及诽谤诋毁法。"(第391页)

②[晋]司马彪：《续汉书·百官志一》注引应劭《汉官仪》；收入[南朝·宋]范晔：《后汉书》，北京：中华书局，1965年，第3559页。

③[宋]徐天麟：《东汉会要》卷26《选举上·孝廉廉吏》，上海：上海古籍出版社，2012年，第391页。

④《汉书》卷62《司马迁传》，第2727页。

于东汉，并呈现阶段性、“以名选官”为主导与“以能选官”为补充的特征。例如，“汉氏公卿郡守，皆得自举其属，中兴之后，辟召尤盛，故当时幕府彬彬然多贤才焉”[①]。另如，“名公巨卿，以能致贤才为高；而英才俊士，以得所依秉为重，是以誉望日隆。名节日著，而一洗末世苟合轻就之风”[②]。东汉通过公府辟除选拔了一大批优秀人才，成为选官制度的重要形式。

两汉关内侯通过公府辟除入仕者规模较大并集中于东汉献帝时期，起家官以比三百石的公府掾为主导，仕途前景大多较好。

入财补郎是政府缓解国家财政困难局面的一项权宜之计，成为西汉入仕途径的补充形式。入财补郎成为西汉豪强入仕的重要途径，但入仕规模较小并集中于汉武帝时期。如武帝元鼎三年（前114年），“所忠言：‘世家子弟富人或斗鸡走狗马，弋猎博戏，乱齐民。’乃征诸犯令，相引数千人，命曰‘株送徒’。入财者得补郎，郎选衰矣”[③]。

汉代关内侯的入仕途径以军功、任子、察举、公府辟除为主导，并以功次、荐举[④]、皇帝征召、入财补郎、良家子选郎、博士弟子课试[⑤]作为补充。两汉关内侯的入仕途径促进了社会流动，并扩大了官僚队伍。汉代部分关内侯的入仕途径不详[⑥]，本文认为应当通过军功、功次或良家子选郎等途径入仕。

军功是两汉前期关内侯的重要入仕途径，不仅反映了军功集团势力强大和大规模战争频繁发生的权力格局，而且体现了政府重视维护军功集团的政治支柱地位。伴随大规模战争日益减少、官僚体制发展、军功集团逐渐衰落与其他政治势力趋于兴起，两汉中后期关内侯的入仕途径呈现趋于多元化的特征。如汉武帝时期，“吏道杂而多端，则官职秏废”[⑦]。两汉中后期关内侯的入仕途径以“任贤而序位，量能以授官”[⑧]为重要原则，比较注重才能和道德品行。

① [宋]王钦若等编：《册府元龟》卷726《幕府部·辟署一》，北京：中华书局影印本，1960年，第8633页。

② [宋]徐天麟：《东汉会要》卷27《选举下·公府辟除》，上海：上海古籍出版社，2012年，第404页。

③《史记》卷30《平准书》，第1732页。

④ 荐举即官员以集体或个人名义向皇帝推荐人才入仕，成为汉代选官制度的补充。

⑤《史记》卷121《儒林传》载汉武帝元朔五年（前124），公孙弘请曰：“（博士弟子）一岁皆辄试，能通一艺以上，补文学掌故缺；其高弟可以为郎中，太常籍奏。”（第3119页）

⑥《汉书》卷70《陈汤传》载宣帝时期，“（陈汤）西至长安求官，得太官献食丞”。（第3007页）

⑦《史记》卷30《平准书》，第1717页。

⑧《汉书》卷58《公孙弘传》，第2620页。

汉代关内侯的入仕途径呈现阶段性、制度化和形式多样性的特征，既反映了政局演变、选官标准变迁、官僚体制发展、统治集团变动与二十等爵制调整，又体现了政治文化演变和社会等级秩序变动。两汉关内侯的入仕途径在不同阶段分别呈现“以功选官”“以族选官”[①]“以名选官”[②]“以德选官”“以能选官”[③]为主导的特征，有助于加强君臣关系、调整社会等级秩序、保障高爵群体整体素质。

汉代关内侯的入仕途径不仅成为保障高爵群体活力及统治集团生命力的一项措施，而且有助于巩固政权基础、调整社会等级秩序、推动社会阶层流动和增强统治集团凝聚力。两汉关内侯的入仕途径取决于权力运行机制，受政局变迁、官僚体制发展、统治集团演变影响较大，并与关内侯个人的功劳、才能、学识、声望、德行、年龄、家世、政治身份、家庭财产和社会关系密切相关。

二、西汉关内侯的入仕途径与起家官

西汉关内侯的入仕途径以军功、任子、察举和良家子选郎为主导，并以功次、荐举、皇帝征召、入财补郎与博士弟子课试作为补充。西汉关内侯的入仕途径拓宽了关内侯的入仕渠道，并形成了社会人才竞争机制和社会流动机制。西汉前期关内侯的入仕途径以军功为主导，不仅反映了军功集团势力强大与大规模战争频繁发生的政治形势，而且体现了政府重视维护军功集团的政治支柱地位以巩固政权基础和增强统治集团凝聚力。伴随军功集团逐步衰落与其他政治集团趋于兴起，西汉中后期关内侯的入仕途径比较注重才能和道德品行，并以“量才而授官，录德而定位”[④]作为一项原则。西汉中后期关内侯的入仕途径呈现阶段性、形式多元化与鲜明时代性的特征，有助于吸纳社会人才、扩大政权基础、增强统治集团凝聚力、维持二十等爵制生命力、推动社会阶层流动。

---

① 阎步克：《察举制度变迁史稿》，北京：中国人民大学出版社，2009年，第82-85页。

② 阎步克：《察举制度变迁史稿》，第75-82页。

③ 阎步克：《察举制度变迁史稿》，第46-52页。

④《汉书》卷56《董仲舒传》，第2513页。

军功是西汉前期关内侯的主要入仕途径，与当时大规模战争频繁发生、军功集团演变密切相关。“自汉兴至孝文二十余年，会天下初定，将相公卿皆军吏。”[①]西汉关内侯通过军功入仕者规模较大，有高帝时期的鄂千秋[②]、刘信、尊、申屠嘉[③]、定[④]、起、宋昌，起家官大多不详。另外，本文推测西汉以军功入仕的关内侯还有景帝时期的李沮，武帝时期的解、豆如意、绾、赵食其、田广明，起家官应为比三百石的郎中。伴随大规模战争趋于减少、官僚体制发展、二十等爵制演变、军功集团逐步衰落与其他政治集团日益兴起，西汉中后期以军功入仕的关内侯规模趋于下降。

西汉关内侯通过任子入仕者有景帝时期的李敢，武帝时期的卫青、苏武，昭帝时期的韦玄成，宣帝时期的冯野王、史丹，成帝时期的淳于长[⑤]，七人的起家官分别为郎中，六百石的建章监，比三百石的郎中，比三百石的郎中、六百石的太子中庶子，六百石的太子中庶子、六百石的黄门郎。此外，本文推测西汉以任子入仕的关内侯还有宣帝时期的史曾、史玄、许延寿、史高，元帝时期的王崇、韦赏，成帝时期的丙昌，七人的起家官应为东宫官或郎官。西汉关内侯通过任子入仕者规模较大，不仅反映了当时任子制的盛行，而且体现了政府对高官子弟和外戚子弟的政治优待。这一政治现象有助于维护统治秩序和巩固政权基础，但削弱了西汉官僚群体生命力，并激化了统治集团的政治矛盾、权力斗争与利益冲突。

西汉通过察举入仕的关内侯合计五人，即昭帝时期贤良文学科的魏相[⑥]、昭帝时期贤良方正科或茂才科的陈万年，昭宣之际茂才科的赵广汉，元帝时期廉吏科的平当、孝廉科的师丹，起家官分别为千石的茂陵令、八百石或六百石的县令，六百石的平准令，四百石或三百石的顺阳长、比三百石的郎中。[⑦]

① 《史记》卷96《张丞相列传》，第3249页。

② 《史记》卷18《高祖功臣侯者年表》载："（鄂千秋）以谒者汉王三年初从，定诸侯。"（第1098页）

③ 《史记》卷96《张丞相传》载高帝十一年（前196年），"（队率申屠嘉）从击黥布军，为都尉。"（第3251页）

④ 《汉书》卷4《文帝纪》作"足"（第115页）。

⑤ 参见《史记》卷109《李将军列传》，第2876页；《史记》卷111《卫将军列传》，第3538页；《汉书》卷54《苏建传》，第2459页；《汉书》卷73《韦贤传》，第3108页；《汉书》卷79《冯奉世传》，第3302页；《汉书》卷82《史丹传》，第3376页；《汉书》卷93《淳于长传》，第3730页。

⑥ 如《汉书》卷74《魏相传》载昭帝时期，"（魏相）举贤良，以对策高第，为茂陵令"（第3133页）。另如《汉书》卷76《韩延寿传》载："是时昭帝富于春秋，大将军霍光持政，征郡国贤良文学，问以得失。时魏相以文学对策。"（第3210页）

⑦ 参见《汉书》卷76《赵广汉传》，第3199页；《汉书》卷71《平当传》，第3048页；《汉书》卷86《师丹传》，第3503页。

如昭帝时期，“（陈万）为郡吏，察举，至县令”①。西汉关内侯以察举入仕者涉及多个科目，起家官的秩级呈现多元化的特征。

西汉通过荐举入仕的关内侯有高帝时期的娄敬、元帝时期的彭宣，二人的起家官分别为郎中②、比六百石的博士。如《汉书》卷71《彭宣传》载元帝时期，“（彭宣）治《易》，事张禹，举为博士”。③

西汉以功次入仕的关内侯有武帝时期的丙吉，起家官不详。如武帝时期，“（鲁狱史丙吉）积功劳，稍迁至廷尉右监”④。另外，本文推测西汉通过功次入仕的关内侯还有昭帝时期的刘德、宣帝时期的张禹，二人的起家官分别为千石的宗正丞、比六百石的博士。如宣帝时期，“久之，（郡文学张禹）试为博士”⑤。另如昭帝时期，“辟（刘）彊子德待诏丞相府，年三十余，欲用之。……昭帝初，为宗正丞”。⑥

西汉以皇帝征召入仕的关内侯有昭帝时期的夏侯胜、韦贤，二人的起家官皆为比六百石的博士。如昭帝时期，“（夏侯胜）为学精孰，所问非一师也。善说礼服。征为博士、光禄大夫”⑦。另如昭帝时期，“（韦）贤为人质朴少欲，笃志于学，兼能《礼》、《尚书》，以《诗》教授，号称邹鲁大儒。征为博士，给事中”。⑧

西汉关内侯通过入财补郎入仕者有武帝时期的卜式、黄霸，二人的起家官分别为比六百石的中郎、比四百石的侍郎⑨。“（黄霸）武帝末以待诏入钱赏官，补侍郎谒者”⑩。

“汉兴，六郡良家子选给羽林、期门，以材力为官，名将多出焉。”⑪西汉关内侯以良家子选郎入仕者有武帝时期的冯奉世，起家官为比三百石的郎中。例如，“武帝末，（冯）奉世以良家子选为郎”⑫。另外，本文推测西汉关内侯以

①《汉书》卷66《陈万年传》，第2899页。
② 参见《史记》卷99《刘敬列传》，第3289–3291页。
③《汉书》卷71《彭宣传》，第3051页。
④《汉书》卷74《丙吉传》，第3142页。
⑤《汉书》卷81《张禹传》，第3305页。
⑥《汉书》卷36《楚元王传》第1927–1928页。
⑦ 参见《汉书》卷75《夏侯胜传》，第3155页。
⑧《汉书》卷73《韦贤传》，第3107页。
⑨ 参见《汉书》卷58《卜式传》，第2625页。
⑩《汉书》卷89《黄霸传》，第3627页。
⑪《汉书》卷28下《地理志下》，第1644页。
⑫《汉书》卷79《冯奉世传》，第3293页。

良家子选郎入仕者还有景帝时期的李息，起家官应为比三百石的郎中。[①]

西汉关内侯通过博士弟子课试入仕者有昭帝时的萧望之，起家官为比三百石的郎中。如昭帝时期，“(博士弟子萧)望之以射策甲科为郎，署小苑东门候”[②]。

三、东汉关内侯的入仕途径与起家官

伴随官僚体制发展、官秩与爵位呈现日益分离的趋势，东汉关内侯的入仕规模相对较小并集中于东汉初期与东汉末期，反映了关内侯的政治身份和社会等级地位趋于下降。与西汉相比，东汉关内侯的入仕途径相对较少。

东汉关内侯的入仕途径以军功、公府辟除、功次为主导，并以任子、察举、荐举、皇帝征召作为补充。东汉关内侯的入仕途径取决于权力运行机制，并与关内侯个人的才能、学识、德行、家世、年龄、声望、财产、政治身份、社会关系密切相关。东汉关内侯的入仕途径呈现阶段性、制度化、鲜明时代性和形式多元化的特征。既拓宽了高爵群体的入仕渠道，又促进了社会阶层流动。

东汉关内侯通过军功入仕者有更始帝时期的杨音，献帝时期的许褚、张辽，三人的起家官分别为千石的军正、中二千石的赤眉军列卿，比二千石的骑都尉[③]。另外，本文推测东汉关内侯以军功入仕者还有更始帝时期的耿纯家族成员三人，光武帝时期的戴涉，献帝时期的文聘、黄忠，六人的起家官大多不详[④]。东汉前期关内侯的入仕途径以军功为主导，既体现了皇权重视维护军功集团的政治支柱地位，又发挥了奖励军功、加强君臣关系、巩固政权基础和增强统治集团凝聚力的社会功能。伴随大规模战争减少、官僚体制发展、军功集团趋于衰落与其他政治势力逐步兴起，东汉中后期关内侯的入仕途径趋于多元化，比较注重才能和道德品行。献帝时期的关内侯通过军功入仕者规模较大，不仅反映了权臣曹操“治平尚德行，有事赏功能”[⑤]的选官原则，而且与当时大规模战争频繁发生的社会背景密切相关。

①参见《史记》卷111《骠骑将军列传》，第3559页。

②《汉书》卷78《萧望之传》，第3272页。

③ 参见《后汉书》卷11《刘盘子传》，第482页；《三国志》卷18《魏书·许褚传》，第542页；《三国志》卷17《魏书·张辽传》，第517页。

④ 参见《后汉书》卷21《耿纯传》，第765页；《后汉书》卷1下《光武帝纪下》，第72页；《三国志》卷18《魏书·文聘传》，第539页；《三国志》卷36《蜀书·黄忠传》，第948页。

⑤《三国志》卷1《魏书·武帝纪》，第24页。

东汉通过公府辟除入仕者的仕途前景大多较好,“三府掾属位卑职重,及其取官又多超卓,或期月而长州郡,或数年而至公卿”[①]。东汉关内侯通过公府辟除入仕者合计九人,即光武帝时期的孔奋、桓荣,明帝时期的邓彪,安帝时期的曹成,献帝时期的梁习、王粲、傅巽、李休、刘廙,起家官分别为比三百石的河西大将军议曹掾、比三百石的司徒掾,比三百石的公府掾、比三百石的司徒掾,三百石或四百石的漳长、比三百石的丞相掾、四百石的尚书郎、六百石的镇北将军司马、比三百石的丞相掾。[②]东汉关内侯通过公府辟除入仕者规模较大并呈现阶段性与鲜明时代性的特征,反映了公府辟除在选官制度逐步中占据重要地位。东汉献帝时期的关内侯由公府辟除入仕者大多由丞相曹操辟除,成为权臣曹操笼络高爵群体与扩大政治影响力的一项措施。这一政治现象不仅削弱了皇权对选官制度的政治支配性和身份控制力,而且推动了汉魏王朝更迭过程。

东汉关内侯通过功次入仕者有桓帝时期的黄琬,灵帝时期的吕常,献帝时期的满宠,三人的起家官分别为比二千石的五官中郎将,比四百石或比三百石的守雉县长,比六百石的守高平令。[③]此外,本文推测东汉关内侯以功次入仕者还有更始帝时期的王梁、灵帝时期的杜畿,二人的起家官为比六百石的守狐奴令、比六百石的守郑县令。[④]

东汉关内侯通过任子入仕者有西汉成帝时期的侯霸、东汉光武帝时期的阴兴、明帝时期的桓郁、献帝时期的典满,四人的起家官分别为二百石的太子舍人、六百石的黄门侍郎、比三百石的郎中、比三百石的郎中。此外,本文推测东汉关内侯以任子入仕者还有光武帝时期的冯宗、献帝时期的庞会,本文推测二人的起家官皆为比三百石的郎中。[⑤]东汉关内侯通过任子入仕者的规

① [汉]崔寔撰,孙启治校注:《政论校注·佚文》,收入[汉]崔寔撰、[汉]仲长统撰,孙启治校注:《政论校注·昌言校注》,北京:中华书局,2012年,第189页。

② 参见《后汉书》卷37《桓荣传》,第1249页;《后汉书》卷44《邓彪传》,第1495页;《汉书》卷84《列女传》李贤注引《三辅决录》,第2787页;《三国志》卷15《魏书·梁习传》,第469页;《三国志》卷21《魏书·王粲传》,第598页;《三国志》卷6《魏书·刘表传》裴松之注引《傅子》,第214页;《三国志》卷9《魏书·曹爽传》裴松之注引《魏略》,第290页;《三国志》卷21《魏书·刘廙传》,第613页。

③ 参见《后汉书》卷61《黄琬传》,第2040页;[宋]洪适:《隶释》卷19《魏横海将军吕君碑铭》,收入《隶释·隶续》,北京:中华书局影印本,1985年,第191页;《三国志》卷26《魏书·满宠传》,第721页。

④ 参见《后汉书》卷22《王梁传》,第774页;《三国志》卷16《魏书·杜畿传》,第493-494页。

⑤ 参见《后汉书》卷26《侯霸传》,第901页;《后汉书》卷32《阴兴传》,第1130页;《后汉书》卷37《桓荣传》,第1254页;《三国志》卷18《魏书·典韦传》,第545页;《后汉书》卷26《冯勤传》,第911页;《三国志》卷18《魏书·庞德传》,第546页。

模小于西汉，起家官普遍低于西汉。这一政治现象不仅反映了任子制在东汉选官制度中政治地位的下降，而且体现了政局演变与官僚体制发展。

东汉以察举入仕的关内侯有灵帝时期孝廉科的桓典、献帝时期的郭淮，二人的起家官均为比三百石的郎中。[①]如东汉时期，“郡国举孝廉以补三署郎，年五十以上属五官，其次分在左、右署”[②]。

东汉关内侯通过荐举入仕者只有光武帝时期的冯勤、献帝时期的阎柔，二人的起家官分别为比三百石的郎中、六百石的乌丸司马。[③]

东汉关内侯以皇帝征召入仕者有更始帝时期的鲍永、赵憙，光武帝时期的冯鲂，三人的起家官分别为(本文推测)六百石的尚书、三百石的郎中、千石的虞令。此外，本文推测东汉关内侯通过皇帝征召入仕者有光武帝时期的丁恭，献帝时期的苏则、杨阜，三人的起家官分别为六百石的谏议大夫，二千石的酒泉太守、六百石的安定长史。[④]东汉关内侯通过皇帝征召入仕者规模较大，关内侯的起家官与个人的家世、社会声望密切相关。

四、小结

综上所述，伴随政局变迁、统治集团演变、官僚体制发展与社会等级结构调整，汉代关内侯的入仕规模趋于减少。这一政治现象既反映了两汉关内侯群体的政治地位和社会身份逐渐降低，又体现了官秩与爵位呈现日益分离的趋势。汉代部分关内侯通过入仕参与政治体制运转，不仅发挥了较大的社会功能与政治影响，而且有助于扩大家族势力和提高家族的政治声望。然而两汉中后期列侯后代绍封为关内侯者大多并不入仕，发挥的政治影响亦较小。

汉代不同类型关内侯的入仕途径与起家官呈现阶段性、多元化和鲜明时代性的特征，既反映了高爵群体的分化与重新流动，又体现了各种政治势力在统治集团拥有不同的政治地位和社会身份。两汉关内侯任武官者大多通过军功、任子与良家子选郎三种途径入仕，并集中于大规模战事频繁发生的

① 参见《后汉书》卷37《桓荣传》，第1258页；《三国志》卷26《魏书·郭淮传》，第733页。

② 《后汉书》卷4《和帝纪》李贤注引《汉官仪》，第193页。

③ 参见《后汉书》卷26《冯勤传》及李贤注引《东观汉记》，第909–910页；《三国志》卷8《魏书·公孙瓒传》，第243页。

④ 参见《后汉书》卷29《鲍永传》，第1018页；《后汉书》卷26《赵憙传》，第912页；《后汉书》卷33《冯鲂传》，第1148页；《后汉书》卷79下《丁恭传》，第2578页；《三国志》卷16《魏书·苏则传》，第490–491页；《三国志》卷25《魏书·杨阜传》，第700页。

两汉初期、汉武帝时期和东汉献帝时期。

汉代关内侯的入仕途径以军功、任子、察举和公府辟除为主导，并以功次、荐举、皇帝征召、入财补郎、良家子选郎与博士弟子课试作为补充，在社会上形成了一定的人才竞争机制和社会流动机制。两汉前期关内侯的入仕途径以军功为主导，反映了政府重视维护军功集团的政治支柱地位以巩固政权基础和增强统治集团凝聚力。伴随大规模战争日益减少、官僚体制发展、军功集团逐步衰落和其他政治集团趋于兴起，两汉中后期关内侯的入仕途径呈现趋于多元化的特征，比较注重才能与道德品行。汉代关内侯的入仕途径变动不仅反映了政局演变、选官标准变迁、官僚体制发展和统治集团调整，而且体现了政治文化变迁与社会等级秩序变动。两汉关内侯的入仕途径比较广泛，并在不同阶段分别呈现"以功选官""以族选官""以名选官""以德选官""以能选官"为主导的特征。

汉代关内侯的入仕途径取决于权力运行机制，并与关内侯个人的功劳、才能、学识、声望、德行、年龄、家世、家庭财产、政治身份和社会关系密切相关。两汉关内侯的入仕途径经历了从皇权主导到权臣支配的过程，不仅反映了统治集团的政治矛盾、权力斗争与利益冲突趋于激化，而且在各个阶段发挥了不同的社会功能。汉代关内侯的入仕途径不仅成为保障高爵群体活力及二十等爵制生命力的一项措施，而且发挥了改变社会风气、加强君臣关系、调整社会等级秩序、巩固政权基础、推动社会阶层流动、保障统治集团成员整体素质的社会功能，在两汉中前期表现显著。

由于皇权与高爵群体拥有错综复杂的关系并存在一定的政治矛盾和利益冲突。两汉后期关内侯的入仕途径也产生了导致官僚群体规模迅速膨胀、削弱二十等爵制活力、加重国家财政负担、激化统治集团政治矛盾与权力斗争、助长社会上等级观念和特权思想盛行等弊端。

但就汉王朝而言，关内侯入仕途径发挥的社会功能占据主导地位。两汉皇帝重视对关内侯的入仕途径与起家官实施政治管理并取得了一定成效，既加强了皇权对高爵群体的政治支配性和身份控制力，又调整了官僚体制与社会等级结构。汉代皇帝通过颁布诏书的形式调整关内侯的入仕途径并严格控制关内侯的入仕规模，不仅成为削弱高爵群体势力和减轻国家财政负担的一项措施，而且有助于加强中央集权、维持统治秩序与调整社会等级结构。

两汉关内侯的入仕途径既反映了政府对关内侯利用和限制并存的政策,又反映了皇权重视对高爵群体实施政治管理与身份控制。

汉代关内侯的入仕途径和起家官呈现阶段性、制度化与鲜明时代性的特征,并产生了一定的社会功能和弊端。两汉关内侯的入仕途径与起家官对关内侯个人的仕途前景产生了重要影响,不仅拓宽了高爵群体的入仕渠道,而且发挥了加强君臣关系、巩固政权基础和增强统治集团凝聚力的社会功能。

二 近代史研究

甲午战争期间浙江京官上书恭亲王考

吉　辰[1]

摘　要:光绪二十年九月,以翰林院编修戴兆春为首的十四名浙江京官曾两次上书恭亲王,主张议和。此举由军机大臣徐用仪通过同乡关系发动,是为甲午战争期间主和派一次罕见的发言。《光绪朝朱批奏折》收录了这两份上书,其中第一次上书主要以前朝史事为根据,并抄袭了金安清上书曾国藩的内容,为议和营造理论基础;第二次上书则议论防务,以分辩"动摇军心"的指控。上书者因此遭到了主战派的参奏与舆论的指责,虽未受到朝廷的处罚,但承担了相当的精神压力,人际关系也受到影响。

关键词:甲午战争;浙江京官;恭亲王;主和派

甲午战争期间清政府主战、主和两派之争,曾是甲午战争史研究的一个热门话题。较早的论者多认为清政府上层分为帝后两党,帝党主战,后党主和,和战之争是帝后党争的表现形式,甚至有论者将其性质上升到"爱国与卖国之争"的高度。[2]亦有不少论者表示反对,认为双方的阵营并非如此鲜明,

① 作者简介:吉辰,男,1987年生,陕西西安人,中山大学历史学系(珠海)助理教授,研究方向为近代中国的政治与外交。

② 孔祥吉:《试论甲午战争中的帝后党争》,《光明日报》,1980年7月8日,史学版;吴廷桢、何玉畴:《试论甲午战争中和战之争的性质》,《西北师大学报》1981年第4期;戚其章:《论甲午战争初期的帝后党争》,《山东社会科学》1987年第2期;《论甲午战争后期的帝后党争》,《山东社会科学》1990年第6期;《翁同和与甲午和战之争》,《山东社会科学》1994年第2期;郭墨兰:《中日甲午战争中清政府上层不存在战和两派吗——与夏冬同志商榷》,《东岳论丛》1984年第4期;汤志钧:《翁同龢和帝党》,《近代史研究》1994年第4期。另外,戚其章先生的观点日后有所转变,见氏著《甲午和战之争再探讨》,载戚俊杰、刘玉明主编:《北洋海军研究》(第3辑),天津:天津古籍出版社,2006年,第138-160页。

且对和战的态度也有转变之时。[①]不过总的说来,多数论者认为当时存在和、战两派的分野。在笔者看来,尽管这种划分可能有失粗疏,但两派的区分还是存在的。如以某一时段论之,当无问题。

近年来,和、战之争已淡出论者的视野,而对这一问题的探讨似乎仍有模糊不清之处。其一,公认的主和派人物一般仅有直隶总督李鸿章与孙毓汶、徐用仪两名军机大臣,较之以翁同龢、李鸿藻为领袖,清流人物为中坚的主战派的庞大阵容,显得不成比例。其二,主和言论颇不易寻觅,远不如连篇累牍的主战奏议那样声势滔滔。因此,在目前的研究中,主和派的形象远较主战派模糊。

在战争前期,若干浙江京官曾上书恭亲王,请求罢战议和。这一事件对于了解主和派的成员与思想极有价值,而目前研究提及之时大都未能深入,[②]故为之做一补证。

一、上书的背景与成员

上书恭亲王一事,在时人日记中多有记载,更有主战派官员因此上奏弹劾,在此罗列如下。

翰林院修撰张謇日记光绪二十年九月十一日(1894年10月10日)载:"闻浙人有上恭邸书,请上忍辱受和者,发端先引明与我朝事。"次日又载:"知昨闻果实。领衔者编修戴兆春,主稿者孙宝琦,与其事者孙宝瑄、夏敦复、夏偕复、姚诒庆、汤寿潜、陈昌绅等十四人,皆杭、嘉、绍人,军机徐用仪嗾之云。或谓军机孙毓汶之子梃嗾之。"[③]

翰林院编修叶昌炽日记九月二十三日(10月22日)载:"又闻本月十四日枢臣某嗾其乡人联衔递议和说帖于恭邸,为瑞景苏前辈所劾。"[④]瑞景苏即国

① 夏冬:《中日甲午战争中的李鸿章与翁同龢》,《北方论丛》1984年第1期;吴民贵:《"帝党主战,后党主和"质疑》,《学术月刊》1984年第8期;王开玺:《帝党主战析辨》,《历史档案》1991年第1期。

② 如石泉:《甲午战争前后之晚清政局》,北京:生活·读书·新知三联书店,1997年,第131页;高阳:《翁同龢传》,北京:中国友谊出版公司,1999年,第212页;戚其章:《甲午战争国际关系史》,北京:人民出版社,1994年,第266-267页;林文仁:《派系分合与晚清政治:以"帝后党争"为中心的探讨》,北京:中国社会科学出版社,2005年,第222页;刘锦:《由先进回归保守——晚清官宦子弟孙宝瑄的经历(1894—1902)》,《近代中国》第20辑,上海:上海社会科学院出版社,2010年,第47-50页。

③ 祁龙威:《张謇日记笺注选存》,扬州:广陵书社,2007年,第24页。

④ 叶昌炽:《缘督庐日记钞(选录)》,戚其章主编:《中日战争》续编第6册,北京:中华书局,1993年,第468页。

子监司业瑞洵,他于九月二十一日(10月20日)上奏斥责戴兆春等人,“请严旨申诫,以杜莠言乱政之渐,或即敕令恭亲王指名奏参,用昭惩戒”,并有附片称上书系徐用仪授意,请求饬令徐“明白回奏”。[①]

翰林院编修蔡元培也在十月初五日(11月2日)的日记中记载:“军兴,劾军机、北洋者不一,而编修陈昌绅集朝士十余人(大都浙西人也)上书恭亲王,大抵主张和议,而诋言者集矢合肥之非,有曰自古至弱之国有以战而亡,未有以和而亡者。乌[呜]呼,是何言与!昌绅自言由军机大臣授意。阅日,御史张仲炘揭奏谓议和可杀,军机持和议不自奏闻,而授意党人,使上书亲王,其意叵测,尤可杀不赦。”[②]

蔡元培提到的“御史张仲炘揭奏”是指九月十三日(10月12日)江南道监察御史张仲炘的上奏,内称:“外间谣言四起,佥谓款议将成;又谓军机大臣徐用仪嗾使其同乡联名上书,意主求和而罢战。”[③]

这些文字大都指称上书是徐用仪(浙江海盐人)通过同乡关系发动起来的。刘锦先生考察了张謇日记提及的八名具衔者的身份,证实都是浙江人。其余六人(参见下文),是翰林院编修姚士璋(浙江仁和)、刑部主事钱能训(浙江嘉善)与徐宗溥(浙江仁和)、工部主事金蓉镜(浙江钱塘)与周颂(不详)、候选知县李鹏飞(浙江仁和)。十四名上书者至少有十三名是浙人,看来这种说法可以坐实。

既然如此,应该有人纯粹出于乡谊或其他人际关系[④]而列衔,未必真正同意上书内容。当然,仍有人是出于自己的理性判断。譬如,主稿者孙宝琦之弟孙宝瑄(亦列衔)在当年十一月三十日(12月26日)的日记中写道:“边事如此,不得已出此下策(引者按,指清政府任命张荫桓、邵友濂赴日议和),非可战而和者比也。彼中朝士大夫,动以和为耻,其心固可嘉,抑思为朝廷谋所以

①《国子监司业瑞洵奏请严旨申诫与倭言和折》(光绪二十年九月二十一日),故宫博物院编:《清光绪朝中日交涉史料》卷22,北平:故宫博物院文献馆,1932年,第12页。附片即《请敕徐用仪明白回奏片》,瑞洵:《散木居奏稿》卷1,台北:华文书局,1968年,第22-23页。该片未标日期,据内容应系于此折之后。瑞洵本人的记载可为佐证:“九月二十一日具奏和议渐滋有妨战事请旨申诫折。同日附奏浙江京官上书恭亲王一节系军机大臣徐用仪授意据实劾参片……以上留中。”见《瑞洵笔记》,中国社会科学院近代史研究所藏档案,甲205。

② 王世儒:《蔡元培日记》上册,北京:北京大学出版社,2010年,第25页。

③《江南道监察御史张仲炘奏请严申军令以固防守折》(光绪二十年九月十三日),故宫博物院编:《清光绪朝中日交涉史料》卷21,第34页。

④ 刘锦先生对以孙宝瑄为中心的八名具衔者的人际关系做了考察,见氏著:《由先进回归保守——晚清官宦子弟孙宝瑄的经历(1894—1902)》,第48页。

为战之具耶？战无可恃，而又耻言和，是以宗社生灵作孤注也。噫！”[①]在他看来，战事没有胜算，议和是不得已的事。

这些官员为何选择了上书恭亲王而非直接上奏？刘锦先生推测“很可能因为他们都不具备直接上奏折之资格，但又找不到有上奏资格的大臣愿意代奏”[②]。不过，他们原本是打算上奏的。瑞洵的参奏称：“闻浙江京官上恭亲王之书系出军机大臣徐用仪授意，先令呈递封奏，继以樊恭煦等不以为然，众多引去，余十四人遂改为上书。”[③]瑞洵提到的樊恭煦亦是浙人（仁和），时为翰林院侍讲学士。此职有直接上奏之权，徐用仪原本可能打算让他领衔上奏。但他平时接近清流，几天前还参加了主战派要人文廷式领衔的上奏并召对，[④]不肯加入上书是情理中事。

由于樊恭煦等人不相为谋，余下的十四人只好从上奏改为上书恭亲王。恭亲王自“甲申易枢”之后赋闲十年，九月初一日（9月29日）刚刚奉旨管理总理衙门与海军事务并会同办理军务，重新出山。[⑤]他在宗室亲贵中最负人望，众多官员都希望他复出后能够领导清政府度过此次危机。他此时尚未进入枢垣[十一月初八日（12月4日）补授军机大臣]，但以其身份资历，无疑是朝中第一重臣。就政治影响力而言，上书给他自然是找对了人。而且，这种私人渠道不像上奏，即使内容犯忌，也不太容易遭受惩处，戴兆春等人很可能有这样的考量。

二、上书的内容及分析

这份上书的内容，以往论者都未直接引用，笔者在《光绪朝朱批奏折》中发现了它的踪影。[⑥]在此将其抄录标点，并分段略作分析。

---

① 孙宝瑄：《忘山庐日记》上册，上海：上海古籍出版社，1983年，第58页。

② 刘锦：《由先进回归保守——晚清官宦子弟孙宝瑄的经历（1894—1902）》，第48页。

③《请敕徐用仪明白回奏片》，瑞洵：《散木居奏稿》卷1，第22-23页。

④《翰林院文廷式等奏请密连英德以御倭人折》（光绪二十年九月初九日），故宫博物院编：《清光绪朝中日交涉史料》卷21，第24页；祁龙威：《张謇日记笺注选存》，第23页。

⑤ 关于恭亲王出山的来龙去脉，参见石泉：《甲午战争前后之晚清政局》，第119-122页。

⑥ 中国第一历史档案馆编：《光绪朝朱批奏折》第119辑，北京：中华书局，1996年，第752-754页。原件无日期，编者定为十月，不确。

> 翰林院编修戴兆春等叩首上书。王爷殿下:窃惟近日军威大挫,敌焰日张,传闻倭人增添陆兵九万人,用水师铁舰护送,直攻山海关,专意注重京师,大局岌岌可危。中国兵单饷绌,船械俱乏,战守二者万不足恃,不待智者而始知。都人士愤惋窃叹,私居议论,或多以和议为然,顾尚未敢有昌言于皇太后、皇上之前者。伏惟殿下勋旧懿亲,出持大计,以宗社生灵为重,除权宜议款外,别无长策,固已在殿下远谋深虑之中,似万万无待于刍言。而兆春等鳃鳃过计,窃意殿下上顾宗社,下畏清议,两者兼权,或至持重不发。而枢垣、译署诸臣亦明知事势宜然,断不敢冒天下之不韪。事机已间不容发,而濡忍不决,贻误匪浅。

此文首先定下基调:战局不利,军力不济,战不可恃。此前的黄海、平壤两场海陆战斗皆告失利,确实可谓"军威大挫,敌焰日张"。而所谓日军拟登陆山海关,则属讹传。但在十几天后的九月二十六日(10月24日),日军第二军便在辽东半岛登陆,同日第一军亦渡过鸭绿江,战局急剧恶化。

至于说京师人士"或多以和议为然",绝对属于张大其词。固然,许多人就算以和议为然,也不敢宣之于口,但此时很少有人认为已到了求和的时候。战争爆发三天后,中国海关总税务司赫德在一通信函中写道:"现在中国除了千分之一的极少数人以外,其余九百九十九人都相信大中国可以打垮小日本。"[①]虽然开战后清军屡遭败绩,但战火还没有烧进国门,多数国人是不可能赞成议和的。而"枢垣、译署诸臣亦明知事势宜然,断不敢冒天下之不韪"一语,当然也不能概括所有的军机、总署大臣,不过至少能够道出主和的孙毓汶、徐用仪二人的苦衷。开战两月后,他们曾向赫德抱怨:"他们说两个月以前人们除了'宣战'以外不敢讲别的,一个星期以前还没有人敢倡议讲和,直到现在,如果求和的消息一泄漏,北京的那帮既不明了实情,又没有责任和职守,而专喜欢放言高论的人们,仍旧会一致攻击政府。"[②]抛开其中的感情化言辞,所言确是事实。

---

① 中国近代经济史资料丛刊编辑委员会编:《中国海关与中日战争》,北京:中华书局,1983年,第50-51页。

② 中国近代经济史资料丛刊编辑委员会编:《中国海关与中日战争》,第63页。

上书接着写道：

> 殊不知和之一字，为南宋以后诸儒之第一恶名，而南宋以前无此成见也。三代以下，主战亡国者有之，未有以主和而遽亡其国者。汉高以三十万困于平城，非娄敬之策，汉社已屋；先主败于猇亭，吴蜀不共戴天，而武侯卒不与吴争，后人无讥其忘仇蒙垢者。唐回纥、吐蕃辱肃、代、德三宗极矣，而汾阳、邺侯皆议主款。及北宋之寇莱公、范文正公、富郑公、司马温公于辽于夏，无不议和。神宗践阼，富公即云："愿陛下二十年口不言兵。"此十数公者，岂皆古来无气男子哉？诚知其时其势，皆有所不可耳。迨辽金构衅，航海夹攻之邪说起。蔡攸、童贯思恢复幽蓟之奇功，横挑边衅，宣和因而北辙；韩侂胄希不世之勋，一战而要领不保，金人以忠缪谥之。此非古事利害之昭昭者乎？

本段追溯史事，认为儒家以和为耻是南宋以降的"成见"，并强调选择和战要视局势而定。文中列举了西汉、蜀汉、唐与北宋与外敌的议和案例作为例证，又举出北宋"宣和北伐"与南宋"开禧北伐"两次仓促反击的失败教训作为反衬。

这是上书中的一段关键论述，但并非原创。俞樾《春在堂随笔》载：

> 金眉生都转安清负才望，喜谈天下事，亦振奇人也。自西事之兴，士大夫持正者多喜言战，眉生独主和议，曰："人知和之可耻，而不知战不胜而求和之更可耻。人知战之为上，而不知不战而能屈人之更为上。"[①]

俞樾随后摘抄了一篇金安清上曾国藩书的大略内容，评为"通达治体"。本段与该文前半部分基本雷同。金安清，浙江嘉善人，监生出身，曾入林则徐、曾国藩幕府。曾国藩对他的评价是"聪明过人，好览书籍，惟矜衒智术，专工揣摩"[②]。他对"和"的议论倒不算发前人所未发，赵翼、钱大昕都有类似阐

---

① 俞樾：《春在堂随笔》，沈阳：辽宁教育出版社，2001年，第39页。

②《查复江浙抚臣及金安清参款折》(咸丰十一年十一月二十五日)，罗镇岳、韩长耕整理：《曾国藩全集》奏稿三，长沙：岳麓书社，1987年，第1767页。关于其人，可参见谢兴尧：《论金安清其人——清朝咸丰时期主张改革的经济专家》，邓珂：《邓之诚学术纪念文集》，北京：北京大学出版社，1991年，第406-415页。

述。[①]不过他指出以议和为“第一恶名”为南宋以降之事，可谓有所创见。郭嵩焘在日记中也有相似的议论。就这一观点，他与金安清曾有诗文唱和，二人应有过切磋。[②]天津教案发生后，曾国藩曾感叹“自宋以来，君子好痛诋和局而轻言战争，至今清议未改此态”，[③]不知是否受到了金、郭观点的影响。

而这篇上书在抄袭金书的基础上，又把议论推向了明末的和战史事：

> 然征引古事，不如称述本朝我太祖高皇帝之肇兴东土也。以明人陷害我景祖、显祖之仇，起兵伐明。萨尔浒之战，破明兵七十余万，然一胜之后遂降志忍辱，修书通好。太宗文皇帝之世，国势日强，无坚不摧，乃犹遗明帝书，愿修和好，至于十余次之多。而明之君臣执迷不悟，屡以倾国出关来犯，力屈于东，是以祸延于西，以致不可收拾。窃谓国家此时，正当以明之不肯言和者为殷鉴，而以我太祖、太宗之待明者待日本。夫以日本灭我朝鲜之憾，断不如明人害我二祖不共戴天之甚。以今日吏治、军政之不举，万万不如国初之强盛。乃太祖、太宗犹屈意言和，数十年之中，爱民如子，惟专以求人才，讲武备为务，大智大勇，卒雪大耻。则我今日万不得已而与日本议抚，困心衡虑，奋然振作，岂有将来不可以报仇雪耻乎？

赵翼也曾有相似的议论：“统当日事势观之，我太宗既有许和意，崇祯帝亦未尝不愿议和，徒以朝论纷呶，是非蜂起，遂不敢定和，以致国力困极，宗社沦亡。”[④]不过，赵翼单纯就事论事，并不犯忌。而将这段旧事拿来和今日之事做类比，是很容易被指责“比喻不伦”进而扣上一顶“大不敬”帽子的。前引张謇日记中的“发端先引明与我朝事”一语，便暗藏着这样的杀机。

> 且我见屈于日本，徒见日本之强，亦知当日日本之见屈于他国乎？同治元年至三年，英与法美诸国屡以与日本小嫌，合力攻击，逼偿兵费至三千万之多，日人乃甘心受之。明治改元，奋然崇尚西法，

① 赵翼和钱大昕都曾分析南宋与金、蒙古的和战史事，反对从儒家义理出发而一概以和为耻的观点。见赵翼：《和议》，王树民校正：《廿二史札记校正》，北京：中华书局，1984年，第552-554页；钱大昕：《宋季耻议和》，《十驾斋养新录》，上海：上海书店，1983年，第171页。

② 湖南人民出版社点校：《郭嵩焘日记》第1卷，长沙：湖南人民出版社，1981年，第392-393页；杨坚点校：《郭嵩焘诗文集》，长沙：岳麓书社，1994年，第709页。

③《复李鸿章》（同治九年十二月初二日），汤效纯等整理：《曾国藩全集》书信十，长沙：岳麓书社，1994年，第7337页。

④ 赵翼：《明末书生误国》，王树民校正：《廿二史札记校正》，第807页。

百务具举，尝贷洋债至二万余万，整顿商务、货价、进出口。比较十年之中，共赢洋银二千三百余万元，洋债次第归缴，国势日盛，泰西诸国亦不敢侮。设使当日日人惟务气矜，轻于一掷，则源氏已不血食矣。故以自古及今之有国家者言之，往往当积弱之后，和而犹可图存，战则日濒于危。而以本朝之开国言之，祖宗躬抱大恨，势处全盛，犹且降心修好，从不肯轻于一战。而以今日之时势言之，日本为英所陵逼，而日本因此转弱为强，尤为目前指点，万勿以权宜言和为可耻也。

此段终于由古返今，谈到敌国日本，有了些谈洋务者的气味。所谓英、法、美“合力攻击”日本，指文久三年至元治元年（1863—1864年）英、美、法、荷四国联合舰队与日本长州藩之间进行的“下关战争”，长州藩战败后被迫赔偿兵费三百万美元（由幕府承担）。[①]上书对此的评价是赞许日方能够忍辱负重，并与日后的明治维新联系起来。显然，此处是在影射当下的中日战事。

我皇上聪明天亶，秉承皇太后懿旨，当此安危呼吸之际，自有圣谟广运。特恐言事诸臣非不忠义奋发，徒执一定之理，不知事势之急，犹有以始终主战之说淆惑圣听者，则为患滋亟矣。惟殿下仔肩独任，寸衷之所执，万夫非之而不挠，迅速敷奏，机在旦夕。九庙在天之灵，实式冯之。兆春等岂不知附和战说以为名高，又岂不知自安缄默，惟念大局日亟，故不避斧钺之诛，冒死上陈，伏乞鉴察。翰林院编修戴兆春、陈昌绅、姚士璋，刑部主事钱能训、徐宗溥、夏敦复、孙宝琦，工部主事金蓉镜、周颂、夏偕复、孙宝瑄，国子监学正、学录姚诒庆，候选知县汤寿潜、李鹏飞同拜上。

上书最后请求恭亲王发挥在中枢的影响力，主持议和。如此直言不讳地发表主和言论，在战争期间极为罕见。从形式上看，这份呈文与许多主战奏疏一样，也是一篇书生气息极浓的文章，处处引用前朝史事。但截然不同的是，它将前朝史事用作主张议和的论据，甚至认为“三代以下，主战亡国者有之，未有以主和而遽亡其国者”。另外，它也提到了敌国日本的情况，但并未

① 参见［日］信夫清三郎：《日本外交史》上册，天津社会科学院日本问题研究所，译，北京：商务印书馆，1980年，第96-97、102-103页。

得出必可战胜的结论，而是指出了日本先屈服后自强的前车之鉴，从而为议和张本。

三、反响和余音

这件上书呈递给恭亲王后，对方有何反应不得而知。但从前文所引诸日记、奏疏看，其内容很快外传（可能是樊恭煦等人所为），激起了不小的声浪。特别是瑞洵、张仲炘二人的参奏，产生的压力是不言而喻的。在此情况下，戴兆春等人再次上书恭亲王：

> 翰林院编修戴兆春等再上书。王爷殿下：窃自古驭夷之道，不外和战守三策。此时事势固惟壹意主和以全大局，而战守不可不处处严防。现在凤凰城、山海关内外，沿海均有防军。倭人谅难长驱而入，惟恐倭人避实就虚，不必径扰陪京，而潜由山海关外绕北趋西，近则居庸、古北等口，远则张家、杀虎等口，处处皆可内犯。出京师之背，都下必岌岌可危。窃谓宜速调集大支劲旅，分防各口，扼要驻扎，庶足壮前敌之声威，作京畿之拱卫。现虽一面议抚，诚恐倭人狡计百出，阳就抚局，阴图内犯。如此严密筹防，万一抚局不成，寇氛日炽，而有备无患，不至进退失据，为敌所乘，是否有当，伏祈鉴察。（署名与前件同，略）①

从其中对军情的描述来看，第二件上书大致应该上于九月二十六日（10月24日）鸭绿江防线失守至二十九日（10月27日）凤凰城陷落之间。文中依然主张“壹意主和以全大局”，但重心落在了日军侵入国境后应如何部署守备上。其议论很是简短，属于泛泛而谈，在军事上没有什么价值。揣其用意，与其说是建言，不如说是自辩。主战派对前次上书的攻击，大多着眼于“动摇军心”，如张仲炘折称“此说一播，无不寒心，传之军中，岂不群焉解体”，而瑞洵折称“当修矛偕作之时，忽建纳币请成之议，适足以助敌烟，懈军心，损国威，遏士气”。于是，戴兆春等人此次改而议论如何防守，以表白战略上的主和与当前的作战并不矛盾。

① 中国第一历史档案馆编：《光绪朝朱批奏折》第119辑，第755页。

这件上书，和前一件一同混杂在宫中收藏的朱批奏折之中。给恭亲王的上书为何会出现在这里？理论上有可能是恭亲王赞同其主张，故而进呈。他虽倾向和，但在政治上非常谨慎，不应有此举动。更有可能的是瑞洵、张仲炘的参奏或者其他声音，促使朝廷要恭亲王交出上书以便查明情况。无论如何，慈禧、光绪有可能看过这两件上书。不过，朝廷没有对此作出任何公开的处罚或谴责。

但是，在以主战为义，以主和为耻的世风下，上书者势必要承担相当的精神压力，人际关系也会受到影响。孙宝瑄日记光绪二十三年十月初一日（1897年10月26日）载："诣介轩（引者按：即樊恭煦），余与断绝两年始复合。"从时间上看，两人绝交的原因很可能就是在上书一事上意见相左。在二十五岁生日所作自述诗中，他感叹道："书上计未行，俄顷群谤集。"光绪二十一年（1895年）春天，他移居上海，诗中自称"拂衣出都门"，自是受不了京中的压力。[①]

其他上书者大致也会有相似的境遇。宋恕曾赠在上书中列名第二的陈昌绅一诗，内有"浊世难为随武子"一句，以晋楚邲之战中反对与楚国交战的晋国上军将随武子相况，自注云："甲午之役，君上书执政，陈敌之强，不可与战，坐是得罪妄庸。昔随武子力谏晋与楚庄争郑，言虽不用，名望益崇，国中尚有公是，宜晋之复兴也。"[②]孙宝瑄在陈氏去世后也有一诗怀念亡友，其中写道："筹边谁复有奇谋，莽莽风云惨不收。屈突徙薪无上赏，焦头烂额尽封侯。"自注云："杏孙（引者按：陈昌绅字）与余兄弟，甲午之岁，同以上书言和得谤。"[③]

由此也可以更深刻地理解，当时的舆论对主和者是如此不见容。孙宝瑄、陈昌绅等人仅仅是上书恭亲王，已经落到人人白眼，可见这种深刻的社会压力。除了他们之外，虽然也有若干官员与士人主和，但最多不过在私谈中表露一二，只能归入思想史的范畴，尚未进入政治史的领域。主和派身影的隐蔽，言论的微弱，宜其然也。

---

① 孙宝瑄：《忘山庐日记》上册，第169页。

② 胡珠生：《宋恕集》下册，北京：中华书局，1993年，第809页。

③ 孙宝瑄：《忘山庐日记》下册，第858页。

三 经济史研究

明代商人土地经营与雇佣生产刍议*

常文相[1]

摘　要:明代商人将利润所得用来购置土地还是扩大产销,基本反映的是一种因客观条件不同而表现的经营方式差别。内中显露的个别迹象或与资本主义生产近似,但本质上同导向西方模式的现代工业变革,尚非处于同一历史演变进程。相比从前,明代商业资本的崛起使其愈加扩充了对社会的渗透与操控能力,预示着更大规模、更高水平的市场经济前景,但却未能展现出以科技进步、工业革命为主导的新式生产关系与组织形式,所谓由此开启并推动社会旧有政治、经济、文化形态发生总体变迁,尤显论据不足。换言之,明代商人资本的广泛成长尽管增进了整个社会的商业化程度,然而并未与当时国家既有体制构成本质冲突。

关键词:明代商人;土地经营;雇佣生产;社会变迁

学界已有关于明清商人、商业的研究,大体表现为一种找寻传统中国"现代性"道路的学术历程。这种研究取径一般都倾向于参照西方社会历史经验,把明清时期看成行将被资本主义代替的旧有"封建"社会末期,同时突显经济因素对于社会形态演进发挥的决定作用。这样一来,发掘传统中国的

* 基金项目:本文系中国社会科学院研究所创新工程研究类项目"中国历史上国家治理的思想体系研究"(2019ZDGH013)。

① 作者简介:常文相,男,1984年生,辽宁朝阳人,中国社会科学院历史理论研究所助理研究员,研究方向为明代政治社会史。

“资本主义萌芽”,便自然成了明清社会经济史研究所重点关注的课题。以往相关讨论,通常从考察当时商业资本在分解自然经济意义上的积累、运作、流向、转化等方面入手,尤为看重商人与土地的关系及其经营活动中是否存在雇佣劳动情况,乃至将商业资本抽离土地投向生产领域的现象当作“资本主义萌芽”的确证予以特殊强调。然而,传统中国未能自发步入资本主义的事实又很大程度上削弱了商人、商业的发展对瓦解既有社会起到革命性作用的说服力。这促使许多研究者不得不调转视线,反向去论述明清商人最终无法挣脱专制政权的抑遏掠夺,或从阶级属性和历史局限上分析其依恃财富结附固有政治、社会势力的种种保守行径。于是在这些学者眼里,与同时期西方商人相比,他们对中国商人的定性陷入了其身份角色既进步又落后,与既有体制关系非对抗即附庸的困惑纠结中。

就学术理路观之,以上悖论形成的背后往往暗含着帝制国家政体构造与社会经济发展天然矛盾的预设,也一定程度夸大了商业经济同现代社会的直接关联。此类研究大都着意从商品经济与传统体制对立冲突的视角探讨明清商业资本运作在何种水平上符合资本主义发生的前提条件,而相对淡化了于实证层面所能呈现的当时商人生产经营活动的本来样态。有鉴于此,本文主要以明人文集为中心,重新梳理其中有关明代商人土地经营与雇佣生产的一些记载,试图澄清这两种商业活动的历史面貌和意义,并对由此反映出的彼时社会之结构特征及变迁趋势,做出一点解释。

一、土地经营

就明人文集所见,当时确有不少经商之人占据为数众多的田地,而在传统社会,拥有土地本身便是资产丰裕的象征、保固财富的手段以至货殖盈利的表现。如明中前期山东曹县人纪旺,墓表曰:“纪氏之先,田不满三百亩,及处士之身,有田三千,粟万石,金千斤。曹称大家,惟纪氏。”[①]内中虽未明言其是否从事商业交易,不过从纪旺的家产规模看,他应该是在开展着广义上的货殖经营。后如南直隶靖江人朱习之,因农致富,情况颇为类似:“劭农处业,

① [明]韩邦奇:《苑洛集》卷7《裕庵处士曹县纪君墓表》,《文渊阁四库全书》第1269册,台北:台湾商务印书馆影印本,1986年,第452页。

刻意振植，灾播概种，谨之以时。发軔输将，规画维审，掇拾完护，手摩而身率之。数年之间，声生势长，日以有赢。膏腴连延，货泉流溢，视其先不替而加隆……”[①]时再有浙江长兴人黄轸族居当地丰饶之区而世专其利，“督僮仆耕种树艺，昼夜汲汲……履林麓，穷陵谷，历沟涧、陂池、井塍不为劳”，不数年家大起，“又数倍于前人”。[②]又山西蒲州人周东原家资丰厚，他殖产兴业，“环社膏腴之田，亩以千计，桑麻菽豆果蓏蔬稙之属，以岁时而输于其室者，若流也”。[③]以上诸人的经营所得，都有很大一部分来自土地。

农业历来被视为“本富”，乃衣食之源，家国之基，明代商人自也认同这一观念。如明中期徽州人吴佛童，家乡既“不足以供什一，于是舍本富而趋末富，农为轻”，他对此情状甚不以为然：“自昔王者重农，有土皆有籍，乃今不稼不穑，艳锥刀之末利而走四方，纵自轻，其失得犹辐辏耳。”故其“孳孳务力田，省耕敛”，且将岁入“时贵贱以为化居，因而积著佐之”，以此“居数十年，富倍上贾”。[④]而商人若过于看重本末之辨，在由末获赢之余，还会中途徙业，把商业利润直接用于购置田地。如明中期扬州人火城，“早贾鹾益富，视鹾贾华侈，虑不足善后，乃买湖田若干顷，躬蓑获刈之事，如农夫勤”，自是自号“乐稼”，谓“吾勤斯获斯，妻孥食于斯，子孙业于斯，不知其他”，并“大书‘足矣’二字揭于堂，示无他慕”。[⑤]稍后河南杞县人杨文秀幼时父母并丧，其由学小贾以成大贾，然即废去曰：“贾乃丈夫贱行也，不若务农力本。”于是“买田沙河之阳，稍稍渐广，晚至数千亩，杨氏之业遂称饶益”。[⑥]时浙江湖州人慎祥亦少思亢家，渡江北游，“所至征物之贵贱，而射时以徇，江、淮之间称良贾”，已而叹曰：“行贾，丈夫贱行也。吾闻末业贫者之资，吾其力本乎？”遂归受田，务农勤稼，间以赊贷取息，“居数年，竟以善富称”。[⑦]

可见，受传统“崇本抑末”观念影响，明代商人时有鄙薄末富、弃贾返耕之

① [明]文徵明著，周道振辑校：《文徵明集》补辑卷32《古沙朱君墓碣铭》，上海：上海古籍出版社，1987年，第1572页。

② [明]林希元：《同安林次崖先生文集》卷13《质庵黄处士墓志铭》，《四库全书存目丛书》集部第75册，济南：齐鲁书社影印本，1997年，第685页。

③ [明]张四维：《条麓堂集》卷23《贺周东原序》，《续修四库全书》第1351册，上海：上海古籍出版社影印本，2002年，第652页。

④ [明]汪道昆：《太函集》卷62《明故处士新塘吴君墓表》，《续修四库全书》第1347册，第491页。

⑤ [明]顾璘：《息园存稿》文卷5《乐稼火君国用墓志铭》，《文渊阁四库全书》第1263册，第521页。

⑥ [明]王廷相著，王孝鱼点校：《内台集》卷6《明故封奉政大夫刑部郎中杨公墓志铭》，《王廷相集》，北京：中华书局，1989年，第1002页。

⑦ [明]文徵明：《文徵明集》补辑卷30《南槐慎君墓志铭》，第1529页。

举。不过就当时社会实际情势看，购田务农的商人借助商业资本的有效参与，仍可秉持货殖之道施用其间。这样，伴随商品经济的持续成长，他们与其说继续恪守含带道德评判意味的重本轻末的伦理价值，倒不如说已在尽力将之转化为现实中一种保有并增殖先前财富的经营手段。

除上述部分例证已传达出此一信息外，再如明中期南直隶宝应人范畲自诩治贾有道，"贾有赢，凡增镪若干千，凡拓地若干区，凡买田若干顷"[①]，家日以丰。嘉靖时南直隶和州人方茂亦富才略，读书不就，"去而操巨赀鬻盐淮阳间，赀大起，又督家僮种作城西南田，岁积谷千百斛"。[②]时尚有苏州人王处士守愚少年持户，综理有条，会大水溃漫，他"周行田家，出箪食豆羹，咽哺其老弱，募介特使筑堤捍水，贷母钱诸农人"，工赈并举，卒至无患。时米价腾踊，其既"得倍称之息"，复操奇赢，兴废举，转货资，"浸浸隆富矣"。[③]当然，农业生产中若遭遇风雨不调，水旱成灾，经营者也要承受一定损失。即如明末南直隶天长人崇真甫，赠序记：

> 崇祯庚辛间，大旱，饥民多流亡，真甫招来之，使复业。县境内无大川泽，故所凿湖塘多淤，井泉亦少。城东有感唐湖，旁近溉田者、没(汲?)者、饮牛马者皆资焉。真甫之田在其区，时旱甚，湖水少，农欲引以溉田播种。真甫谓："今播种未卜有秋与否？而一方之人畜且立渴死。其勿溉。"农谓："即如是，租安从出？且吾侪何赖？"真甫曰："吾自荒吾田，何言租乎？汝曹乏食，我给汝。"是岁其田尽荒，更出故所储粟给佃者，悉得全济。[④]

崇真甫于大旱之际招徕流民，济众复业，然又不欲占用当地湖水资源引溉己田，所行自为便益民生的义事。但还应注意到，或许正因适逢灾年米价上涨，同时购买田地、雇佣人力的成本却相对低廉，趁此机会，熟稔"计然之策"的王守愚、崇真甫诸辈扩大自身农业经营规模才愈易达成目的。亦即是说，明代一些以农富家的商人虽名为"力本"，但他们实际上却可能是运用资本把农业生产、土地经营同商品市场密切联系起来，故此这种操作方式更多

① [明]陆深:《俨山集》卷68《良沙范先生墓志铭》,《文渊阁四库全书》第1268册,第436页。
② [明]焦竑著,李剑雄点校:《澹园集》卷28《方君西野暨配张氏合葬墓志铭》,北京:中华书局,1999年,第415页。
③ [明]李维桢:《大泌山房集》卷112《王处士墓碑》,《四库全书存目丛书》集部第153册,第284页。
④ [清]归庄:《归庄集》卷3《赠崇真甫序》,上海:上海古籍出版社,1984年,第237页。

体现的仍是一种求利的商业行为。而他们中一些人凭借财富优势致力于民间赈灾救助，成为维系地方稳定的重要力量，则又显示了明代社会的某种变迁动向。至于有的商人一生遍历艰险，晚年归乡置田，以耕稼自娱，表露出的确是乐得安稳太平的人世常情。

在农业经营之外，商业资本流向土地还常常表现为商人置办义田、义学、义宅、义冢及修建宗祠等情况。如嘉靖年间徽商程沂摄家而贾，"建宗祠，举祠事"，岁祲周恤困乏，"生予粟，死予棺，葬予地，靡不人人餍之"，临终遗言于子："吾雅欲置田百亩，治屋数十楹，以济举宗之贫，今不逮矣。汝当吾室，其善成之。"[①]时徽商朱模以贾致饶，即市地修治本支祖墓，"为祖庙定岁时祭祀之礼"。既而又顾念宗亲，其遂"为义田以食之，为义舍以居之，为义塾以训之，为义冢以藏之"。[②]后再如福建福清人怀东何翁，老而居乡，"每念身既贾隐，欲使其子姓为儒，先后所割腴田为笔研资者，百四十亩"，故"何氏自是彬彬，益向于文学矣"。[③]福建惠安朱秀山君寿序同样言："初行赀东西粤，赀稍起，遂挟以归，分散予贫交，给族戚之乏……最后广祭田，设儒生之田，以供祭祀，与游黉铅椠者费。"[④]

由上可知，明代有不少商人尽管将财富投向田地，但也并非视从中获取经济利润为唯一目的，其通过购地设田以承担宗祠祭费、供给家塾学资等方式较大程度介入乡族公共事务，且周赈贫苦，惠济困乏，越加提高了自身在基层社会的影响力。或可说，他们对围绕土地经营所产生的社会综合效益的追求，很可能超过了单纯的财富积累本身。

另一方面值得注意的是，当时社会上同时出现了较多不置田产的现象。嘉靖前期林希元就曾表示现今百姓"困于赋役""农桑失业"，因以竞相趋末，"天下之田，入于富人之室者十而五六，民之有田而耕者盖无几也"。[⑤]时人何良俊也提到，"正德以前，百姓十一在官，十九在田"，是时"四民各有定业，百姓安于农亩"，然"自四五十年来，赋税日增，繇役日重，民命不堪，遂皆迁业"，

---

① [明]汪道昆：《太函集》卷58《明故南京金吾卫指挥佥事歙程次公墓志铭》，《续修四库全书》第1347册，第450页。

② [明]李维桢：《大泌山房集》卷69《朱次公家传》，《四库全书存目丛书》集部第152册，第193页。

③ [明]叶向高：《苍霞续草》卷2《福庐山房记》，《四库禁毁书丛刊》集部第124册，北京：北京出版社影印本，2000年，第619页。

④ [明]李光缙著，曾祥波点校：《景璧集》卷3《秀山朱君七十叙》，福州：福建人民出版社，2012年，第119页。

⑤ [明]林希元：《同安林次崖先生文集》卷2《王政附言疏》，《四库全书存目丛书》集部第75册，第458页。

弃农从商者益多,“大抵以十分百姓言之,已六七分去农”。[①]两人均指出,由于赋役负担加重及受逐利风气浸染,许多民众业已自发放弃田地耕作,废农投商。而出于同样原因,从事非农经营的商户也可主动选择摆脱田产束缚,仅仅依靠“末业”兴家致富。如明中期苏州一孙姓商人“颇以畜贾致富”,其寿序云:“天下承平岁久,赋繁役重,吴人以有田业,累足屏息;君能超然去其故,而即其所以为安者,故能及时以为乐。”[②]同为苏州人的忆萱李翁,亦以农利微薄,且“往往与县官共之,又不耐役使”,由是“不好为本富”。他业起机杼,为宫廷织作,制备品精,所赢益厚。寿序曰:“君既不名一田,以故无长赋践更之扰。即有司巧渔猎者毋所迹之……君以故得自宽。”[③]而苏州当地这种“市民罔籍田业,大户张机为生,小户趁织为活”的生产经营模式,早已是“大户一日之机不织则束手,小户一日不就人织则腹枵,两者相资为生久矣”。[④]

与业农之勤苦力耕相比,经商劳省酬厚,人情自然乐从。与此同时,明中期以来的赋役改革逐渐倾向基于土地核算资产,征发徭役,然“工匠佣力自给,以无田而免差,富商大贾,操赀无算,亦以无田而免差”[⑤]。此举造成的赋役不均——贫弱苦科敛,势豪避重负,也极容易促使更多商民减弃田产以缓解经济压力。如明中期人俞弁曰:“近年以来,田多者为上户,即佥为粮长,应役当一二年,家业鲜有不为之废坠者。由是人惩其累,皆不肯置田,其价顿贱……江南之田,惟徽州极贵,一亩价值二三十两者,今亦不过五六两而已,亦无买主。”[⑥]万历时人李腾芳亦道彼时富户:“有积镪堆囷,权子母而出之,而其家无田,不名一差;有操艇江湖,转盐积币,而其家无田,不名一差;有专买屯种肥膏,至数千亩,而其家无民田,不名一差。”[⑦]又时人谢肇淛称:“江南大贾,强半无田,盖利息薄而赋役重也。江右荆、楚、五岭之间,米贱田多,无人可耕,人亦不以田为贵……闽中田赋亦轻,而米价稍为适中,故仕宦富室,相竞畜田,贪官势族,有畛隰遍于邻境者。”[⑧]以其所言,各地的田产收入及赋税支出状

① [明]何良俊:《四友斋丛说》卷13《史九》,北京:中华书局,1959年,第111-112页。

② [明]归有光著,周本淳校点:《震川先生集》卷13《孙君六十寿序》,上海:上海古籍出版社,1981年,第328页。

③ [明]王世贞:《弇州续稿》卷39《寿忆萱李翁七十序》,《文渊阁四库全书》第1282册,第517页。

④ [明]蒋以化:《西台漫纪》卷4《纪葛贤》,《续修四库全书》第1172册,第53页。

⑤ [明]余继登著,顾思点校:《典故纪闻》卷18,北京:中华书局,1981年,第325页。

⑥ [明]俞弁:《山樵暇语》卷8,《四库全书存目丛书》子部第152册,济南:齐鲁书社影印本,1995年,第56页。

⑦ [明]李腾芳:《李宫保湘洲先生集》卷3《征丁议》,《四库全书存目丛书》集部第173册,第92页。

⑧ [明]谢肇淛:《五杂组》卷4《地部二》,北京:中华书局,1959年,第116页。

况，实成为社会财富是否集中于土地的风向标。

由是观之，明代商人将资本投向土地与否，实际上很多时候都可视作他们在求利动机驱使下，计较成本投入与收益产出，为顺应现实境况所采取的一种商业化经营手段。对其而言，利多即"率好为兼并，爱地重于金玉，虽尺寸不以假人"[①]；利少则"不置田亩，而居货招商"[②]。此间财富的流动只是反映了社会商品经济及商业关系的扩展，而非代表固有生产关系和水平发生性质变化。传统中国商人财富的本末之辨与资本主义发生学视角下投资取向的落后、先进之别，既非直接对应，也未处于同一历史语境。

二、雇佣生产

基于生产特点或经销需要，明代有的商人已开始采用雇佣劳动方式，进行具备一定规模化和制度化的运营管理，此在矿冶、纺织、印染等需求人力较多的行业中表现尤为突出。如正、嘉时徽商朱云沾从兄贾闽，"课铁冶山中"，诸佣人以之为长者而"争力作"，其遂"业大饶"。[③]再《广志绎》对万历中云南采矿模式的描述，则显示了商人资本的有力参与，俨然成为增进官府收益和带动地方经济不可或缺的要素：

> 其成硐者，某处出矿苗，其硐头领之，陈之官而准焉，则视硐大小，召义夫若干人，义夫者，即采矿之人，惟硐头约束者也。择某日入采，其先未成硐，则一切工作公私用度之费皆硐头任之，硐大或用至千百金者，及硐已成，矿可煎验矣，有司验之。每日义夫若干人入硐，至暮尽出硐中矿为堆，画其中为四聚瓜分之，一聚为官课，则监官领煎之以解藩司者也，一聚为公费，则一切公私经费，硐头领之以入簿支销者也，一聚为硐头自得之，一聚为义夫平分之。其煎也，皆任其积聚而自为焉，硐口列炉若干具，炉户则每炉输五六金于官以给札而领煅之。商贾则酤者、屠者、渔者、采者，任其环居矿外……

① [明]张羽：《张来仪先生文集·芙蓉庄记》，王德毅主编：《丛书集成续编》第185册，台北：新文丰出版公司影印本，1989年，第432页。

② [清]顾炎武著，黄珅等校点：《天下郡国利病书·苏州备录下·吴县城图说(曹自守)》，上海：上海古籍出版社，2012年，第496页。

③ [明]汪道昆：《太函集》卷47《海阳新溪朱处士墓志铭》，《续修四库全书》第1347册，第339页。

> 采矿若此，以补民间无名之需、荒政之备，未尝不善。[①]

可知当时采矿，乃硐头先期垫资招募义夫，及至矿成，再将所获划类分成。由此上裕国课，下赡民生，也可以认为，这种商业化雇佣生产将官、商、民三方力量有效整合在一起，以商人及其资本为纽带，彼此形成了良性合作关系。

复有嘉、万时杭州人张瀚记其祖上于成化末年起家机杼的经历："购机一张，织诸色纻币，备极精工。每一下机，人争鬻之，计获利当五之一。积两旬，复增一机，后增至二十余。商贾所货者，常满户外，尚不能应。自是家业大饶。"[②]个体机户铢积寸累，循序渐进，在达到相当生产规模后，继而雇佣工匠扩大经营，自在情理之中。即如后来者苏州忆萱李翁，规制章法既备，组织任使益精。寿序云：

> 君所业机杼之制妙天下，三宫、九嫔、六尚之绮锦文绣，岁加新其目，以试吾吴，而独李君应之，沛然有余……君晨起调治，红作轧轧声者，恒数百千指，至暮而毕事，酒炙饭羹皆得所，毋一喧者……诸受君直恒倍，以故争欲归君，然不能私君寸丝片瓦之跆藉以入其橐，又不能自私其手足肩膂之力。[③]

同样，嘉、万时徽商方大经早岁行贾，稍赢后"自卜一廛，督工人织，以帛易粟，因岁丰歉为出入，遂致巨万"[④]。

又正、嘉时徽商阮弼择芜湖为襟带辐辏之地，先以"彼中驵侩分行，独赫蹄莫之适主"，乃认准商机，独营纸业，"鸠其曹敛母钱，躬载橐而规便利""获赢数倍；后察印染得利尤厚"，遂"自芜湖立局，召染人曹治之，无庸灌输，费省而利滋倍，五方购者益集"；于是"转毂遍国中""又分局而贾要津"，众商倚为首领。阮弼对于属下诸曹，应该不是完全采取雇佣形式，其晚年经理家产，"筑百廛以待僦居，治甫田以待岁，凿洿池以待网罟，灌园以待瓜蔬"，即复"中外佣奴各千指，部署之，悉中刑名"。[⑤]此番雇工与役仆的结合，可能正折射出

---

① [明]王士性著，吕景琳点校：《广志绎》卷5《西南诸省》，北京：中华书局，1981年，第121页。

② [明]张瀚著，盛冬铃点校：《松窗梦语》卷6《异闻纪》，北京：中华书局，1985年，第119页。

③ [明]王世贞：《弇州续稿》卷39《寿忆萱李翁七十序》，《文渊阁四库全书》第1282册，第517页。

④ [明]李维桢：《大泌山房集》卷87《征士方君墓志铭》，《四库全书存目丛书》集部第152册，第529页。

⑤ [明]汪道昆：《太函集》卷35《明赐级阮长公传》，《续修四库全书》第1347册，第215-216页。

其时商品化产业经营的实态。

至如农田池塘的耕植、商店货铺的运营也可依靠完善的章法程式,从而产生规模效益。此中典型,莫过于嘉靖时苏州常熟人谈参(谭晓)及万历年间浙江宁波人孙春阳。前者传载:

> 谈参者,吴人也,家故起农。参生有心算,居湖乡,田多洼芜,乡之民逃农而渔,田之弃弗辟者以万计。参薄其直收之,佣饥者,给之粟,凿其最洼者池焉,周为高塍,可备坊泄,辟而耕之,岁之入视平壤三倍。池以百计,皆畜鱼,池之上为梁为舍,皆畜豕,谓豕凉处,而鱼食豕下,皆易肥也。塍之平阜植果属,其污泽植菰属,可畦植蔬属,皆以千计。鸟凫昆虫之属悉罗取,法而售之,亦以千计。室中置数十甑,日以其分投之,若某甑鱼入,某甑果入,盈乃发之,月发者数焉。视田之入,复三倍。[①]

后者则在苏州开设南货铺,“如州县署,亦有六房,曰南北货房、海货房、腌腊房、酱货房、蜜饯房、蜡烛房,售者由柜上给钱取一票,自往各房发货,而管总者掌其纲,一日一小结,一年一大结”。此“店规之严,选制之精”,传于后世二百余年,子孙仍食其利。[②]

需要说明的是,明代商人为扩大经营及扩充财富,一般多会指派、利用同族同乡进行商贸活动。如嘉靖时陕西洛川人碧山公陈君善择人而命事,“凡居货之区,莫不有碧山公使焉”,诸人“轮转而营之,辐奏而效之,考其成,不失尺寸”,是故“山右陈氏遂以财雄于时”,甚至“郊邑子弟分余缗,受成算,以服贾四方而孳殖其产者,无虑百十室焉”。[③]时再有徽商程君小本起家,“不数年而成大贾”,其寿序曰:“门下受计出子者,恒数十人,君为相度土宜,趣物候,人人授计不爽也。数奇则宽之,以务究其材,饶羡则廉取之,而归其赢,以故人乐为程君用。”[④]徽商孙从理则业起典当,“慎择掌计若干曹,分部而治”,年满会算乃“析数岁之赢,增置一部,递更数岁,又复递增”。[⑤]又《广志绎》记山

---

① [明]李诩著,魏连科点校:《戒庵老人漫笔》卷4《谈参传》,北京:中华书局,1982年,第153页。

② [清]钱泳著,张伟校点:《履园丛话》卷24《杂记下·孙春阳》,北京:中华书局,1979年,第640–641页。

③ [明]张四维:《条麓堂集》卷23《贺洛川陈君恩貤荣亲序》,《续修四库全书》第1351册,第638页。

④ [明]王世贞:《弇州四部稿》卷61《赠程君五十叙》,《文渊阁四库全书》第1280册,第92页。

⑤ [明]汪道昆:《太函集》卷52《南石孙处士墓志铭》,《续修四库全书》第1347册,第389页。

西“伙计”之制：

> 平阳、泽、潞豪商大贾甲天下，非数十万不称富，其居室之法善也。其人以行止相高，其合伙而商者名曰伙计，一人出本，众伙共而商之，虽不誓而无私藏……且富者蓄藏不于家，而尽散之于伙计。估人产者，但数其大小伙计若干，则数十百万产可屈指矣。盖是富者不能遽贫，贫者可以立富，其居室善而行止胜也。①

总体而言，这些听从财力雄厚的大商人差遣而常被称作“掌计”“伙计”或“门下”者，他们相对于出资方的地位应与前述生产经营中的佣工不尽一致，内中“掌计”大概接近经理或同伙，而多数人却因本自牵连着乡族因素，身份更似介于同伙和仆役之间。不过就当时记载看，明代商人无论是采用雇佣劳动还是任使同伙仆役，两种商业行为本身的社会属性及其与既有国家体制的关系定位并无本质区别。也即是说，同投资土地与否一样，在此类经营方式的表现差异中，还很难于社会演进的深度辨识出西方资本主义式的现代性导向含义。

另外，明代商人还能通过预付资本的方式，一定程度介入手工业、农业生产领域，此包买之法虽非与直接雇佣等同，然商业资本的支配控制力已从中初见端倪。如成、弘时苏州人钦允言“主总商贾赀本，散之机杼家，而敛其端匹以归于商”。他通明识理，且富才干，前后“计会盈缩”“刻时审度”，终使“彼此以济，皆信委帖服焉”。②无疑，钦允言在商人与机户间扮演了中介角色，将资本投入同商品生产更切实有效关联起来。农业方面则如明末清初广东制糖情形：“春以糖本分与种蔗之农，冬而收其糖利。旧糖未消，新糖复积，开糖房者多以是致富。”③当然，其时所谓预付资本，可能很多时候仅体现为放债性质，尚无法说构成了近于雇佣或包买的生产关系。即如万历《汝南志》载河南地方：“农夫工女，蚤夜操作，无以糊口。或有所督迫，辄向大贾预贷金钱，仅获半值。遂输其货以去，视釜甑依然生尘矣。”④而早在明中前期河南邓州人

① [明]王士性：《广志绎》卷3《江北四省》，第61-62页。

② [明]祝允明：《怀星堂集》卷19《承事郎钦君墓志铭》，《文渊阁四库全书》第1260册，第635页。

③ [清]屈大均：《广东新语》卷14《食语·糖》，北京：中华书局，1985年，第389页。

④ (万历)《汝南志》卷4《物产》，转引自韩大成：《明代高利贷资本的特点及其作用》，《明史研究论丛》第4辑，南京：江苏古籍出版社，1991年，第360页。

李贤就已明确指出外地商人对其乡民生产生活的专敛操控：

> 吾乡之民朴钝少虑，善农而不善贾，惟不善贾，而四方之贾人归焉。西江来者尤众，岂徒善贾，谲而且智，于是吾人为其劳力而不知也。方春之初，则晓于众曰："吾有新麦之钱，用者于我乎取之。"方夏之初，则白于市曰："吾有新谷之钱，乏者于我乎取之。"凡地之所种者，贾人莫不预时而散息钱，其为利也，不啻倍蓰。①

大致讲来，随着明代商人产业规模的扩张及其资本财力的增长，他们各适所营、各因所需以采取诸如雇佣工匠、任使伙计抑或预付资金的方式开展商业活动，其实都可看成这一群体为开拓市场、提高利润而逐渐演生成的不同生产经销手段，内里能够见到商人资本运作调控能力的显著增强，进而透露出持续延展的潜能与张力。不过，这种资本权力对生产领域的介入和掌控及由此带来人身依附关系的变动大抵依然在社会经济范围内稳步运行并发挥效用，未尝分化为当时国家既有体制的冲突对立面。换言之，尽管当时脱离农业的手工业生产比重有所扩大，且商业资本雇佣人力劳动、支配商品产销亦即向产业资本转化的情形也已出现，但其基本仍是在依从固有社会机制推演前行，合乎中国自身历史发展进程逻辑常态，而与所谓由传统走向现代资本主义的社会实践经验和理论内涵相去甚远。

三、余论

从明代商人的财富流向看，大体而言，投资土地是他们在当时社会中保有并增殖财富的一种正常选择。部分商人缘于传统本末之辨，虽有罢贾返农之举，但此间的农业生产却已多因商业资本与商业关系的长期浸润渗透，呈现出商品化和市场化经济特征。而受赋役制度或逐末风气影响，当占有土地不再带来实惠反倒损失过大时，旨在赢利的商人便会主动转向不置田产。同时，当时商人除了将土地用于生产经营外，还通过购置义田、义学、义宅、义冢及修建宗祠等方式，广泛参与地方乡族公共事务。这不仅提升了他们的社会声望，也强化了其在民间基层所拥有的组织甚至主导能力，越发显示出这一

---

①［明］李贤：《古穰集》卷9《吾乡说》，《文渊阁四库全书》第1244册，第572页。

阶层同既有体制的内在契合性。

至于明代商人把商业财富投向手工业领域,乃至采取雇佣劳动或预付资本形式以扩大产销规模,则依然可视为他们顺应行业需求和特点,合理利用资本运作,而逐渐演生成的某种提高收益的经营手段。内中能够看到商业资本吸附、操纵劳动生产及扩展、充实商品市场的潜能和活力,但其基本仍是在社会经济层面发挥效用,同社会深层结构上的形态演变亦即是否具备促使传统中国完成西方资本主义式“现代”社会转型的导向性关系不大。也可以说,社会形态的变化毕竟是一种包含政治、经济、文化等多个领域的综合性变化,明代经济领域的变迁虽然提高了全社会的商业化程度,却并未与既有国家体制构成本质冲突。

总的来讲,明代的国家体制和社会环境尽管能够容纳相当数量的商业资本,但实际并未像后来出现机器生产、科技革命的西方一样,为之提供向产业资本转化的足够条件及广阔出路。当时的商业资本虽表现出较为强劲的扩张势头,预示着中国萌生更大规模、更高水平的市场经济前景,然同时其又受帝制国家的权力体系及运行机制所限,不能自由充分延展,由是最终演化成支撑、巩固既有社会的结构要素,愈加削弱了商人阶层按照商业规则、围绕资本运作而独立构建新型社会体制的可能。就此观之,所谓明代商人的土地经营与雇佣劳动,无论同资本主义生产方式的表征似异似类,双方原本都不处于同一历史轨道。此外,受经济利益驱动,彼时商人在资金投放使用上固然带有较多获财取利的诉求,不过在帝制框架内,其还会更多考虑如何利用财富有效适应且密切融入既有社会体系。或者说,相较于投资生产、增加利润的经济目的,他们对自我综合社会效益的追求,应该要大过纯粹的财富积累本身。

建构中国现代文明秩序的尝试
——以卢作孚与民生公司试验为中心

张守广[①]

摘　要：20世纪20—40年代的民生实业公司，是卢作孚主持的以轮船航运业为主体的现代经济事业，也是一个包含经济现代化和生活方式现代化等丰富内涵的社会改造试验。民生公司试验，以创造现代的集团生活为目标，以人的思想行为训练为着力点，集中展现了卢作孚建构中国现代文明秩序尝试的全貌。卢作孚构建中国现代文明秩序的设想及民生公司试验，对我们深入理解中国近代以来深刻的社会变局，探讨中国现代化进程的早期进展以及建构中国现代文明秩序，具有重要的学术意义和借鉴价值。

关键词：卢作孚；民生公司；集团生活；文明秩序

20世纪20—40年代的民生实业公司，是卢作孚（1893—1952年）主持的以轮船航运业为主体的现代经济事业。对此，学术界进行了许多相关的研究。[②]同时，卢作孚"以创办民生公司为试验"[③]，以人的思想行为训练为着力点，力图通过创造现代的集团生活，减少事业发展的阻力，增强事业发展的动

① 作者简介：张守广，1962年生，西南大学历史文化学院、中国抗战大后方研究中心教授，博士生导师，研究方向为中国近现代史。

② 代表性著作有凌耀伦主编的《民生公司史》（北京：人民交通出版社，1990年）以及凌耀伦著《卢作孚与民生公司》（成都：四川大学出版社，1988年）等。

③ 卢作孚：《一段错误的经历》，凌耀伦、熊甫编：《卢作孚文集》，北京：北京大学出版社，2012年，第403页。

力，为社会的进步开辟道路。对此，学术界尽管已经有所涉及，[①]但尚未引起应有的重视。

民生公司试验中所形成的规范、制度和观念，以及由这些规范、制度、观念所营造的现代集团生活方式，与传统中国社会形成强烈反差，可以说是中国现代化进程中建构现代文明秩序尝试的一个典型个案。民生公司试验所呈现出来的经济现代化建设和人们思想行为的现代化训练等丰富内容，为我们理解中国近代以来所遭遇到的文明困境，探索卢作孚在20世纪20—40年代从理论层面到社会实践层面建构中国现代文明秩序的探索和进展，具有重要的学术意义和借鉴价值。

一、卢作孚建构中国现代文明秩序的设想及主要内容

民生公司的创办人和总经理卢作孚，是一位志在社会改造和追求国家现代化的实业家。卢作孚所处的历史时代，处于近代中国的后半期。此时，中国近代以来历史大变局的进程，已逐渐进入“拿来主义”和“自立方式”双引擎为驱动力的历史时期。其间，1915年开始的新文化运动，高扬科学与民主的大旗，为中国社会的现代化演进开辟道路。1917年的俄国十月革命和1918年欧战的结束与结局，给中国社会以新的重大刺激。1920年初，游欧归来的梁启超宣称：“鄙人自作此游，对于中国甚为乐观”“诸君当知中国前途绝对无悲观”。[②]之后，梁氏又发表《欧游心影录》。梁氏的言论和著述，引起中国知识界一部分人对欧美现代文明和中国固有文化的重新审视。1919年到1921年，杜威和罗素先后应邀来华讲学，给予正在歧路彷徨中的中国青年知识分子以广泛而深刻的思想冲击。蒋梦麟在其名著《西潮》中说：“杜威引导中国青年根据个人和社会的需要，来研究教育和社会问题”“罗素则使青年人开始对社会进化的原理发生兴趣”。[③]两人在华演讲中有一个共同的忠告或期望，就是鼓励中国知识界努力创造“自立方式”。杜威说：“我希望中国不单去输入模

① 代表性著作有杨可著《同舟：职业共同体建设与社会群力培育》（北京：社会科学文献出版社，2019年），该书以社会学的视野和方法，审视民生公司构建职业共同体的过程、思想源头，认为民生公司建立了职业共同体，实现了以职业整合社会人群的目标。

②《梁任公在中国国民公学演说》，载丁文江、赵丰田编：《梁启超年谱长编》，上海：上海人民出版社，2009年，第580页。

③ 蒋梦麟著：《西潮·新潮》，长沙：岳麓书社，2000年，第127页。

仿,要去创造,对于文化的危险有所救济;对于西洋社会的缺点,有所补裨;对于世界的文化,有所贡献!"[①]罗素在批评西方资本主义的同时,肯定中国文化的长处,强调"有心改革的中国人,去自立方式,不要全然依赖在外人知识的帮助上"[②]。青年卢作孚正是受到新文化运动陶冶,深受杜威和罗素来华演讲影响,并迅速成长起来的知识精英之一。

1921年初,卢作孚应杨森之邀到川南泸州任永宁道尹公署教育科科员、科长。在杨森支持下,卢作孚以川南二十五属联合县立师范学校(简称川南师范学堂)为中心,进行新教育的建设试验。[③]他还在泸州创办通俗教育会、泸县图书馆、民众教育馆、通俗图书馆等,开展各种文化、卫生、体育活动。[④]卢作孚主持泸州新教育、新文化建设的初期,正值杜威和罗素在华讲学之时。杜威的教育学说和试验主义方法给予卢作孚以深刻的影响,成为他此后教育实践和社会改造的方法论基础。[⑤]罗素的社会改造主张,则深刻影响卢作孚社会改造的方向。新川南建设夭折后,卢作孚一度出川到上海、南通考察。在南通,卢作孚参观了张謇兴办的近代事业,并拜会了这位大实业家。[⑥]1923年,卢作孚写成《一个根本事业怎样着手经营的意见》一文。文中写道:"无论什么事业,都应'大处着眼,小处着手'。"何以必须这样呢?卢作孚说:由于缺乏新式人才,在着手经营现代事业之初,"宜为小规模的经营,以为逐渐训练的基础和准备";由于新的经营方法需要试验,"所以最初从小规模着手,也是一种最经济的方法";为着减少经费方面的困难,"最初更宜以少的经费,经营规模小的事业,等到成绩显著,民众赞成以后,逐渐谋扩大的机会"[⑦]。上述这些见解,标志着卢作孚"局部改造"主张的形成。[⑧]

1924年至1925年,卢作孚应杨森之邀主持成都通俗教育馆,后来他说这是其创造现代集团生活的第一个试验。这次试验尽管因四川政局突变而夭

① 袁刚、孙家祥、任丙强:《民治主义与现代社会:杜威在华讲演集》,北京:北京大学出版社,2004年,第152-153页。

② 袁刚、孙家祥、任丙强:《中国到自由之路:罗素在华讲演集》,第300页。

③ 卢国纪:《我的父亲卢作孚》,北京:人民出版社,2014年,第33页。

④ 卢作孚:《如何彻底改革教育》,《嘉陵江日报》1948年2月22日,第3版。

⑤ 拙文:《试验方法、科学态度与人文精神》,《学习时报》2014年1月6日,第9版。

⑥ 卢作孚:《在宋师度先生讲演后的讲话》,《新世界》第12期,1932年12月16日,第3页。

⑦ 卢作孚:《一个根本事业怎样着手经营的一个意见》,载凌耀伦、熊甫编:《卢作孚文集》,北京:北京大学出版社,2012年,第21页。

⑧《陆涤生致卢作孚函》,黄立人主编:《卢作孚书信集》,成都:四川人民出版社,2003年,第144页。

折，却给卢作孚增加了充分的信心，“证明了是可以成功的”。[①]该试验的挫折，也成为他创办民生公司的重要契机。卢作孚后来说：“（那时候）我的思想受罗素的影响很大，又感觉到办教育的人不可靠……因此才发起筹办民生公司。”[②]

随着卢作孚所主持的各项社会改造事业的不断展开，尤其是随着北碚试验和民生公司试验的相次展开，从1929年到1935年，卢作孚连续发表《乡村建设》《社会生活与集团生活》《建设中国的困难及其必循的道路》《社会的动力与青年的出路》等论文和讲演，阐述其以创造现代集团生活为核心的建构现代文明秩序的观点。

走出近代以来内忧外患的文明困局，是关乎中华民族存续兴亡的重大课题。对此，卢作孚认为：根本的因应方法是通过产业、交通、文化、国防的建设，把中国从物质方面到社会组织方面现代化。中国一旦经由四个现代化的运动，完成了现代的物质建设和社会组织的建设，“不但不至再来人欺，而且还可以找人算账了”[③]。卢作孚认定：国防上的海陆空军，交通上的铁路、汽车路、轮船、飞机、电报、电话，产业上的矿山、工厂、农场，文化上的科学研究机关、社会教育机关和学校，这些建设事业都是现代国家必不可少的建设，因此他明确主张“经济建设为中心”。[④]他同时认为：“建设现代的集团生活更是建设一切事业以至于整个国家的根本。”[⑤]在卢作孚看来，现代经济建设如果没有现代的集团生活即现代社会组织建设相配合，难以取得最终的成功。

卢作孚认为现代社会威力最大的大炮是现代的社会组织，创造现代集团生活就是创造现代社会组织。之所以强调要创造现代社会组织，是因为卢作孚认为：“组织就是秩序”。[⑥]在《乡村建设》中，卢作孚说：组织便是建设人与人间的秩序，建设事业的秩序，建设的根本问题“在秩序”，“无论何种事业，秩序建设不起来，绝对不会有良好结果的”[⑦]。正如牛车的运营和火车的运营有

① 卢作孚：《建设中国的困难及其必循的道路》，凌耀伦、熊甫编：《卢作孚文集》，第267页。
② 欧阳平记录：《卢作孚的检讨》，载张守广著：《卢作孚年谱长编》，北京：中国社会科学出版社，2014年，第1230页。
③ 卢作孚：《从四个运动做到中国统一》，《大公报》1934年1月29日，第3版。
④ 卢作孚：《论战后经济建设》，载凌耀伦、熊甫编：《卢作孚文集》，第451页。
⑤ 卢作孚：《建设中国的困难及其必循的途径》，《大公报》1934年8月10日，第3版。
⑥ 卢作孚：《怎样唤起我们的精神》，第130页，重庆档案馆馆藏，民生实业股份有限公司全宗，0328-1-76。
⑦ 卢作孚：《乡村建设》，载凌耀伦、熊甫编：《卢作孚文集》，北京：北京大学出版社，2012年，第82页。

不同的组织方法和不同的规则一样。[①]在《四川人的大梦其醒》中,卢作孚同样强调:比教育、交通、经济事业更重要的根本问题,解决一切问题的前提,是如何建设秩序的问题,"要这一个问题有法解决,其余一切问题才可以迎刃解决"[②]。

对人进行现代职业技能和思想行为的训练,是卢作孚创造现代集团生活努力的着力点。卢作孚说:"我们所虑的还是人的问题,人没有训练的问题,人没有建设秩序的训练问题。"[③]卢作孚指出:创造现代集团生活要从现代事业的秩序做起,以事业秩序上的成功去影响社会,事业的秩序要从人的训练做起。他说:"我们要训练得人们能够作事,能够从事业上之建设秩序;还要训练得人们能够影响社会,同时绝不受社会影响,绝不被社会毁坏下去。这样养成强健的风气,才能解决今天以前不能解决的问题,才能够建设一切事业,才能够把人民拔出苦海,才能够发现一个快乐的世界。"[④]

现代文明秩序体现在现代社会的方方面面。关于社会层面和官民关系层面的秩序,卢作孚描述说:"凡集团的行动都须有秩序的行动,上下火车,进出会场,须依先后。行路须缘左边,约会须守时间,在会集的场中说话须低声,这些固然都是应遵守的秩序。……分工合作的秩序,比公众行动一致的秩序更要紧。一个现代国家是全靠整个国家的官吏与人民分工合作造成的。"[⑤]关于群己关系和群己秩序,卢作孚说:"人们建筑一间美丽的房子在一个极大的公共猪圈里面,何如建筑一间小小的草房在一个极大的公共花园里面!"[⑥]关于政治秩序,卢作孚认为法律是根本。他说:"一切法律,就是国家规定的一切秩序。"[⑦]由法律规定的秩序,领导者和人民都要予以尊重。卢作孚指出:"尊重秩序,从领导者本身起,才实现了领导的意义。中国许多问题不能解决,问题都不是在问题身上的,而是在人身上的。"[⑧]他又说:"民主国家的

---

① 卢作孚:《建设中国的困难及其必循的道路》,载凌耀伦、熊甫编:《卢作孚文集》,第263页。

② 卢作孚:《四川人的大梦其醒》,载凌耀伦、熊甫编:《卢作孚文集》,第66页。

③ 卢作孚:《乡村建设》,重庆:江北县自治研究所,1929年10月1日刊,第28页。

④ 卢作孚:《四川人的大梦其醒》,载凌耀伦、熊甫编:《卢作孚文集》,第68页。

⑤ 卢作孚:《一个理想的青年团团员》,载三民主义青年团中央团部编:《三民主义青年团论文集》,重庆:三民主义青年团中央团部1941年印,第68页。

⑥ 卢作孚:《四川人的大梦其醒》,载凌耀伦、熊甫编:《卢作孚文集》,第69页。

⑦ 卢作孚:《一个理想的青年团团员》,载三民主义青年团中央团部编:《三民主义青年团论文集》,第68页。

⑧ 卢作孚:《四川的问题》,载凌耀伦、熊甫编:《卢作孚文集》,第142页。

人民应有一切的自由,同时国家应有整个的秩序,自由是有法律保障的,亦即是有法律范围的。官吏应有执行法律的训练,人民应有尊重法律的习惯。即没有法官裁判,亦有舆论裁判,即没有警察干涉,亦有旁人干涉,法律乃能彻底发生效力。立法之前,应极审慎,立法之后,应极森严,不准任何人违犯,整个国家的秩序乃能建设起来。"[①]卢作孚曾经与黄炎培一道,戏把搓麻将的游戏过程,按照社会组织中编制和选择的方法,分解为建设秩序、众人比赛建设速度和成效、失败者全体奖励成功者、放下成败再次比赛这样四个阶段接续不断的活动,并倡言把麻将牌游戏中蕴含的哲理,移用到文明秩序建设问题上,"也许一样可以吸引整个社会、整个国家的人的兴趣"。[②]

卢作孚深知建构现代文明秩序的困难和复杂。他说:"公共秩序的建设,其繁复,其困难,比个人大大有加,其细致却一样。……这不但是建设一切事业的根本问题,尤其是第一个困难的问题。"[③]他举例说:"一般人羡慕的都是能够活动的人,这在无秩序的社会里,相尚成一种风气。好在社会无秩序,这般人乃颇适宜于生存。不但他们不适宜生存于一种组织之内,他们几乎以反秩序,以不遵一切公共生活的规律为能事。进戏园不给钱,坐轮船不扯票,然后才有面子,他们何能创造社会的秩序?"[④]更糟的是,越是组织松散、缺乏秩序,人们越是不信任组织和秩序。卢作孚说:"在无组织训练的人群,不信赖组织与秩序,亦不信赖人,盼望一切权力集中在自己手里。"[⑤]在卢作孚看来,四川防区制下的将领们都想把一切权力集中到自己手中,以为这样才可靠。殊不知这样不仅不可靠,而且也不可能。集中权力既十分困难,秩序和组织又无人信任,社会便陷入混乱。

作为以事功著称的杰出人物,卢作孚创造现代集团生活、建构现代文明秩序设想的出发点和落脚点都是中国社会改造的实践。他说:"新的集团生活完全表现在新的建设事业上,开始建设新的事业即须开始建设新的集团。这是一点一滴的工作,尤其是非常困难的工作,万万不能等待,万万不能等待到事业成功的时候。宁肯失败,不可运用亲戚邻里朋友间彼此相为的关系去

① 卢作孚:《论中国战后建设》,载凌耀伦、熊甫编:《卢作孚文集》,第451页。
② 卢作孚:《麻将牌的哲理》,载凌耀伦、熊甫编:《卢作孚文集》,第253页。
③ 卢作孚:《四川人的大梦其醒》,载凌耀伦、熊甫编:《卢作孚文集》,第66页。
④ 卢作孚:《四川人的大梦其醒》,载凌耀伦、熊甫编:《卢作孚文集》,第67页。
⑤ 卢作孚:《和谐运动的具体意见》,载凌耀伦、熊甫编:《卢作孚文集》,第314页。

取得事业成功的机会;因为亲戚邻里朋友间之彼此相为正是新的集团生活的障碍,也正是任何新的建设事业的障碍。纵然取得整个国家了,亦不会取得最后的成功,只会取得失败。”①即使在中国近代的后半段,有如此深刻的认识人其实并不多见。同时,卢作孚强调:“我们应以建设的力量作破坏的前锋,建设到何处便破坏到何处。”②又说:“应该先建设后破坏,建设到哪里便破坏到哪里,最艰难乃在这一点。”③

二、民生公司试验是建构现代文明秩序的有益尝试

大公报记者徐盈在高度评价卢作孚和民生公司对抗战巨大贡献的同时,又说卢作孚是“一个很坦诚的人同时也是一个很难被了解的人”④。徐盈的观察和评论是犀利的。据1949年年底《民生公司股东名册》,当时股本总额为法币100亿元整,分为80万股,每股法币12500元整,股东2138户。⑤卢作孚及其亲属股本合计4937股,这4936股的具体情况为:

姓名	现在住址	股数(股)	姓名	现在住址	股数(股)
卢志林	北碚新村蔡锷路	700	卢尔勤	北碚实验区署	260
卢作孚	本公司	1000	蒙淑仪	化龙桥红岩村5号卢公馆	1000
卢国纶	化龙桥红岩村5号卢公馆	200	卢国仪	化龙桥红岩村5号卢公馆	200
卢国懿	化龙桥红岩村5号卢公馆	200	卢国纪	化龙桥红岩村5号卢公馆	200
卢国维	化龙桥红岩村5号卢公馆	200	陈训芳	化龙桥红岩村5号卢公馆	200
李兴记	化龙桥红岩村5号卢公馆	200	春记	化龙桥红岩村5号卢公馆	200

① 卢作孚:《建设中国的困难及其必循的道路》,载凌耀伦、熊甫编:《卢作孚文集》,第272页。

② 卢作孚:《怎样做事——为社会做事》,载凌耀伦、熊甫编:《卢作孚文集》,第54页。

③ 卢作孚:《建设中国的困难及其必循的道路》,载凌耀伦、熊甫编:《卢作孚文集》,第265页。

④ 徐盈:《当代中国实业人物志·卢作孚》,《新中华》复刊号第2卷第6期,1944年6月,第133页。

⑤《民生实业公司股东名册》(1949年12月31日),第1页,广东省档案馆藏,民生实业股份有限公司广州分公司档案,49-1-76。

续表

姓名	现在住址	股数(股)	姓名	现在住址	股数(股)
秋记	化龙桥红岩村5号卢公馆	200	福记	化龙桥红岩村5号卢公馆	20
真记	化龙桥红岩村5号卢公馆	157			

资料来源:《民生实业公司股东名册》(1949年12月31日),第42-54页,广东省档案馆藏,民生实业股份有限公司广州分公司档案,49-1-76。

从上述股份情况稍加计算可知,卢作孚及其亲属的股份在民生公司80万总股份中约占千分之六,确实只是几个小小的股东而已。卢作孚这位早在1934年就被马寅初称为“四川大实业家”[①]的民生公司创办人和总经理,与其亲属在公司中所占股份如此之少,远远超出了常理、常情,乍看确实令人费解。

卢作孚要以创办民生公司为试验,“帮助社会寻求现代文明的方法,走入现代文明生活当中去或竟超越它们(西方——引者注)前面去”[②]。民生公司试验随着民生公司事业的起步发展同时展开,大约以1939年为界分为前后两个时期。其中,1925—1938年为创始与发展时期,又可分为三个阶段。1925年到1929年为第一个阶段,在此阶段,民生公司困难虽多,但人尽其能,物尽其用,尤其是在当时川江轮船航运业管理水平低下的情况下,改用新方法经营。新方法就是“船上不用买办制,而设事务经理”。由此,公司“年年盈余,而事业精神之初期基础遂告稳定”[③]。1930年到1935年为第二个阶段,在此阶段,民生公司一方面集中船舶统一经营,大力推进川江航业合理化运动。[④]另一方面集中人才通力合作,与外商竞争,并取得胜利,成为“(民生)公司成立以来最有生气,最富意义之一段”[⑤]。1932年到1935年,民生公司航线延伸到长江下游,并在长江上游与捷江公司展开竞争、取得胜利。1936—1938年为第三阶段,在此阶段,民生公司首先是整理旧船建造新船。到抗战爆发时,民生公

① 孙大权、马大成编注:《马寅初全集补编》,上海:上海三联书店,2007年,第299页。

② 卢作孚:《民生公司的是三个运动》,载凌耀伦、熊甫编:《卢作孚文集》,第188页。

③《民生简史》(上),《民生公司简讯》第1036期,1950年7月21日,第3版。

④ 佚名:《民生公司在长江》,《新世界》1945年11月号,1945年11月15日,第8-10页。

⑤《民生简史》(上),《民生公司简讯》第1036期,1950年7月21日,第3版。

司有轮船46艘，24000多吨，并有相关专用码头、仓储、驳船、机器厂等设施与之配套。[①]在此基础上1937年初创造出峡江三段航行的奇迹，1938年又创造出宜昌抢运的奇迹。1939年到1949年，民生公司进入曲折发展和重整重振时期。其间，卢作孚以民生公司试验和从政阅历为主，归纳和总结出一套高度重视秩序的现代管理理论。

民生公司试验的基本内容是创造现代集团生活，关键是对员工进行思想行为的训练，核心是建构现代工商文明秩序。

1933年卢作孚在《民生公司的三个运动》中提出：民生公司的意义，在其致力于“整个的生产运动”“集团生活的运动”“帮助社会运动”三件事情上。[②]卢作孚所说的“整个的生产运动”包括两个内容，其一是“要把川江华商经营的航业联成整个的”，[③]力图以此实现资源配置的优化，增进包括本身利益在内的社会总体利益；其二是要把机器厂、煤矿、保险业等相关的生产事业统一成一个或力求实现全部相关事业的联络。卢作孚强调：“其联络愈广，其帮助愈广”。[④]关于第一项工作，到1935年，民生公司先后合并、收购川江中外轮船43艘，基本上实现了统一川江航业的计划。[⑤]至于第二项工作，到抗战爆发前，民生公司除民生机器厂、三峡染织厂两项附属事业外，还先后投资北川铁路公司、天府煤矿、捷成洋行机器部等10多家企业。[⑥]同期，民生公司还成立代办处，作为德国西门子洋行全川经理处，可代客购买马达、电话、钢铁、无线电收音机、电热用具、科学仪器及各种电料、大小五金等，同时代理华商太平洋保险公司及英商保泰保险公司的水火险、汽车险、人寿险、意外险等保险业务。[⑦]这些附属事业、投资事业、代办事项，作为民生公司航运业务经营链条上的重要环节，其重要性无须赘述。

集团生活运动有三项基本内容，其一是要造成前文提到的“生活全部依赖”。卢作孚说：“我们要使每个人可以倚赖事业工作到老，没有失业的恐慌；退休后有养老金，死亡有抚恤金；有职工住宅区，不仅可供职工及其家庭住

---

① 佚名：《民生公司在长江》，《新世界》1945年11月号，1945年11月15日，第9页。

② 卢作孚：《民生公司的是三个运动》，载凌耀伦、熊甫编：《卢作孚文集》，第187–188页。

③ 卢作孚：《航业为什么要联成整个的》，载凌耀伦、熊甫编：《卢作孚文集》，第177页。

④ 卢作孚：《民生公司的三个运动》，载凌耀伦、熊甫编：《卢作孚文集》，第187页。

⑤ 凌耀伦：《民生公司史》，北京：人民交通出版社，1990年，第34页。

⑥ 凌耀伦：《民生公司史》，第78页。

⑦ 民生实业公司编：《民生实业公司概况》，重庆：民生公司刊，1937年，第9页。

居，而且里面要有花园，有家具，有小学校，有医院，有运动场，有电影院和戏园，有图书馆和博物馆，有周到的消费品的供应，有良好的公共秩序和公共习惯。”总之，“凡你需要享用的，都不需要你自己积聚甚多的财富去设置；凡你的将来和你儿女的将来，都不需要你自己积聚甚多的财富去预备；亦不需要你的家庭帮助你，更不需要你的亲戚邻里朋友帮助你，只需要你替你所在的社会努力地积聚财富，这一个社会是会尽量地从各方面帮助你的，凡你有所需要，它都会供给你的。”①1933年3月初，卢作孚曾经在总公司朝会上豪言：“我们要建筑一座重庆都没有那样阔绰的房子来给职工住。职工宿舍修起了，赓续着就要在附近设立学校，教育职工们的子女。”②根据凌耀伦教授对1933年民生公司各类人员收入水平的研究结果，民生公司职工收入的特点是：技术人员收入最高，行政人员次之，低级船员和茶房最低；各类人员收入差距较大；工资越底，福利收入在其总收入中的比例越高；与其他大多数企业相比，工人收入较高，而职员收入略低，因此高低工资的差别也较小；③其二是形成比赛的标准。卢作孚认为，要提起各个职工工作的兴趣，养成职工有秩序，有方法，努力工作的习惯，“非有竞赛的兴趣不可”④。卢作孚的设想是：“（职工）要帮助所在的事业，使自己有显著的成绩表现在事业上，事业尤其要帮助所在的社会，使事业有显着的成绩表现在社会上，我们所要求的不是一群人之为自己，而是一群人之为更大的人群；我们所要求的不是事业的大小与他事业比赛，而是事业对于社会帮助的大小与他事业比赛。”⑤为此，民生公司有严格的考核制度，落实“有比赛的标准”这一创造现代集团生活的重要指标；其三是“帮助社会的运动”，就是强调民生公司存在的根本意义是帮助社会，倡导“事业中心”“服务社会”的经济伦理或价值观。卢作孚说，民生公司的航业、机械业、电灯和自来水厂、对外投资都是要帮助社会，“决不像一般旧习，帮助亲戚邻里朋友为他们找碗饭吃，谋个差使”⑥。卢作孚还强调：民生公司决心帮助社会不是等待机会，而是要寻求机会，主动联系社会上的相关对

① 卢作孚：《建设中国的困难及其必循的道路》，载凌耀伦、熊甫编：《卢作孚文集》，第270页。
②《朝会摘录·卢作孚报告》，《新世界》第18期，1933年3月16日，第39页。
③ 凌耀伦主编：《民生公司史》，北京：人民交通出版社，1990年，第157-163页。
④（陈）觉生记录：《九月二十七日旬会记录·总经理讲话》，《新世界》第7期，1932年10月1日，第32页。
⑤ 卢作孚：《建设中国的困难及其必循的道路》，载凌耀伦、熊甫编：《卢作孚文集》，第270页。
⑥ 卢作孚：《民生公司的三个运动》，载凌耀伦、熊甫编：《卢作孚文集》，第188页。

象接受公司的帮助。1934年3月，民生公司宗旨第一次出现“服务社会，便利交通，开发产业”的表述。[①]“服务社会”作为一种经济伦理，在经济比较发达的上海早有人提倡。如上海商业储蓄银行总经理陈光甫1927年就在告同人书中说：“本行之设立，非专为牟利计也，其主要宗旨在为社会服务”。此后，陈光甫反复强调该行“以服务社会为根本立场”。[②]即使较为偏僻的重庆，聚兴诚银行也早已用“服务社会，便利人群”相号召。[③]显然，民生公司在其试验过程中，吸收了此前中国金融工商界在构建现代经济伦理中已经取得的进展。后来，民生公司的宗旨，进一步表述为“服务社会，便利人群，开发产业，富强国家”，[④]从而更加充分地表达出一个中国现代企业的伦理取向与价值追求。这种帮助社会、服务社会的观念，加上上述“事业中心”的观念，形成民生公司试验中“以事业为中心，以服务为目的之新道德”。[⑤]

为实现创造现代集团生活的目标，民生公司采取集中训练、会议、演剧以及创办公司刊物等多种方法，对员工进行思想行为的训练，以期把事业中心、服务社会的新道德变成员工思想行为的习惯。

卢作孚深知思想行为训练的困难，他说：外国人在中国有吃几百次中国饭仍不能好好使用筷子的，“行动简单如此，训练已非常困难，而况组织复杂、手续繁重的行动，常需要积久的习惯、纯熟的技术，而又需要社会一般的行动，其变更之困难，是更不可以计算出倍数的”[⑥]。但是，正因为深知思想行为不容易改变，所以卢作孚强调，要“训练在先，造成风气”。[⑦]卢作孚指出：民生公司要社会服务，“就要先训练为社会的人。我们常常说：中国人如果能从今天训练出来，中国决不致亡。以占有世界人口五分之一的中国人，不特不亡，还有主宰世界的可能”[⑧]。他又说：“我们必须训练成功一群有创造能力的青年，才能创造成功一个良好的社会环境。”[⑨]1933年4月，民生公司制定出《本公

---

① 民生实业公司编印：《民生实业股份有限公司第二十二年决算报告书》，民生公司1934年刊，无页码，重庆北碚图书馆藏。

② 中国人民银行上海市分行金融研究所编：《上海商业储蓄银行史料》，上海：上海人民出版社，1990年，第869、870页。

③ 佚名：《聚兴诚银行素描》，《新世界》1944年10月号，1944年10月25日，第19页。

④ 童少生：《回忆民生公司》，载《卢作孚追思录》，重庆：重庆出版社，2001年，第195页。

⑤ 佚名：《中国人社会生活习惯》，《新世界》第106期，1936年12月1日，第16页。

⑥ 卢作孚：《中国的根本问题是人的训练》，载凌耀伦、熊甫编：《卢作孚文集》，第240页。

⑦ 黄炎培著，中国社会科学院近代史研究所整理：《黄炎培日记》第4卷，北京：华文出版社，2008年，第288页。

⑧ 卢作孚：《为社会找出路的几种训练活动》，载凌耀伦、熊甫编：《卢作孚文集》，第244页。

⑨ 卢作孚：《我们的要求和训练》，载凌耀伦、熊甫编：《卢作孚文集》，第214页。

司人员训练纲要》,内容有会议、工作、提起意义、提出中心问题、知识与技能、健康、群的情感等七个方面。[①]这是一个相当全面的训练纲要,而实际训练的范围和方式则超过了这个纲要。

在职工训练问题上,卢作孚认为,民生公司员工的训练要抓住三个要点:第一是要使员工头脑中的知识有世界那样大,能够用世界的眼光决定自己的办法;第二要使员工头脑中的问题至少有自己的国家那样大,在国家紧急状态下也能够明确自己担负的责任;第三是要员工分工合作在可能的范围内创造一个现代的物质建设和社会组织起来。[②]后来卢作孚将这三个要点简化为三个口号:(一)知识要有世界的大;(二)问题要有国家的大;(三)工作要有所负责任的大。[③]

对于训练人的人也要进行训练。卢作孚认为,在人的训练中,"最困难在训练人的人——他第一是需要有专门的技术,训练人做甚么便需要有做甚么的专门技术;第二还需要有训练的技术,如何训练人乃亦是一种专门技术"[④]。在给民生公司上海分公司负责人的信中,卢作孚说:"能保护船,能保护货,能招待旅客。此三种成绩,均须超中外一切公司之上,乃贵乎有此一新公司也。求有此三种成绩,惟一方法,在人之训练。担任训练者,以船主经理为中心,而更由重庆总公司宜昌上海两分公司帮助之。"[⑤] 又说:"训练之中心问题,乃在分工与合作,乃在每人有确定之任务,又相互有密切之联络。望兄力分自己之工作于公司之人员,而分精神于公司人员工作之分配与检点。领导人做事,须将自己做事之时间减少,训练人做事之时间加多也。"[⑥]

训练方式不拘一格,有集中训练、联合训练、分批训练等。1927到1937年抗战爆发前后,民生公司集中训练员工的主要基地在北碚。在这十年间,北碚"代民生公司办了护航队、茶房、水手、理货生等专业短期培训班多期,人数近千人。"[⑦]北碚在代民生公司训练轮船茶房(即服务生)之初,主要进行军事训练,服务能力的训练不够充分。后来服务技能方面规定十种训练活动,包

① 《本公司人员训练纲要》,《新世界》第20期,1933年4月16日,第5页。

② 卢作孚:《四川嘉陵江三峡的乡村运动》,载凌耀伦、熊甫编:《卢作孚文集》,第278页。

③ 卢作孚:《会议为促进工作的唯一方法》,载凌耀伦、熊甫编:《卢作孚文集》,第321页。

④ 卢作孚:《中国的根本问题是人的训练》,载凌耀伦、熊甫编:《卢作孚文集》,第241页。

⑤ 卢作孚:《关于身心修养的两封信》,《新世界》第18期,1933年3月16日,第32页。

⑥ 卢作孚:《关于身心修养的两封信》,《新世界》第18期,1933年3月16日,第33页。

⑦ 卢子英:《怀念二哥卢作孚》,载周永林、凌耀伦主编《卢作孚追思录》,重庆:重庆出版社2001年,第36页。

括敬茶、添饭、叠衣服、捆被、洗练、擦鞋种种事务，使其“能尽茶房之职责”。[①]不仅要训练员工掌握各种专门的技术，还要训练全公司人员“要求趋赴的公共理想”。[②]民生公司还曾与金城银行重庆分行、美丰银行、永安纺织厂、太平洋保险公司、利昌字号等七个企业合组军训班。[③]1946年4月赴美交涉造船问题之前，卢作孚还提请公司主管要注意训练：“不必要的人，立即抽调加以训练。训练的范围，有文书、会计、统计、物料管理。第一批抽调的人训练完毕，再换掉第二批，第三批……一直全部人员训练完毕为止。这些技术的训练，每一人都是必要的，希望大家都有很浓厚的兴趣。”[④]

会议也是民生公司“训练人员最重要之一种方法”[⑤]。在民生公司的会议中，朝会在训练人员中尤其发挥了重要的作用。总公司第一次朝会于1932年10月8日举办。在14日举行的第五次朝会上，卢作孚说：“朝会的意义，在盼望各部分报告他对于职务进行的概况，和所得的方法。”[⑥]这次朝会上，卢作孚还提议每周六的朝会中，须有一次有意义的讲演。经讨论，决定在星期一举行讲演会。由此，民生公司开始形成定期邀请社会各界著名人士到民生公司总公司、分公司演讲的制度。据统计，从1932年10月24日举行第一次讲演到1946年，应邀到民生公司讲演的各界人士有192人次。[⑦]其中包括黄炎培、张澜、马寅初、张伯苓、梁漱溟、冯玉祥、郭沫若、翁文灏、吴鼎昌、罗隆基、张公权、杜重远、刘湘、杨森、李璜、罗家伦等。这些演讲者多为社会上知名人士，或为军政人物，或为专家学者，对“增进职工智识”，[⑧]确有潜移默化的重要作用。民生公司的朝会不仅演化出讲演会，还演化出读书报告会等学习交流的有效形式。[⑨]

通过编演新剧，以达到寓教于乐的目的，是民生公司的特殊训练方式之一。卢作孚在民生公司试验中，曾多次亲自编排新剧由公司员工演出。其中

---

① 卢作孚：《最近提起注意的三件事》，《新世界》第42期，1934年3月16日，第29页。

② 卢作孚：《纪念民生公司成立十周年》(1935年)，载凌耀伦、熊甫编：《卢作孚文集》，第307页。

③《本公司军训班昨举行毕业检阅典礼》，《民生公司简讯》第508号，1937年4月12日，第1版。

④ 卢作孚：《总经理赴加拿大解决造船问题》，《民生公司简讯》第844期，1946年4月15日，第1版。

⑤ 卢作孚：《关于身心修养的两封信》，《新世界》第18期，1933年3月16日，第33页。

⑥《民生公司朝会记录》，《新世界》第8/9期合刊，1932年11月1日，第32页。

⑦《编辑说明》，项锦熙主编：《民生公司演讲集》，北京：人民日报出版社，2016年，第1–2页。

⑧ 甘南引：《人事报告》，《新世界》第41期，1934年3月1日，第48页。

⑨《总公司读书会》，《民生公司简讯》第12号，1933年6月17日，第1版。

由卢作孚所编新剧目中有一幕，专门鞭笞只为自己不为社会的旧观念：儿子向父亲要求读书，父亲不赞成儿子读书，要他去学生意。父亲告诉儿子学生意可以为家里挣钱，帮助生活，问儿子读了书有什么好处？儿子说读了书可以为社会做事。父亲听了勃然大怒，边敲桌子边骂道："老子拿钱叫你读书，你却去为社会做事？"这位满脑子旧观念的父亲，不仅自己不为社会做事，而且不希望儿子为社会做事。卢作孚想通过该剧表明："一个聪明的人最聪明的方法亦是最快乐的方法，就是凭自己的力量作出一桩事来让人看，让人欣赏，让人享受，也曾让人学习，能一样的创造起来，这就是人生最得意的事。"[①]

《新世界》杂志是民生公司注册创办的企业刊物，是民生公司职工了解企业发展情况的重要窗口，也是训练职工的重要阵地。1935年12月，《新世界》刊载卢作孚《新世界三年来的检讨》一文。文章回顾了《新世界》创刊三年所取得的成绩，并将该刊发表的一些有代表性的文章以及内容分别做了介绍，最后写道："从新世界上的讲演、讨论、报告、描写、批评，看出了公司的理想，亦看出了公司许多朋友的活动，从那许多活动上证明了理想是会变成事实的。这样有价值的讲演、讨论、报告、描写、批评举来太多。"[②]

民生公司创造现代集团生活的努力，采用多种方法训练员工的思想行为，目的都在于建构分工合作的现代工商文明秩序。卢作孚说："要想一种办法来提起各部个职工本身的兴趣，以养成他们有秩序、有方法，而且努力工作的习惯。"[③]他又说：民生公司"只要找到人来把一切秩序建立起来，使各部都能联络好，那末问题就很少了"[④]。他一再"劝勉公司同人办事要勤奋，随时要整理秩序，逐处要建设秩序，私人用费，尤要节省，能俭用，必不妄取云云"[⑤]。他强调秩序的重要可以说是不厌其烦，要求"（公司）人员的行动都要一致，都要在整个秩序之下活动"[⑥]。卢作孚反复提到的秩序，就是现代工商文明秩序。这是他创造现代集团生活在民生公司试验中的具体体现。在创办和经营民生公司的过程中，卢作孚在经营上的成功说到底是建设秩序的成功，这

① 卢作孚：《我们要"变"，要不断地"变"》，《嘉陵江日报》1943年10月5日，第4版。

② 卢作孚：《新世界三年来的检讨》，《新世界》第83/84期合刊，1935年12月16日，第12-16页。

③ 卢作孚：《在民生公司旬会上的讲话》，《新世界》第7期，1932年10月1日，第32页。

④ 卢作孚：《朝会讲话》，《新世界》第10/11期合刊，1932年12月1日，第53页。

⑤ 卢作孚：《朝会讲话》，《民生公司简讯》第4号，1933年5月20日，第1版。

⑥ 卢作孚：《我们的一切要有计划和预算》，载凌耀伦、熊甫编：《卢作孚文集》，第331页。

种秩序的建设既有与外部关系的秩序，也有内部整理的秩序。

就外部秩序而言，如卢作孚利用1929年7月担任川江航务处长之后，整顿重庆上游航运秩序，坚请刘湘“命令各军事机关兵差必须给煤给费，军人搭船必须购票。舱面装兵同时允许舱下装货，以维持轮船公司最低收入”[①]。1932年民生公司轮船的航线延伸到中下游之后，就发生南京国民政府扣押轮船的问题。1933年3月卢作孚在民生公司朝会上说：起初我们的船开起下去就被扣，当我接到这个电之后，即刻去招商、三北，“你们的兵差怎么打法？”他们说：“中央要打差的时候，先打电来通知我们公司，由经理自己酌派一只或两只船去。”我听见之后，唉，好奇怪呀！为什么我们不能援这个例呢？因此便打电给军政部，给蒋委员长，要求不要扣我们的船，结果目的也达到了。[②]经过长期反复要求，直到1935年5月1日，蒋介石致电军政部次长曹浩森转饬主管人员，以后运兵入川即依照何北衡所拟六项办法切实规定、认真执行。[③]由此，长江上游兵差也整理出了一个秩序。

民生公司自身的秩序建设包括管理的秩序，工作的程序，伦理的秩序等。卢作孚被赞誉为民国时期中国科学管理专家之一，[④]并于1944年应邀在国民党中央训练团党政训练班和国民党中央训练团党政高级训练班讲授《工商管理》和《业务管理纲要》。卢作孚指出：工商管理的要求是最大程度提高效率，要求以最少人力，最少物力，最快时间，换得最多结果，其精神为经济的；工商管理的方法，就是建设秩序的方法，其大要在于使一群工作人员相互配合，分工合作。工商事业的秩序以成文表现出来就是“法”，其精神为政治的；工商管理方法的实施，特别注重工作人员的训练。训练所有工作人员有秩序能配合，使其活动有效率，有技术，并且有管理的技术。事业实即学校，而且是最实际的学校，其精神为教育的。[⑤]工商管理就是安排秩序：组织是安排人的秩序，预算是安排钱的秩序，计划是安排事的秩序。干练的管理者“应整理纷乱的事务，纳事务入秩序中，不应核定人如何活动，但应要求人如何活动。”[⑥]他

① 佚名：《民生公司在长江》，《新世界》1945年11月号，1945年11月15日，第7页。

② 《朝会摘录》，《新世界》第18期，1933年3月16日，第37-38页。

③ 《蒋介石致曹浩森电》（1935年5月1日），台北“国史馆”馆藏，蒋中正“总统”档案，002-080200-222-01。

④ 召川：《我所知道的卢作孚和民生公司》，载《文史资料选辑》（全国）第74辑，北京：文史资料出版社，1981年，第78页。

⑤ 卢作孚：《工商管理》，载凌耀伦、熊甫编：《卢作孚文集》，第437页。

⑥ 卢作孚：《工商管理》，载凌耀伦、熊甫编：《卢作孚文集》，第444页。

强调:工商管理问题的核心,“全在建设秩序”。[①]1932年年底卢作孚在一次朝会中讨论训练问题时强调:今天我们应该提倡“以最能守法为荣”。[②]这里所说的“法”,指的是在大量经验积累基础上形成的各种规章。卢作孚一方面鼓励员工创新,一方面又强调特别要认真对待已有的办法和规章,他说:“每人要寻找作事的方法。作事方法的取得……是要参考已有的办法,不要凭我们的聪明才智,另外发明一些不适用的新办法。如果每一个人各有各的办法,结果等于没有办法,也就不是办法了。例如要开辟湖南航线,我们就必须要先派人到湖南去调查,然后才根据调查的事实,确定我们的办法……不合事实的办法,我们想他做什么?”[③]民生公司试验中对于建构经济伦理秩序高度重视,倡导“以事业为中心”“服务社会”为主的一系列重要的价值追求。卢作孚说:“我们的报酬不是金钱,而是事功,是我们对国家直接、间接的贡献。”[④]他指出:“个人的工作是超报酬的,事业的任务是超利润的。”“个人为事业服务;事业为社会服务。”[⑤]“站在轮船的地位,一方面为客人服务,使一切客人感受舒服,一方面为货物服务,使一切货物得到保护,因此更必须为船服务,使轮船健全,航行安全。”[⑥]他在民生公司大力倡导“公司问题,职工来解决;职工问题,公司来解决。”“捏紧拳头,裹紧肚皮,渡过难关。”“梦寐不忘国家大难,作息均有人群至乐。”[⑦]正是在这些伦理原则的基础上,形成了民生公司“服务社会,便利人群,开发产业,富强国家”的公司宗旨。

民生公司试验是以现代经济事业为依托,以创造现代集团生活为目标,以人的思想行为的训练为着力点,以“事业中心”“服务社会”新道德为核心,以建构规范有序、充满活力的工商文明秩序为依归,以冀超越家庭和邻里朋友为中心的两重集团生活方式,从局部尝试入手,从根本上解决任人唯亲,贪污腐败的结构性文明困境,为社会的发展和进步开辟道路。

民生公司试验强调以事业为中心而不是以家庭为中心,决不意味着对家庭、朋友等关系的简单否定。实际上,卢作孚在民生公司试验中,对于家庭是

① 卢作孚:《工商管理》,载凌耀伦、熊甫编:《卢作孚文集》,第444页。

②《本公司十二月下半期朝会摘录》,《新世界》第13期,1933年1月1日,第30页。

③《海事新闻·卢总经理在总公司朝会席上训示三点》,《新世界》第11卷第1期,1937年7月16日,第52页。

④《公司成立十八周年纪念会志略·卢总经理报告》,《民生公司简讯》第714号,1943年10月18日,第3版。

⑤ 徐盈:《当代中国实业人物志·卢作孚》,《新中华》复刊号第2卷第6期,1944年6月,第108页。

⑥《国际通商会议及中国六代表》,《新世界》1944年10月号,1944年10月15日,第11页。

⑦ 召川:《我所知道的卢作孚先生》,《文史资料选辑》(全国)第74辑,北京:文史资料出版社,1981年,第79页。

充分考虑和照顾的,如修职工住宅区,修职工医院、职工小学等,都是照顾家庭的表现。1934年初,米贵价涨,卢作孚与公司主干人员商定从宜昌购买了一批米粮上运,补助民生公司总公司食堂和民生机器厂食堂。卢作孚没有止步于此,在3月中旬的朝会上,他说:“还要帮助每一个职工的家庭,从米办起,其次运炭,以及其他的零零碎碎的物件。这种种由庶务股送到各职工的家庭,将来由会计处扣账,使各个职工减少私人的麻烦,而努力整个的事业。”[①]卢作孚爱护家庭,敬重父母,重视子女教育。他非常担心子女能否顺利成长,多次谈及四川富裕家庭一代不如一代的现象。经过观察、试验和总结,他在子女教育方面摸索出一套行之有效的方法。他说:“自己的第三、第四、第五,几个小孩子,曾经作过这样的实验,每假期预先把那一个学期的课程学完了的,无论是英文、数学、或理化,都没有不可克服的困难。也许最初稍感困难,但一经得着学习道路以后,便可迎刃而解了。”[②]事实也证明,卢作孚的家庭教育是成功的。卢作孚也不是不要朋友,他曾经说“无数朋友的帮助”是民生公司成长的重要因素。[③]不过,这里所说的家庭、朋友,已经不是双重集团生活格局下的家庭、朋友关系,而是正在建构中现代文明秩序中的家庭和朋友关系。

三、卢作孚建构现代文明秩序及民生公司试验的意义

正如有的学者提出的那样:中国的现代化,从根本的意义上,“是要建构一个中国现代文明秩序”,这是中国近代以来的“未竟之业”。[④]卢作孚创造现代集团生活的努力和民生公司试验,在中国早期现代化进程中第一次明确提出和论述了建构中国现代文明秩序这一重大现实问题,并进行开创性和富有成效的试验。卢作孚的理论探索和试验,打破了抱残守缺、盲目崇洋、中体西用等思想束缚和观念禁锢,为超越新旧、融合中西文化,实现“自立方式”的文明创新,建构中国现代文明秩序,进行了开创性的有益探索。

从观念和理论层面上看,卢作孚指出人类已经从自古以来的农业社会向

① 卢作孚:《最近提起注意的三件事》,《新世界》第42期,1934年3月16日,第29页。

② 卢作孚:《如何彻底改革小学教育》,载凌耀伦、熊甫编:《卢作孚文集》,第477页。

③ 卢作孚:《公司的灵魂》,载凌耀伦、熊甫编:《卢作孚文集》,第190页。

④ 金耀基:《1999年简体字版自序》,载金耀基:《从传统到现代》,北京:法律出版社,2010年,第6页。

现代化工商社会急剧转变，与之相应的是社会组织从简单到复杂，从小到大的演化，这是中国近代以来内忧外患文明困局的根源所在。这一文明困局的脱困之道，在于必须将中国现代化，进行现代的物质建设，尤其要进行现代的组织建设，创造现代集团生活。现代集团生活就是要超越基于农业社会的，以家庭朋友亲戚邻里为中心的双重集团生活，把集团生活从家庭为中心，扩大到小到企业、学校、医院等，大到国家的范围。现代集团生活中的人们，工作上分工合作，生活上相互依赖，比赛对集团对社会的贡献，以事业为中心、服务社会的道德化为人们思想行为上的习惯。建设组织就是建设秩序。工商管理、业务管理中的核心问题是建设秩序，即分工合作的经营秩序，具体而言建设人的秩序，钱的秩序，事的秩序。从现代国家社会层面上讲，秩序就是现代文明秩序。现代文明秩序的建构，最重要是依靠法律。立法要谨慎，既已立法，则从领导人到人民都要尊重法律。建构现代文明秩序的困难很多，要先进行局部的试验，民生公司试验就是这样建构现代文明秩序的局部试验。

从民生公司试验的结果看，成效是显著的，对社会和国家的贡献是巨大的。民生公司初创时资本微薄，凭借艰难募集到的8000元股份，采取分期付款、先交首付3000元的特别方式，在上海建造了一只70吨小轮船。在长江上游的重庆，这点经济力量也显得微不足道，“大家以为开玩笑”。[①]但在卢作孚的主持和悉心经营之下，民生公司内固团体，外强服务，于20世纪30年代初期很快发展成为川江轮船航运业的劲旅，迅速扭转了华商轮船公司经营分散、缺乏竞争力的不利局面，公司的社会声誉与日俱增，获得社会各界的广泛认可。接着在与资本雄厚、横行川江的美商捷江轮船公司展开竞争的过程中，得到张嘉璈、周作民、钱新之等银行家及相关的金城银行、交通银行等金融上的大力支持，[②]民生公司在1935年成功击败美商捷江公司并收购其大部分轮船和产业。到1936年年底，民生公司轮船总数达到48只，马力达到41252匹，总吨数达到20249吨。[③]一个资本微薄的小企业，又处在四川军阀混战那样混乱的社会政治局面当中，居然在十年左右的时间内，就成长为长江

① 卢作孚：《继续为国家为公司效力》，载凌耀伦、熊甫编：《卢作孚文集》，第375页。

② 姚崧龄：《张公权先生年谱初稿》上册，台北：传记文学出版社，1982年，第134页；卢作孚：《一桩惨淡经营的事业——民生实业公司》，载凌耀伦、熊甫编：《卢作孚文集》，第414页。

③ 王仲涵：《二十五年轮船增减》，《新世界》第10卷第5、6期合刊，1937年4月1日，第7页。

上游轮船航运业中首屈一指的劲旅，不能不说是一个奇迹。从1936年开始，民生公司在上海大规模订造新轮船，这些新轮在上海"八一三"抗战前先后加入长江航线的商业运行。抗战爆发后，卢作孚认定："国家对外的战争开始了，民生公司的任务也就开始了。"他指令"民生公司应该首先动员起来参加战争"[①]。在内迁抢运，尤其是在被称为中国实业界"敦刻尔克"的宜昌撤退抢运中，民生公司发挥了至为关键的重要作用。宜昌大撤退成功的秘密就在于制定了切实可行的计划并有效实施，结果"秩序恢复，效率提高"。[②]截至1942年年底，民生公司运输"兵工器材约17万吨，壮丁部队约200万人，军品辎重约26万吨，其他之工商物资，尚未计入"[③]。民生公司长期致力现代集团生活建设，由此建构起来的以事业为中心、服务社会的现代工商文明秩序在抢运和战时运输中接受了洗礼，经受了考验。经过抗战时期和抗战胜利后的进一步扩充，民生公司进一步发展成为以轮船航运为主体的大型民族资本资本集团。[④]

在经营上，民生公司以服务周到著称。从北京大学教授陈衡哲到中华职业教育社社员逸庐生，再到著名作家胡风，都有生动的记述和评论。[⑤]周到的服务，正是民生公司现代经营秩序建构中，把"服务社会的道德"变成"服务社会的习惯"的自然展现。在管理上，民生公司特色鲜明而现代。资料载："民生公司的特色，亦是它成功的原因，是他的良好管理，这是社会公认的。卢作孚先生彻底取消了船上的买办制度，彻底管理每只轮船的人员物料收支。接收一只轮船，即取消一个买办，即确立一个轮船的管理方案。"[⑥]民生公司管理上的特点还在于："(其)行政的原则，是以会议的方式来参加意见，由总经理采纳意见来作决定的。可以说，公司的行政制度是独裁与代议相兼。意见是大众的，分权的，决定是独裁的集权的。二者优点，兼而有之。"[⑦]民生公司会议的形式确实比较多，有诸如朝会、旬会、联席会、人事管理委员会、主干会、

① 卢作孚：《一桩惨淡经营的事业——民生实业公司》，载凌耀伦、熊甫编：《卢作孚文集》，第417页。

② 佚名：《民生公司在长江》，《新世界》1945年11月号，1945年11月15日。

③ 龚学遂：《中国战时交通史》，上海：商务印书馆，1947年，第230页。

④ 凌耀伦著：《卢作孚与民生公司》，成都：四川大学出版社，1988年，第179–180页。

⑤ (陈)衡哲：《川行琐记》，《独立评论》第190号，1936年3月1日，第15页；逸庐生：《游踪随录》，《旅行杂志》第11卷第1号，1937年1月1日，第4页；胡风著：《回忆录》，《胡风全集》第7集，武汉：湖北人民出版社，1999年，第409、413页。

⑥《国际通商会议及中国六代表》，《新世界》1944年10月号，1944年10月15日，第11页。

⑦ 赖彦于：《民生公司的开会问题》，《新世界》第13卷第1期，1938年7月31日，第9页。

小组会议、董监联席会议、股东会、经理会议、轮机会议、驾驶会议、各部分联席会议等等。这些会议能够成为公司办事采纳意见的重要渠道，与卢作孚奉行"事业即学校"的理念有密切关系。征求意见，是卢作孚"培植后进"的重要方法。[①]1933年8月乘坐民生公司轮船到重庆参加中国科学社第十八次年会的著名植物学家胡先骕，就注意到民生公司与其他轮船公司的迥异之处。他说："（民生公司各轮经理）多以中小学校长教员之类人物任之，故弊绝风清，气象迥异。"[②]

作为集实业精英、知识精英、政治精英于一身的现代化事业开拓者，卢作孚还通过《大公报》《申报》《新生周刊》《西南公路》《抗战与交通》《新世界》等众多报刊刊发论文；通过在诸如上海金融实业界的星五聚餐会、中华职业教育社、上海世界社等各种场合的讲演；通过出版诸如《中国的建设问题与人的训练》《乡村建设》《一幢惨淡经营的事业——民生实业公司》等著作，把创造现代集团生活，建构现代文明秩序的观念和试验中经验和教训向社会广泛传播，从而产生相当广泛的社会影响。

20世纪二三十年代，南京国民政府先后发动新生活运动和国民经济建设运动。抗战全面爆发前，卢作孚和民生公司试验就在对这两个运动内容的充实提供了重要的参考。1935年3月底，应蒋介石的要求，卢作孚将《船上新生活运动办法》电呈蒋介石。[③]4月19日，蒋介石为轮船新生活运动等事致函卢作孚，谓："两接手书，并承惠赠大著《中国的建设问题与人的训练》及民生公司《轮船上新生活运动办法》两种。浏览之余，弥觉执事思虑周洽，所行办法皆井井有条，至为佩慰。其《轮船上新生活运动办法》一种，尤得新运精神，并已饬抄达交通部，转饬招商局及其他商轮公司，一体切实仿办，以利推行矣。专此奉复。"[④]4月27日，国民政府交通部发出第2210号训令，内称：四川民生公司总经理卢作孚呈递的航轮新生活运动办法井井有条，深得新生活运动的精神，希各地商轮公司遵照办理云云。训令后附有卢作孚的《船上新生活运动办法》。据此交通部汉口航政局发出第2371号训令，令所管辖区域的国营

① 《张部长公权搭联赴浔，题词勉公司自强不息》，《民生实业公司简讯》第599号，1937年7月10日，第1版。

② 胡先骕：《蜀游杂感》，《独立评论》第70号，1933年10月1日，第14–16页。

③ 《卢作孚致蒋中正电》（1935年3月29日），台北："国史馆"馆藏，蒋中正"总统"档案，002-080200-450-025。

④ 黄立人主编：《卢作孚书信集》，第417–418页。

轮船招商局及其各分公司、各商轮公司遵照执行。[①]该办法包括用人、设备、要求、生活四个部分，各部分再细分若干条目。如要求项下的“整理及清洁”项中，有六项具体要求，分别是：1.凡船上物品、客人行李及用品须随时整理清楚，无使凌乱。2.凡客人餐间、房间及器物须随时清洁，无使稍有灰尘，无使有一点渣滓或一滴水。3.凡过道地板、壁间及栏杆，须随时保持清洁，无使稍有灰尘，无使有一点渣滓或一滴水。4.凡厕所、浴室，须要随时清洁，无使有臭气、有秽物。5.厨房必须清洁，勿使鼠及苍蝇入内。6.茶房、厨房身体衣服，尤其是两手必须清洁，勿使有污秽。[②]实际上，这些要求基本上都是当时民生公司轮船上通常训练、服务所要求的内容，但这些内容要真正落实则确实不是容易的事情。国民经济建设运动发动后，卢作孚根据自己创造集团生活的经验，拟出《国民经济建设运动一般原则》提供给当局参考。1936年10月17日，国民经济建设运动总会以会长蒋介石名义发出训令，训令云：“案据卢作孚所拟《国民经济建设运动一般原则摘要》，对于我国目前生产、分配及交换三方面之应兴应办事宜，分条列举，殊可参考，合行抄发原件，令仰知照。”[③]《国民经济建设运动一般原则摘要》分生产、分配、交换等三个部分，每部分之下又分若干要点。如生产部分的“管理方法”项下，列四项内容：1.采用竞赛制度——促使地方间比赛，各事业间比赛，一事业间之各部门比赛，工人与工人间、各人或组成集团比赛。2.采用教育方法——教以工作需要之特殊技能及知识、现代国民需要之普通技能及知识，并使有游历、运动、练习音乐及其他种种娱乐事项之机会。3.采用会议方法——予工作人员以建议的机会，如情形良好或竟予以决议的机会。4.促成生产合作——从购买原料上，从购买工具上，从销售成品上，力谋合作组织。分配的“财产”项下，有“使每人有职业，生活倚赖其职业。在不能有职业时，则倚赖社会。于是逐渐降低财产之倚赖关系”等内容。[④]这些内容，正是民生公司现代集团生活建设中不断建设和训练的内容。国民政府和当局运用行政权力，将《船上新生活运动办法》和

①《交通部汉口航政局训令（训字第2371号）》，《新世界》第79期，1935年10月1日，第42页。

② 卢作孚：《船上新生活运动办法》，《新世界》第79期，1935年10月1日，第42-48页。

③《抄发国民经济建设之一般原则（国民经济建设运动总会训令运第200号）》（1936年10月17日），贵州省档案馆藏，国民经济建设委员会贵州省分会档案，M59-1-78。

④《抄发国民经济建设之一般原则（国民经济建设运动总会训令运第200号）》（1936年10月17日），贵州省档案馆馆藏，国民经济建设委员会贵州省分会档案，M59-1-78。

《国民经济建设运动一般原则》这些反映民生公司试验证明富有成效的种种经验和办法，吸收和充实到新生活运动和经济建设运动之中，无疑是有正面和积极意义的。只是当时新生活运动本身成效有限，国民经济建设运动很快被日本发动的全面侵华战争打断，民生公司试验的办法实际上很难在更大的范围产生影响。

卢作孚关于构建中国现代文明秩序的主张具有敏锐的文明洞察力，以民生公司试验为中心的探索和尝试，取得了开创性的有益经验。当然，卢作孚构建中国现代文明秩序的主张和试验，总体而言是局部性的，短时段的。如要造成集团成员对“集团生活完全倚赖”的设想和措施，在20世纪40年代那样现代经济发展程度十分有限、政治社会动荡不安等客观条件下，实际上难以办到。尤其是到1939年以后，由于经营环境的迅速恶化，民生公司几乎年年亏损，致使公司内部正在建设的秩序也遭到严重的侵蚀和破坏。尽管这样，卢作孚通过民生公司试验创造现代集团生活以构建现代文明秩序的尝试，为我们留下了一份丰富厚重的历史遗产，值得肯定，其经验值得我们认真总结。

力量纠葛与秩序失调：民主改革前重庆内河民船运输业的社会生态管窥*

张　静　唐棣宣[①]

摘　要：民船民主改革是新中国成立初期中国共产党在内河民船运输领域领导广大船工船民开展的一项民主革命性质的社会改造运动。从民国至1951年民主改革前的很长一段时期内，横行笼罩于水上社会的封建船帮把头、保甲体系和袍哥秘密组织等，共同构成了重庆内河民船运输业的社会生态。民船民主改革的开展必须立足原有历史传统和社会基础，“察其渊源，观其流变”，充分掌握内河民船运输业在解放前的发展样态，全面认识其斗争和改造的对象，以此才能在运动开展时有的放矢，有针对性地实现水上社会秩序的重构和社会关系的重塑。

关键词：民船民主改革；社会生态；船帮；水上保甲；袍哥

政治变革和社会生态相辅相成，后者影响甚至决定前者的成败得失。[②]内河民船运输业惯习的养成、秩序的维系乃至弊端的滋生，都有其深厚的社

* 基金项目：国家社科基金一般项目“改革开放以来中国共产党党内政治生活的发展历程及其经验研究”（17BDJ052）；西南大学人文社会科学平台中国共产党革命精神与文化资源研究中心重点项目“抗战时期国统区中国共产党组织形态研究”（17SWUJDPYB06）。

① 作者简介：张静，女，1996年生，女，山东临沂人，西南大学马克思主义学院硕士研究生，研究方向为中国近现代史基本问题；唐棣宣，男，1978年生，四川泸州人，西南大学马克思主义学院副教授，研究方向为中共党史、马克思主义中国化。

② 敖光旭：《大革命前夕粤省社会生态述论》，《北京师范大学》（社会科学版）2019年第6期。

会历史土壤，民船民主改革的开展绝不是无端的，它既是社会历史发展的必然产物，也是在既有的社会历史条件下开展起来的。因而对运动进行深刻探析必须“察其渊源，观其流变”，深入考察其背后深层次的历史传统和经济基础，明晰解放前夕内河民船运输的基本情况特别是水上原初的社会生态。学界围绕民船民主改革已有部分研究，[①]但是尚未深入探寻其历史背景和现实基础。本文基于重庆的重要地位和鲜明特色，从运动实践的社会基础出发，对从民国至1951年民主改革前的船帮把头、保甲制度、袍哥组织等水上社会结构重要组成部分进行考察，以期系统探求民船民主改革与重庆地区社会生态诸方面的相互关系，全面透视运动中的困境与进路、阻力与变革，深入理解中国共产党领导实现水上社会秩序重构、渐次发展内河航运的艰难复杂但却卓有成效的实践历程。

一、内河民船运输的基本概况

社会生态系统必须首先具有一定区域和范围的空间结构。内河运输系统所依托的空间结构就是纵横交错的江河湖泊。新中国成立初期，我国内河河道总长40多万千米，通航的有560多条干支河流，全长约11万千米。作为长江上游重要港埠的重庆，更是江河纵横，共有105条河，总长3784.3千米，通航河流51条，总长1887.3千米，[②]其中长江从西到东横贯市境，北有嘉陵江、涪江、渠江在合川交汇后由北至南在朝天门与长江合流，南有綦江、塘河分别在江口、河口流入长江，由此构成以长江为主干河流、全城众水归流汇集于长江的天然水道交通网。并且，重庆作为西南地区交通枢纽，与各地间往来交流密切，溯长江而上可达泸州、宜宾，顺流而下可通万县、宜昌、沙市、武汉、南京、上海，沿嘉陵江而上可达南充、广元等地，由此成为客货转运和集散的重要口岸。基于此得天独厚的自然空间地理环境，顺势形成了重庆地区高度发展的内河运输事业。

① 主要学术成果包括：陈军强：《建国初期西江地区内河民船民主改革运动》，《红广角》2015年第4期；刘诗古：《从“化外之民”到“水上编户”：20世纪50年代初鄱阳湖区的“民船民主改革”运动》，《史林》2018年第5期；任云仙：《1952—1953年江西省水上民主改革研究》，《当代中国史研究》2019年第6期；黎心竹：《水域区政化：新中国水上民主改革的历史透视（1950—1955年）》，《当代中国史研究》2019年第6期。四篇文章分别围绕江西和广东的民船民主改革展开，对改革中的思想动员、组织建构等方面做了详细论述。

② 邓誉久等主编、重庆市交通局交通史志编纂委员会编：《重庆内河航运志》，北京：科学技术文献出版社，1992年，第1页。

同时，沿岸民众的经济需求构成内河运输系统赖以存在的物质基础。大江大河就像条条经济动脉，源源不断地运输着滋养沿岸民众生产生活和经济社会发展进步的养分。在民生方面，据中国科学院经济研究所统计，新中国初期仅长江流域的水路运输，即关系到近两亿人口的经济生活。作为中国最主要农业区之一的长江上游地区，不仅大量生产粮食作物，而且盛产经济作物，猪鬃、桐油等土产的输出，川内人民日常所需用品的输入，都要依靠内河运输，以此发挥了沟通城乡、物资交流的重大作用。在经济建设方面，内河运输在国民经济中占有重要地位。西南地区盛产的大米、食盐、棉花及药材，都经内河运往各地，各建筑工地所需的石灰、水泥、木材、沙石，由各江河船只运送的每月达数十万吨，[①]因而极大地推动了工农业生产和国家建设发展，甚至还在政治这一指挥棒下成为调节物价、打击囤积居奇的重要武器。重庆作为长江上游最大的天然码头城市和入川的重要门户，每日有数以万计的船只分布在河流沿岸的水埠码头，担负着商旅往来、货物集散的运输任务，以发达的内河运输顺应并满足着民众和国家的经济需求。

其中民船，即民用木帆船，在新中国内河运输中扮演着重要角色。由于长江上游特殊的水文特点以及新中国初期生产力水平的不发达，承担内河运输任务的主要是民用木帆船。新中国初期通航的河流中通轮船的有2万多千米，通木船的则达9万余千米。据1952年的运输情况，木船占内河全年运输量的74%，轮船则仅占内河全年运输量的25%。由此表明，木船虽系一种分散落后的运输工具，但也因造量大、分布面广、运价低廉的特点，在新中国成立后较长的时期内仍然居于相当重要地位。[②]与民船相伴相生的广大船民是一支庞大的、不可忽视的运输力量。新中国成立初期全国共有民船约60余万只，船民约300余万人，到1955年底，全国仍有私营木船约28多万艘，载重310多万吨，从业人员及其家属约有280多万人。[③]在河流众多、现代化运输工具缺乏的长江上游，木船作用更大甚至“一统天下”。每年往返于宜昌重庆的船只，大约在5000到7000艘之间，沿江船户以及纤夫、艄公多达20余万人，连同

①《四川省内河航运事业发展很快》，《人民日报》，1953年8月27日，第2版。

②《全国民船民主改革运动胜利结束》，《人民日报》，1953年11月19日，第2版。

③ 中国科学院经济研究所、中央工商行政管理局资本主义经济改造研究室编写：《私营运输业的社会主义改造》，北京：生活·读书·新知三联书店，1960年，第168页。

家属和其他依靠川江航运为生的百姓,总数超过百万。[①]

广大水上劳动人民依水而生,以自身劳动发挥着木船的运输作用。他们主要分为两类:一是船主,即船的主人,以航为业,以船为家,自家经营或合资经营,根据是否具有雇佣关系分为自食其力的船主和雇佣船工的船主。二是船工,即船上所用之人,包括在船上的掌舵者、撑船者、于岸上扯绳拉纤者等。根据1951年10月20日颁布的《中共中央关于开展内河木船工作的指示》,"我国船民约有四百万至五百万人,其中被雇佣的船工约近百万……残余的封建势力仍然极端野蛮地压榨着船民(包括船主),特别是船工"[②],可知自食其力的船主和船工统称为船民,即以内河运输为谋生手段的水上居民,雇佣船工的船主则属于船民的对立面。在内河民船运输业中,除约占总人数2%左右的依靠或主要依靠剥削收入为生的船主外,绝大多数都是自己有船、自己参加主要劳动、不雇工或少雇工的个体劳动船民。由于长江上游险峻的河道,基于生存需要,船民相互照应,木船结帮运输,但最终却畸变成了各类封建组织和势力,对船工船民进行残酷压迫剥削,再加上各类潜伏于水上的特务、惯匪、逃亡地主恶霸、会道门组织等反革命分子和封建残余势力的侵扰,严重动摇着水上社会生态系统的平衡发展。

社会生态系统是社会—经济—自然等要件通过人这一耦合器构成的"复合系统",具有自然属性、社会属性和经济属性。内河民船运输这样地位关键、作用突出的行业领域所构成的特定社会系统,在重庆地区的基本概况显示了依托于长江等水系的经济行为,即自然属性和经济属性。而在社会属性方面,由于重庆独特的社会历史条件以及水上社会所具有的独立性、封闭性和流动性的特点,国家力量长期游离于外,社会处于无政府的权力真空地带,内生权威力量发挥管治作用,[③]社会成员遵循默认行为准则,整个社会沿着自发形成的态势维系运转,而船帮把头、保甲、袍哥等各方面力量相互交错又相互分野的畸变状态,最终导致了社会秩序的渐趋失范和社会生态的近于崩溃。

---

① 田敏编:《浪淘英雄 三峡纤夫的文化阐释》,北京:民族出版社,2011年,第126页。

② 中央档案馆、中共中央文献研究室编:《中共中央文件选集》(第七册),北京:人民出版社,2013年,第150页。

③ 宋小伟、楚成亚:《村庄内生秩序、国家行政嵌入与乡村秩序重建》,《中共天津市委党校学报》2004年第3期。

二、船帮把头：封建剥削下的民船运输

人是一切社会关系的总和。只要是有人的地方就会产生社会关系、形成社会组织。水上社会作为一个人口相对密集的系统，出于克服险峻水道所带来的航行危险、抵御流窜水上的土匪和恶霸的敲诈勒索、应付国家行政力量的干预与征派、加强行船劳动中的协作互助、实现协调化的运转秩序等需要和目的，水上劳动人民的自发联合促成了水上社会关系的结成和社会组织的建立。木船帮会就是内河民船运输行业中的社会关系的具象反映和社会组织的具体体现。船帮最初是维护船民利益的集团组织，具有存在的必要性和合理性，但却最终畸变成为具有封建性和剥削性的把持组织。

环境的复杂恶劣、经济基础的薄弱、发展条件的差强人意，使得人们必须结成组织以维持生存需要。船帮即为基于船民利益需求自发组织而成的自由联合体，属于一种需求诱致的组织形式，通过功能管理整合实现内河民船运输的正常运转乃至水上社会秩序的平衡稳定，因而具有存在的必要性和合理性。历史上的木船多为一船一户、个体经营，没有组织，也无专管机构，全需凭各自的社会关系承揽业务。由于行船工作艰苦危险需要相互帮助，且因木船流动分散，哪里有货运即到哪里去，货主要托运物资，则必须亲自下河招雇，以致造成诸多不便。这种不合理的、不健全的流通运输体系，绝非个体行为所能扭转，而必须以群体力量实现组织与联结，方能在一定程度上改变分散性的状态，这就为船帮组织的产生提供了必要条件。水上行帮组织发挥团结互助，承揽业务、方便货主、制定收费标准、调解纠纷、应承差事、举办公益事业等职能，以协调船户与货主、船户与船户、船户利益与行船安全之间的矛盾冲突，对于方便客商、促进市场物资流通、推动社会经济发展都起到积极作用。此外，木船的离散分隔对官府的有效管控是一大难题。木船行帮承担起协助官府管理航务的职能，由此构成官府统治水上的社会基础，成为连接船户和官府的中间纽带，为各种差务的办理提供了臂助，加强了官府对税收的征派和对水上的监控。一言以蔽之，船帮组织之所以存在并长期延续，主要是水上运输的分散性特点为其产生和发展提供了土壤，对内部船民的互济援助使其具备了深厚的群众基础，加之政府力量一定程度的依靠和支持为其提供了权威的合法性依据，从而使得“船船结帮，行行有会”具有了一定的必要性和合理性。

船帮本是水上劳动人民自身活动的产物，最初尚能办些公益事业，对于物资交流、方便运输起了一定积极作用。但是日久弊生，它在发展中异化为脱离劳动人民的外在力量，特别是把头等船帮中的剥削头目，长期以来利用他们盘踞的码头和把持的封建帮会组织，制定了各种具有封建性和剥削性的陈规陋习并一直沿袭，造成对船工船民财产权的侵占、话语权的垄断和生命安全的摧残，严重地制约着他们的生存和生产。内河民船运输首先作为一种经济行为，其运转中由于资源的稀缺性和信息的不对称性，难免造成严重的盲目性、自发性、垄断性和等级性，船帮和把头凭借其权威角色，通过各种名目对船工船民的财产权进行无情的侵占。船帮会首借助帮会势力进行货源、航线、码头等的把持，对船工船民巧立名目抽收各种费用达20多种，中饱私囊，并与官府、地保等相互勾结，私设船卡，对过往的船只横征暴敛。把头作为船帮中的大小头目，扮演着联系货主和船工船民的中间桥梁，对外把持、对内压榨，构成了帮派势力具体统治的网络和压迫工人、榨取工人血汗的体系，其把持行为造成了严重的剥削现象，把持制也因此被马克思称为“血汗制度”[①]。其次，船帮和把头对水上劳动人民话语权的垄断相当普遍。为了加强管理，船帮组织往往都有一套成文或不成文的帮规俗约，对于内河民船运输市场上涉及的各种“承揽、雇募、贮货、赔偿等相关‘契约’”有着重要影响，甚至可以说，在水上社会，帮规的效用如同国法，整个地塑造了水上社会的话语空间，对水上船户的经济性、生活性等方面的行为做出了不容违背的规定和要求，把头就是封建帮规的具体解释者和实际执行者。这使水上社会话语空间长期处于严重失衡状态，而普通劳动人民则处于边缘的、失语的被动处境。再次，船帮和把头还对船工船民的生命安全极度摧残。木船行帮各帮定有帮规，不得违反，有违规的，合帮议罚，动辄处以罚跪罚吊，没收运费，或革牌（开除）等，对违背其“禁令”的中小船民船工施以各种酷刑摧残更是司空见惯，如“拴船”“下锚”“抽脚筋”“坐水牢”等，刑罚多达几十种，致使不少船工船民残疾或死亡。把头更是在日常运输中互相联系、上下勾结，好像天罗地网般的野蛮盘剥和欺辱船工，使其终日辛劳不得一饱，同时蹂躏船民妻女，强奸过水妇女，偷盗客商货物，横行霸道，无恶不作。广大水上劳动人民因此发出“船工怨”：活命把船拉，抛妻离了家；江水流不尽，眼泪混泥沙。日饮长江水，夜

①《资本论》（第一卷），北京：人民出版社，2004年，第637页。

宿石旮旯;妻守有夫寡,夫受无罪法;吃的沙拌饭,穿的疤重疤;病了听天命,死了喂鱼虾![1]可见,船帮把头以封建性和剥削性的帮规惯习等对船工船民进行束缚和压迫,使有形与无形的双重枷锁紧紧套在水上劳动人民身上无法摆脱。

综上所述,由于自然、传统、经济、政治等因素的影响,船帮组织的形成具有历史必然性,在当时社会条件下具有一定的现实合理性。从帮会到把头的层层严密把持,消解了国家政权对水上社会的渗透和管控,并且随着其性质和功能的渐趋劣化,在一系列具有封建性和剥削性的旧惯习、旧规定的支配下,对水上劳动人民只有索取压榨之权,而无主动承担之义务和责任,因此成为内河民船运输难以逾越的障碍,在演进中最终畸变成为制约水上社会平稳发展的破坏力量。

三、保甲制度:反动势力控制下的民船运输

保甲制度旨在谋求社会安定,水上保甲即为水上社会的管理控制体系。民国时期国民政府欲藉保甲制度将政权深入到基层社会,用以汲取服务于战时的各类资源,但却因社会控制力的薄弱,反被地方封建势力利用,沦为其统治人民的工具,而陷入制度功能落空的困境。

古代常以“江湖”以示险恶,究其原因,实为水上社会长期处于国家政权难以深入的治理边缘,水上运输的漂泊流动和四下分散,导致存在较大的治安隐患和管制空隙,为加强政权力量的控制力度。历代以来,官方层面推进水上社会组织化的相关尝试从未停止过,如宋朝设立河泊所、明朝推行渔户牌甲编审、清朝设立水上保甲制度,以此将船户纳入王朝的管理,约束他们不在江、湖之间“为非作歹”。南京国民政府成立后,对水上保甲的编排原则为“一船一户,十户一甲,十甲一保,编入常泊码头统一管理或按水系分县编成管理”。1935年,航务处划整个四川为7区,规定进行木船登记;1936年,政府派员会同沿江团保晓谕船户,船筏编号钉牌;1946年,四川省水上警察局作出整编水上保甲、举办四川省各河流船舶检丈和船夫登记的规定。[2]所划保甲

① 万县地区交通局编:《万县地区交通志》,成都:成都科技大学出版社,1993年,第374页。

② 成都市双流区地方志编纂委员会编:《双流县志》(1911-1985),成都:四川科学技术出版社,2016年,第316页。

区分为若干段，依原属县份每一县划为一段，段下设保，保下设甲，区长、段长、保长、甲长由水警总队部委任，专报市政府备案，甲长由区长委任，专报水警总队部备案，水上保甲编组以船为单位，每船为一户，以在船的领船人充户长。

保甲作为基层社会管理的组织形式，一般出于稳定社会秩序、巩固政权统治的需要而设置。战时国民政府统辖下的水上保甲最根本的职能就是加强对隐蔽、流动、分散的水上社会的管理和控制，并以此实现汲取社会资源的经济功能和防共反共自治的军事作用。首先，控制水上社会。水上社会作为相对封闭的社会区域，长期处于被边缘化的境地，因而也是政权控制的难点所在。国民党统治时期，试图通过保甲制度建立严密的行政空间，水上保甲编组以船为单位，每船为一户，以在船的领船人充户长，把监控责任落实到各户的家长以及保甲长身上，以便在区域内实行彻底清查，并实行各户相互监视和相互告发的“连坐法”。此类监管措施的施行，在水上社会布置了严密的控制网络，广大水上劳动人民被紧紧地束缚在所属区域。这样，每一船户都被编入保甲的行政网络，国家政权也因此做好了打破水上无政府状态、增强对密闭区域控制力的组织准备。其次，汲取社会资源。国家政权机构建设和管理渗入，最重要的特征是汲取资源能力的发展，水上保甲对水上社会的控制使汲取整合资源成为可能。国民政府设置水上保甲的经济功能，主要是进行财税方面的管理。战时，国民政府实施“船舶登记、编队、管制，统一征调，限制运价”政策，每日巡江检查水上船只，征收船舶货物通过税。此外还有多如牛毛的苛捐杂税，仅由水上保甲收取的就有码头费、打更费、灯油费、月捐、壮丁费、慰劳费、寒衣捐等。当然，为了服务于特定的军事目的，国民政府还曾强调“对民船管理征发应绝对公平，对牌照税征收及一切派款，应设法减轻，以免共党籍端煽惑工人发展组织”[①]。这相当于建立了直接面向水上运输系统的资源汲取制度，不仅征派财税资源，也争取执政合法性资源，但却因过度汲取，运费收入不足以维持船舶维修费用，中小船户破产者与日俱增，而导致官方与基层关系日益紧张。再次，清“匪”反共自治。清末时期，官府就曾沿江编练水上保甲团练，清匪防盗，与官军配合控制水上每一个角落。[②]1932

① 傅伯言:《中国国民党江西省地方组织志》，北京:团结出版社，2006年，第245页。
② 重庆市涪陵区革命老区建设促进会:《辛亥革命在涪陵》，重庆:重庆出版社，2012年，第21页。

年国民党当局发布的法令规定，在军事行动区的人民要在保甲制下，组织起统一的自卫单位……在遭到破坏地区有效地组织民众，取得精确的人口统计以便增强地方自卫反共的力量，并使军队能更有效地履行其职能。[①]1940年代初期汪伪政权“清乡”运动中所谓的“自治自卫”目的的实现，也仰赖于保甲编查，“水上船户，大都流动，故另组水上保甲，制定旗帜，以资识别”“每月至少复查一次，抽查二次，庶臻完密”[②]。1942年日军也曾在上海发布编制水上保甲布告，成立水上保甲组织。由此可见，在战争中，各方势力都曾试图借助水上保甲实现军事目的，其原因在于水上保甲能够起到监视地方、煽动民众反共情绪的作用，构成国民党政权在基层“自治”“自卫”的组织基础，而使反共活动变得经常化。

水上保甲虽然为保证国家权力向基层社会延伸、加强和加深对水上社会的控制提供了组织基础，但是未能真正充分带动水上民众参与政权建设，甚至未能达到改善水上民众生存环境的愿望，反而因落入封建势力手中，扰民苛政，使本就相当脆弱的社会生态环境更加恶劣，导致国家与水上社会间的疏离与对立不断加剧。陷入困境的原因有二，一是保甲长素质的低劣。作为连接国家政权与基层民众的关键一环，若水上保甲长素质低劣，在缺乏有效监管的情况下，往往会滥用职权、任意鱼肉劳动人民。“县内未设置水上安全机构，行帮组织、水上警察、水上保甲，均不过问安全，海事时有发生”，[③]说明水上保甲在职责之内并未发挥积极作用。更有甚者，水上保甲直接由船帮头领担任，保甲与封建行帮互为表里，帮规与国法合二为一，欺压剥削船民更加有恃无恐，借苛捐杂税之名，从中谋取个人私利。水上保甲长的种种劣迹，使履职尽责和权威树立无从谈起，其权威仅来自外在的官方授予而非基层民众的认可，不是连接国家与社会，而是起着离间它们的作用，从而威胁着政权的治理、影响着基层的稳定。二是地方自治力量的顽强。水上保甲作为一种外生的科层体制，要想融入势力纵横、关系复杂的水上社会，要么有足够的人力资源，要么吸收地方势力为己所用。战时国民政府疲于征战，并无更多人力资源投入地方治理，于是原有的部分地方势力就被吸收进保甲体系。水保长

① 费孝通：《江村经济》，北京：北京联合出版公司，2018年，第101页。

② 余子道：《汪伪政权资料选编 汪精卫国民政府“清乡”运动》，上海：上海人民出版社，1985年，第435页。

③ 辰溪县志编纂委员会：《辰溪县志》，北京：生活·读书·新知三联书店，1994年，第446页。

一般由当地恶霸、流氓地痞充任，有些封建把头还与国民党特务势力勾结，受其操纵，某些大把头还有军衔、官阶，他们与官警串通一气，向船派差、拉夫、抓壮丁，摊派名目繁多的各类费用，甚至订立私规，豢养打手，私设公堂，私训拷打工人，无恶不作。因此船民船工怨气沸腾，称“旧社会驾船这碗饭，泼在地上狗都不吃，为什么？苦得很！帮会、船行、水上保甲三位一体，像三把软刀子杀人不见血，像‘血吸虫’吸得你骨瘦如柴”。[①]

诚如孔飞力所言，“保甲分层次的十进制编制机构……是在划分并控制社会的城市中强加给中国社会的”，[②]水上保甲在同水上内生力量与规则相博弈时陷入困境，终归还是作为一种强制性的制度供给，而难以渗入严密的水上社会并发挥作用，“于社会自组织无关，也于社会无益”。[③]

四、袍哥：秘密社会笼罩下的民船运输

如果说水上保甲是费孝通所述的“法定的体制”，是水上社会表层的激荡，那么以袍哥为代表的秘密组织就是无形但却时时事事笼罩水上的事实上的体制，是水上社会深层的潜流。历朝历代中国便有名目繁多、盘根错节的各类秘密社会群体和组织，为普通民众提供着精神寄托和生活互助，袍哥即为川渝地区分布最广、影响最大的秘密社会组织。对于水上社会而言，船民生产生活的艰苦、社会环境的相对封闭和国家政权控制的薄弱，为袍哥的渗入和发展提供了条件。

“人创造了宗教，而不是宗教创造人”[④]，秘密社会组织往往是社会矛盾激化、社会秩序混乱甚至失控的产物，因而能在贫苦农民、手工业者、漕运水手、纤夫、无业流民中争取到大量的信徒。据新中国初期中国科学院经济研究所统计，木帆船业中的帮会道门，包括青洪帮、兰谱兄弟、十人团、三十六友、礼义社、佛教神打、白莲教等，名目繁多，不胜枚举。[⑤]其中袍哥是主要活跃于长

① 政协荆州市文史资料委员会、荆州市交通局编：《荆州文史资料 第6辑 交通专辑》，内部资料，2004年，第65-66页。

② [美]孔飞力：《中华帝国晚期的叛乱及其敌人：1796—1864年的军事化与社会结构》，谢亮生等译，北京：中国社会科学出版社，1990年，第224页。

③ 王云骏：《从自治到保甲：民国时期社会管理的政治学分析》，《暨南学报（哲学社会科学版）》2013年第8期。

④《马克思恩格斯选集》（第一卷），北京：人民出版社，2012年，第33页。

⑤ 中国科学院经济研究所、中央工商行政管理局资本主义经济改造研究室编：《私营运输业的社会主义改造》，1960年，第170页。

江中上游的秘密社会组织。袍哥，取《诗经》中“同袍同仇”之意，王笛将其定义为四川的哥老会，是从清朝到民国期间四川社会影响最为深入广泛的秘密社会组织。[①]

社会是一个自适应系统，任何一个事物，包括秘密社会的繁盛，都有它的理由。[②]袍哥在水上社会的存在也是有其合理性和必然性的，它在群众中有根深蒂固的影响，不仅有历史文化方面的原因，也有现实的政治、经济、社会等因素的作用。在袍哥复杂的人员构成中，劳苦船民船工、破产者、游民等占多数，他们在政治上没有出路，在经济上没有依靠，袍哥重情守义，因此成为他们的最终归宿。长江通商后，外国轮船进入长江，大批船工失业后滞留于重庆一带，亦纷纷投靠袍哥谋求生路。袍哥由此迅速扩大，活动更加频繁且趋于表面化。抗日战争爆发以后，官府层层压榨、勒索、拉兵、派夫，要求参加袍哥以求庇护的人越来越多。[③]在“走遍天下，天下袍哥是一家”的理念下，从清末到民国，因袍哥能够为一般民众提供生存保障，加入袍哥便成为了受人羡慕的光荣行为，以至于在当时社会中出现了“无袍可耻”的思想倾向。但是由于有权者成为社会的上层，无权者成为社会的底层，家长制的组织形式使得下层贫苦的船工船民不得不依赖上层袍哥“舵把子”为生，从而造成了严重的人身依附。袍哥在地方的势力也因此越发膨胀，甚至成为地方权力中心，主导地方社会秩序。

在国家控制力薄弱、相对封闭落后的社会环境中，人们总要从国家之外的社会力量中寻找社会秩序根源，这往往会促使地方势力权力膨胀。依水形成发展的袍哥就是在国家权力真空的公共空间形成的社会共同体。就像是在“皇权不下县，县下皆自治”的中国传统社会中宗族之于家族成员，每个个体构成了整个宗族，宗族的规约影响牵制着个体的言行。袍哥组织同样如此，个体构成组织，组织的规则和惯习束缚着个体，不同的是，由于成员的流动性，袍哥组织是无形的，但其约束力却未因此降低。袍哥有着独特的组织系统和行为方式，其社会控制以私法、帮规代替国法，约定俗成的社会规约塑造了包括水上在内的地方社会秩序，并且受到一众成员的广为认可和切实遵

① 王笛：《乡村秘密社会的多种叙事——1940年代四川袍哥的文本解读》，《四川大学学报（哲学社会科学版）》2015年第3期。

② 邵雍：《秘密社会与中国革命》，北京：商务印书馆，2010年，第3页。

③ 政协广元市市中区委员会文史学习委员会编：《广元市市中区文史资料》（第十二辑），内部资料，2006年，第157页。

循。除对组织内部有着严格的规定和管控，袍哥还不断扩展在地方的势力范围，由于其扮演着整个社会的中心力量，社会中其他力量便不得不“自然而然”地融入其轨迹之中。虽然袍哥是政府所宣布的非法组织，但由于无法进行有效打击，于是在相当程度上政府依靠利用此一社会力量来为自身服务，在地方上特别是情况特殊的水上，许多事务都要仰赖他们来实行。总的来说，袍哥内部成员对规约的严格遵行、袍哥外部各种势力与其相互渗透，使袍哥在川渝地区的“合法性基础”更加巩固，在人员构成、权势范围等方面都愈加膨胀。但成员的复杂性和势力的封建性，也导致了其组织功能的趋于劣化，成为危害地方社会秩序的破坏力量。

正如毛泽东所说：“三合会、哥老会、大刀会、在理会、青帮，是旧中国的一些民间秘密团体……由于这类团体带有严重的封建性和盲目的破坏性，它们又往往容易被反动统治阶级和帝国主义势力所操纵和利用”[①]。袍哥本是底层劳动人民赖以对抗官府以及其他邪恶势力的自发群众组织，但由于家长制的组织形式，上层分子成为下层民众的天然首长和命定代表，[②]在发展中因其把持操纵而渐趋于劣化，逐步成为欺压劳动人民的黑社会性质的民间组织。首先，剥削压迫劳动人民。许多封建把头借袍哥势力进行剥削，甚至对普通船民船工有生杀予夺之权。如长寿封建把头涂子虞利用袍哥德字大爷、船帮三河二十四帮总代表的势力，每年做两次生期酒、一次端公，派小把头和小老幺收礼，除了重庆至宜昌等地没法统计外，长寿工人和大小船帮船主平均按四百人的百分之五十，每人每次平均出七升米（有的五升、有的一斗），每年四次，二十年计示一千一百余石。[③]同时还强迫工人船员参加袍哥兰交，收取会费，拜码头所得因此成为他的主要经济来源。

其次，通匪通盗破坏社会安定。袍哥一般分为清水和浑水两种，清水袍哥不干违法乱纪的勾当，浑水袍哥实际就是打家劫舍、为害一方的土匪。据新繁县袍哥概况，1939年之前的新繁袍哥多是清水袍哥，奉公守法、互济互助、排忧解难，除了在封建社会中有一般所谓忠义形式上的活动外，别无其他。但是从1939年始，地方政权消极利用袍哥，结果袍哥气焰为之大炽，组织

①《毛泽东选集》（第一卷），北京：人民出版社，1991年，第11页。

② 马俊亚：《区域社会经济与社会生态》，北京：生活·读书·新知三联书店，2013年，第226页。

③《长寿长航木船工会封建把头剥削事实补充材料》，长寿档案馆馆藏档案，1952-3-25，0009-0001-00030-017。

日趋严密，人数日益增多，各分支的舵把子都竭力扩充武力，暗中支使兄弟杀人劫货，黑话隐语，为非作歹，因此多数袍哥表面上是清水而实际上都是通匪通盗的。许多袍哥还拉拢流氓以维续剥削，招赌博场从中抽头，严重破坏了地方的社会安定和人民日常的生产生活。

再次，会同反革命威胁新生政权。在人民解放军挺进西南的同时，国民党匪特利用袍哥等封建组织和帮会武装，就地展开游击战，反抗人民解放军，杀害干部，胁迫群众，举行武装暴乱，企图夺回失去的权势和地盘。他们制造共产党要抓壮丁、收民抢、打第三次世界大战的舆论，提出“饿死不如战死”“死在异乡不如死在本乡”“专打北方人（或外乡人）不打本地人”“打穿军衣带帽花的，不打穿便衣和不戴帽花（指起义投诚的国民党军）”[①]等口号，欺骗愚弄群众。还有一些慑于解放军的军事压力，被迫改变斗争方式，由公开转入地下秘密活动，胁迫群众进行反抗。西南军区司令员贺龙对西南地区袍哥等秘密社会组织的历史和现状甚为了解，他指出“解放前，有一个时期四川有军队30万，土匪30万，袍哥30万，这叫‘三三制’。四川的袍哥势力很大，渗透到各行各业、三教九流之中，而领导权一般掌握在地主恶霸手中，他们熟悉本地情况，是地头蛇”“近来一个时期，川西地区以及西南行政区许多地方暗藏的残余敌人，组织所谓‘人民反共救国军’，四处骚扰抢劫，阻碍交通，散布谣言，破坏征粮及春耕，扰乱金融，造成社会不安”，提出“打击土匪袍哥这些反动势力，要重点打击头子，擒贼先擒王”。[②]

总之，袍哥作为一支活跃的社会力量，对西南地区社会秩序和中国革命历程都曾发挥过一定的积极作用，不同时期对其统一战线工作一直配合革命任务而延续和发展。而作为日益膨胀的地方势力，其组织功能的日益劣化造成了民主革命的艰巨性和复杂性。新中国的成立结束了近代以来中国社会四分五裂的状态，袍哥等秘密社会组织不再具有存在的社会土壤，并且因渗透其中的反革命分子、封建势力、坏分子等，严重威胁新生政权的巩固与建设而必须加以消除或改造。

① 叶菊珍：《邓小平与新中国成立之初西南地区经济发展研究》，成都：四川大学出版社，2008年，第34页。

② 刘秉荣：《贺龙全传》（四），北京：人民出版社，2006年，第2561-2565页。

结语:多重因素共同影响水上社会运行节律

一个社会可能同时存在许多不同的制度和力量,这些制度和力量相互交织、关联和影响。诚如恩格斯所指出的:“历史是这样创造的:最终的结果总是从许多单个的意志的相互冲突中产生出来的,而其中每一个意志,又是由于许多特殊的生活条件,才成为它所成为的那样。这样就有无数互相交错的力量,有无数个力的平行四边形,由此就产生出一个合力,即历史结果,而这个结果又可以看作一个作为整体的、不自觉地和不自主地起着作用的力量的产物”[①]。通过对重庆内河民船运输业社会生态的考察可知,水上运输是“多匪、多霸、多毒、多帮”的行业,多重因素共同影响着整个水上社会的运行节律。在封建船帮、保甲和袍哥的统辖下,水上社会结构逐渐畸形为封建势力与普通民众相对立的哑铃状,水上劳动人民的生产生活处于严重的“失序”状态,日益固化且严重对立的阶级阶层关系成为引发社会动荡的根源所在。

“矛盾的斗争及其尖锐化,就不能不造成日益发展的革命运动”[②],严峻的现实基础决定了斗争运动的迫切性和必要性。新中国成立后,虽然旧政权已经不复存在,但是其政治基础——封建制度并未完全废除,水上社会还处在极度的封建剥削之下,社会秩序因此严重失调。正是面对这样的社会生态,出于促使水上社会运行状态趋于共生有序、社会关系更加平衡和谐可持续的目的,民船民主改革顺应社会需求,通过阶级划分、思想动员、诉苦斗争、组织建构等革命时期被验证行之有效的政治手段开展了深入的改革与治理实践,实现了水上迅速且稳健、准确而标本兼治的社会变迁。一言以蔽之,水上社会早已酝酿着斗争爆发的条件,中国共产党主导下的民船民主改革作为一种自下而上的“需求诱致型”变革,通过历史性介入,加速了水上社会秩序的重构和社会关系的重塑。

---

①《马克思恩格斯选集》(第四卷),北京:人民出版社,1995年,第697页。

②《毛泽东选集》(第二卷),北京:人民出版社,1991年,第631页。

四 世界史研究

白人到来前北美印第安社会与文化的变迁*

付成双①

摘　要:在哥伦布到达美洲以前,印第安人已经在北美大陆上生存了上万年的时间。他们不仅并创造了辉煌的文明,培育了多种农作物,并根据各自的自然环境而形成了独特的文化传统。然而长期以来北美社会对白人到来以前印第安人丰富的历史和灿烂的文化缺乏了解,由此导致刻板化印第安人形象广为流传。本文试图通过研究北美印第安文化的源流、文化分区、主要特征以及人口之谜等方面的内容,探讨1492年以前北美印第安人与其周边环境的互动以及由此所形成的生态和社会关系。

关键词:古印第安人,阿基亚克文化,伍德兰文化,文明进化论,1492

1492年哥伦布到达美洲,揭开了世界历史上新的一页,并由此导致了旧世界的价格革命、食物革命、人口膨胀、政治体系和国际关系格局的重组等等一系列新的变化,真正意义上的世界历史由此肇始。而对新大陆来说,哥伦布大交换所伴随的更是天翻地覆的变化。在文明战胜野蛮的口号引导下,不仅美洲发生了巨大的环境变迁,其原居民也沦为这场现代化盛宴的牺牲品。印第安人赖以为生的土地遭到白人殖民者的掠夺,最后被驱逐和禁锢在一个

* 教育部人文社会科学重点研究基地重大招标课题"美国历史上的社会转型研究"(项目批准号:16JJD770027)的阶段性成果。

① 付成双,男,1970年,山东惠民人,现为南开大学历史学院教授,博士生导师,主要从事北美西部史和环境史等相关问题的研究。

个的保留地中。在无数的军事冲突和瘟疫的双重打击下，美洲原居民的人口也日渐萎缩，到19世纪末，北美印第安人大约只剩下37万人。北美印第安人不仅丧失了90%以上的人口和土地，连他们的文化也遭到白人殖民者的诋毁和摧残，面临着被同化进主流社会或者在保留地中日渐消亡的晦暗前景。

其实早在白人殖民者到来以前，美洲印第安人已经在这片大陆上生活了至少上万年的时间，创造了辉煌的文明，培育了至少十种以上的重要农作物，并根据各地不同的自然环境而建立起各不相同的生产和生活方式，从而孕育出独具特色的文化和传统。然而，在北美现代化发展的历史叙事中，学者们所关注的是白人到来后改天换日所取得的辉煌成就，白人到来前印第安人的历史无足轻重，白人到来后他们除了作为文明进步的障碍而被偶然提及外，更趋向边缘化。甚至在像弗朗斯·博瓦斯（Franz Boast）这样顶级的文化人类学家那里，所关注的主要是白人到来前印第安人文化的样貌，而对白人到来后印第安文化所经历的变迁也并未予以重视。其实，同其他各种文化一样，印第安人的文化一直处于变动之中，现代世人所熟悉的印第安人文化与传统也是经过成千上万年的积累慢慢演变而来的。

一、印第安文明的演化

从最早发现的克洛维斯人（Clovis）遗址到哥伦布发现美洲，印第安人在美洲大陆上经历了上万年的演化，从最初仅仅依靠狩猎的原始人演化成为具有数百种语言，文化传统和生活方式各异的印第安文明。在这上万年的演化过程中，北美印第安人因为尚未发明文字，因此对他们自己的历史并没有留下文字记载，流传下来的一些口述资料又因为印第安人的万物有灵论信仰而充满着各种迷信和假说，而且许多也已经流失，再加上距今实在太遥远，或许能够在印第安人的神话中能够依稀感受到1500年以前印第安人社会变迁的一些踪迹。因此，最能够真正反映白人到来前北美印第安人文化沿革的就只能依靠各地所发掘的考古资料了。实际上，北美的考古学也正是在19世纪末以来发掘印第安人文化遗址的基础上发展起来的。

根据目前的考古资料，在白人到来前，印第安人文化主要经历了三个演化阶段：古印第安人阶段（Paleo-Indian，大约从到达美洲到公元前8000年以前)，古印第安人早期主要依靠狩猎，尤其是猎捕大型猎物(一般体重超过44公斤或者100英磅的为大型猎物)而生存，因此学界一度认为古印第安人的到与美洲大型动物的消失有着直接的联系。第二个文化时期是阿基亚克(Archaic)阶段，大约从公元前8000年到公元前1000年左右，这属于印第安社会采集和狩猎并存的阶段。第三个时期是伍德兰(Woodland)阶段，在这一时期，农业越来越在东南和西南地区占据主要地位，印第安人主要文化传统逐渐定型。

虽然推测的印第安人到达美洲的时间可能最早在公元前4万年至公元前1.5万年以前，但现有考古材料所能得到的最早时间只是公元前1.2万年以前。古印第安文化依照时间大致划分为早中晚三个阶段。根据目前的考古资料，早期最典型的是克洛维斯文化，中期的代表有福尔瑟姆文化(Folsom)和普兰诺文化(Plano)等。克洛维斯文化因20世纪二三十年代在新墨西哥州克洛维斯所发掘的印第安人遗址而得名，距今大约在11500年到11000年之间。该文化最大的特征就是在这些遗址中所发现的克洛维斯矛头。这种矛头一般用燧石打制而成，3-4英寸长，两翼扁平，两面的中间带有凹槽，以便于固定在木柄上投掷[①]。克洛维斯文化遗址在美国各地都有发现，曾一度被认为是北美其他印第安文化的祖先。克洛维斯人被认为是美洲大型猎物的捕猎者，因而被认为是导致美洲史前大型动物灭绝的元凶。自1968年保罗·马丁出版著名的著作提出这一假说以来，该说法流传甚广。[②]当然上述理论也遭到了不少反对。有些考古学者认为在克洛维斯人遗址中所发掘的已经灭绝的大型动物的骨骼并不多，迄今考古学家们只在为数不多的克洛维斯人遗址中发现了史前大型动物的遗物，并“没有直接的证据表明克洛维斯猎手除了猛犸象和乳齿象以外，还猎杀其他大型动物”。[③]而且克洛维斯人除了捕猎大型动物外，他们的食谱很广，因此，“没有让人信服的证据表明印第安人是大型动物

① 1英寸等于2.54厘米，1英尺等于30.48厘米，1英里等于1.61公里，1平方英里约等于2.59平方公里。1英磅约等于0.45千克。本文为了表述方便，部分采取英制，特此说明。

② Paul Martin, "Prehistoric Overkill", in P. S. Martin and H. E. Wright, Jr. eds., Pleistocene Extinction: The Search for a Cause, New Haven: Yale University Press, 1967; Paul A. Delcourt, Hazel R. Delcourt, Prehistoric Native American and Ecological Change: Human Ecosystems in Eastern North America since the Pleistocene, New York: Cambridge University Press, 2004, p. 145.

③ Michael E. Harkin and David Rich Lewis, eds., Native Americans and the Environment: Perspectives on the Ecological Indian, Lincoln: University of Nebraska Press, 2007, p. 104.

灭绝的关键或主要原因”。[①]这些猎物的灭绝更可能是由于气候变暖，导致它们食物减少而走向灭绝的，克洛维斯人仅仅是导致它们灭绝的一个次要原因。土著社会活动家德洛里亚教授更是对上述灭绝理论极力讨伐，认为是白人社会为了掠夺印第安人资源而编造的谎言。按照德洛里亚的说法：“鼓吹灭绝理论是支持持续破坏环境是一种很好的方式，它寓意着在任何时期人类都没有珍惜过他所生存的大地！”[②]随着这些大型猎物的消失，克洛维斯文化逐渐衰落下去。

克洛维斯文化过去一直被认为是美洲文化的源头，但近些年来，随着更多遗址的发掘，有一些遗址如智利的蒙特沃德遗址（Monte Verde），该文化明显比考古学家传统认定的克洛维斯文化的时代要早上年年，甚至是数千年。另外在卡罗莱纳所发现的托普尔遗址（Topper）的年代被认为在公元前13000年以前，而在育空地区的蓝鱼洞遗址（Bluefish Cave）发现的人类活动遗迹可以追溯到24000年以前，是迄今在北美洲所发现的人类活动的最早证据。[③]随着这些新的遗址的发掘，古印第安人可能早在克洛维斯人几千年前就到达美洲大陆了，相应地，克洛维斯文化的重要性有所下降，“仅被看作是早期人类文化的遗迹之一”。[④]

下一个兴起的是福尔瑟姆文化，该文化因20世纪初首先在新墨西哥的福尔瑟姆发现的古人类活动遗迹而命名，它比克洛维斯文化大约晚500年左右，所出土的矛头比克洛维斯人的要短和窄，大约3/4英寸宽，3英寸长。侧面的凹槽几乎贯穿整个矛头，从而使得它可能更容易放血，但也比前者更易折。福尔瑟姆矛头的变小可能跟大型猎物的灭绝从而让福尔瑟姆人只能猎捕小型的猎物有关。福尔瑟姆人的遗址主要分布在落基山以东的草原地区，他们是草原地区最早利用野牛崖（buffalo jump）方式狩猎的北美土著团体。此外，福尔瑟姆人还是最早发明标枪投掷器（atlatl）的古人。借助于投掷器，猎手可

---

① Christopher Vecsey and Roberts Venables, eds., American Indian Environments: Ecological Issues in Native American History, Syracuse: Syracuse University Press, 1980, p. 27.

② Vine Deloria, Jr., Red Earth, White Lies: Native Americans and the Myth of Scientific Fact, New York: Scribner, 1995, pp. 112-113.

③ Lauriane Bourgeon et al, "Earliest Human Presence in North America Dated to the Last Glacial Maximum: New Radiocarbon Dates from Bluefish Caves, Canada," PLOS, One, January, 2017.

④ Bruce E. Johansen, Barry M. Pritzker, eds., Encyclopedia of American Indian History, Santa Barbara: ABC-Clio, 2008, p. 1.

以用更快的速度把手中的矛头投掷到更远的地方，狩猎效率大大提高。

普兰诺文化是继福尔瑟姆文化之后主要在西北草原地区流行的游猎文化，最早发现于萨斯喀彻温河流域，从公元前9000年一直持续到大约公元前6000年。这个时候随着冰川的消融，西部大片草原吸引着野牛等食草动物前去觅食，因此，早期的猎人们也尾随而至。普兰诺文化与福尔瑟姆文化相比，他们的矛头与先前两种文化最大的不同就是没有了以前的凹槽，这可能是猎物变小的原因或者不同的加工技术。普兰诺文化的影响范围从东部一直到太平洋岸边的不列颠哥伦比亚省，最北到达加拿大西北地区的皮斯河（Peace River）一带，主要的遗址包括在怀俄明发现的科迪遗址（Cody Complex）、地狱峡遗址（Hell Gap Complex）、德克萨斯的普兰威九遗址（Plainview）等。普兰诺人的食谱中除了狩猎野牛外，还猎捕驯鹿、羚羊、麋鹿、浣熊和郊狼等小型猎物。普兰诺文化灭绝后，草原地区数千年内没有再发现人类居住的痕迹。远古印第安人仅靠简单的工具，狩猎大型动物维持生存，因此学者们估计，他们的人口密度很小，可能1人/100平方英里，因此当时北美洲的总人数不会超过10万人。①

大约从公元前8000年开始，随着气温的逐渐上升，第四纪冰川逐渐消融，原本被冰川覆盖的大片陆地逐渐显露出来，演变成为草原，而且当时的草原比新大陆刚刚发现时候广阔的多。在如今美国的版图上，草原曾经达到75亿英亩，约占整个面积的1/3。②虽然那些大型动物灭绝了，但广阔的草原为各种小型的食草动物的成长准备了条件，也为当时的人们提供了更多的猎物。到公元前6000年前后，落叶森林在北美大陆基本形成。大约到公元前5000年左右，北美大陆上现代的主要景观基本成型，如五大湖、密西西比河水系、东部的森林和西部的草原等都呈现出现在的轮廓。随着环境的变化，原本古印第安人赖以为食的大型猎物逐渐灭绝，他们也随着逐渐改变生活方式，食物来源日益多样化，除了猎取较小的猎物外，同时采集植物的果实和种子、捕鱼等来补充猎物的不足。印第安文化相应地进入第二个历史时期，即阿基亚克时期，这一时期大约从公元前8000年一直延续到公元前1000年左右。

---

① Bruce G. Trigger, Wilcomb E. Washburn, eds., The Cambridge History of the Native Peoples of the America, Vol. 1, North America, part I, New York: Cambridge University Press, 1996, p. 142.

② Stacy Kowtko, Nature and the Environment in Pre-Columbian American Life, Westport: Greenwood Press, 2006, p. 2.

阿基亚克时期是印第安人从原来的主要靠猎捕大型动物生活到后来农业定居生活的过渡时期,前期发现的诸文化明显有从狩猎到采集的变化迹象,而后期在西南部的文化遗址中则呈现出从采集到定居农业的演化特征。"大致来说,当一个文化达到阿基亚克时代,也就意味着他们不靠农业为生,在技术方面还没有发展出诸如陶器。"[①]在这一历史时期,印第安人的工具制造技术有了显著提高,除了原来的打制石器外,动物骨头、木材、象牙、贝壳、铜等都成为新的加工材料,因此这个时期的印第安人制造出更多工具,如各种形状的刀具、矛头、石斧、凿子、鱼钩、容器等等。动物皮革和植物纤维既可以制作成衣服用来御寒,也被加工成为各种容器盛放食物,如用植物纤维编织的篮子。印第安人在这个时期学会了用加热的石头烹调食物,也驯化出了狗作为狩猎的辅助。印第安人学会制作独木舟,从而大大方便了旅行。随着食物种类的多样性,印第安人的生活变得比起祖先更为容易,其活动区域和群体规模也日趋变小,有的甚至出现了定居现象。总人口在逐渐增多,可能达到10人/100平方公里,各个部落之间出现了明显的边界,部落内部出现等级和分化,随葬品出现明显不同。[②]各个文化之间的差异开始形成,如西北海岸的古印第安人开始以鲑鱼为食,西南部的印第安人开始编织篮子,南部出现了早期的农业,大湖区的古印第安人就地取材,加工出各类铜器等。这个时期印第安人有更多剩余时间用以加工各种饰品,并出现了原始的宗教崇拜。

阿基亚克时期所发现的印第安人文化遗址更为复杂,其中最典型的是在亚利桑那发现的科奇斯文化(Cochise)、西北部的老科迪雷拉文化(Old Cordilleran)、大湖区的老库伯文化(Old Copper)、东北部的雷德庞特文化(Red Paint)等遗址,其中以科奇斯文化最为著名。

科奇斯遗址是亚利桑那的科奇斯所发现的一处阿基亚克时期的文化遗存,其生活时代大约从公元前7000年一直延续到公元前500年之间,它被认为是西南地区所发现的主要农业文明遗址如麦哲伦文明(Mogollon)、霍胡凯姆(Hohokam)、和阿纳萨兹(Anasazi)等文明的先行者。从早期出土的工具来看,科奇斯人的工具还较为原始,这里未发现以前狩猎部族遗址中常见的那

① Stacy Kowtko, Nature and the Environment in Pre-Columbian American Life, Westport: Greenwood Press, 2006, p. 46.

② Bruce G. Trigger, Wilcomb E. Washburn, eds., The Cambridge History of the Native Peoples of the America, vol. 1, North America, part I, New York: Cambridge University Press, 1996, p. 153.

种矛头,更多是研磨石器,这表明科奇斯人更多依靠采集植物种子、坚果、浆果等为食,具有更多定居社会的特征。科奇斯文化与此前福尔瑟姆文化最大的不同是后者用于加工猎物的削片工具较多,而前者适于加工采集性食物的研磨工具较多,这是从单纯狩猎向采集和狩猎共存的生活方式演化的重要迹象。总起来说:"科奇斯人沿着溪流和湖畔扎营,他们狩猎,也采取种子和坚果,用研磨工具磨碎。他们或许还制作木制或骨制物品,他们的生活中没有农业,陶器和定居的房屋,他们不时能演化出新型工具,但他们的文化始终都没有发生根本性变化。"①

除了科奇斯文化外,属于阿基亚克文时期的代表性文化遗址还有哥伦比亚河谷的老科迪雷拉文化。该文化大约存在与公元前9000年到公元前7000年之间,它可能是后来西北地区和加利福尼亚地区印第安人的先导。老科迪雷拉文化遗址中出土的是一种柳叶状的矛头,表面没有凹槽,由此断定他们主要狩猎小型猎物。在科迪雷拉文化的一些遗址中也发现了鱼叉、研磨种子所需的石器,但从总体上看,他们主要的食物来源还是靠猎捕小型动物,如鹿、野牛等。另外一个具有代表性的阿基亚克文时期的文化遗存是位于大湖区的老库伯文化,它大概从公元前5000年一直延续到公元前1000年。这个文化是一个典型的东部阿基亚克时期的遗存。如其他地区的同类文化一样,这里的人们也过着采集渔猎生活,并制作各类石制和骨制工具。不过正如其名字所显示的那样,该文化除此之外,与美洲其他文化最大的不同之处就是他们利用当地易于开采的铜矿,最初是简单打制,后来利用高温冶炼,从而加工出各种铜制工具,如铜矛头,铜刀、铜饰品等。老库伯文化中的许多铜制品在东部阿基亚克时期的文化中都有发现,表明他们与其他地区存在着较广泛的贸易关系。②

阿基亚克后期还是古因纽特人逐渐迁移到北美大陆定居的历史时期,不过这次是乘船而不是跟以前一样追逐猎物来到的。他们可能在公元前3000年以前就来到了阿拉斯加。从如今发掘的许多遗址中所出土的小石器与西伯利亚同时期遗址中出土的小石器之间的极大相似性可以判定古因纽特人

① Edward Waring, Indians before Columbus: Twenty Thousand Years of North American History Revealed by Archeology, Chicago: University of Chicago Press, 1947, pp. 92-93.

② Edward Waring, Indians before Columbus: Twenty Thousand Years of North American History Revealed by Archeology, Chicago: University of Chicago Press, 1947, pp. 299-303.

与他们亚洲同期文化上的亲缘关系。古因纽特人的移入可以看做是自古印第安人通过白令大陆桥迁移后又一次向北美大陆的移民高潮。有的学者指出,古因纽特人之所以能够迅速占据北方寒冷地带,很重要的一个因素就是他们从亚洲引入了弓箭,并成功把弓箭技术传播给了南面的文化。古因纽特文化一直保持自己的延续性,有的甚至延续到白人的到来。

阿基亚克时代结束以后,远古印第安人进入第三个时代,即伍德兰时代,这个时代又被细分为形成期(公元前1000年到公元前200年)、中期(公元前200年至公元500年)和晚期(公元500年至白人到来前)三个时期,有的也把公元1000年至白人到来前的500年单列出来成为密西西比文化时期。伍德兰时代是印第安社会从原来的采集—狩猎转向农业定居的时代。北美印第安人是世界上最为优秀的农夫,他们的祖先在美洲培育了人类社会至少十种最主要的农作物,因而对世界农业的贡献巨大。有的学者通过研究认为,在过去上万年的时间里,印第安人至少发掘了155种可以利用的植物。[①]印第安人所培育的主要农作物有:如被称为三姊妹的玉米、南瓜和豆类,土豆、地瓜、西红柿、向日葵、辣椒、西葫芦、烟草、花生、腰果、菠萝、木瓜、鳄梨、洋姜、可可、蓝靛、棉花等。不过农业主要起源于中美洲。奥尔米克人是美洲农业的先行者,早在10000年以前,这里的印第安人就开始培育西葫芦。[②]大约又过了6000-7000年的演化,即到大约公元前1000年前后,玉米、南瓜和豆类这些主要农作物都陆续培育成功,并传播到如今美国版图的中南部地区的印第安人部落之中。最初的玉米仅能结出一个几厘米长的细穗,经过印第安人多年的培育后,成为主要的一种粮食作物。北美印第安人所培育的最著名的农作物就是向日葵。农业的发展为印第安人提供了稳定的食物来源,有利于人口的增长。与不太稳定的狩猎相比,同等面积的农业耕种所能承载的人口要稳定和庞大的多。

农业发展所带来的一个结果就是定居村落的出现,有些聚居区发展到数万人的规模,盛极一时。如密西西比河流域的卡霍基亚城,其鼎盛时期人口达到数万人,其影响向北至威斯康星,向南可到佛罗里达。与农业定居相伴

① Christopher Vecsey and Robert W. Venables, eds., American Indian Environments: Ecological Issues in Native American History, Syracuse: Syracuse University Press, 1980, p. xix.

② Paul A. Delcourt, Hazel R. Delcourt, Prehistoric Native American and Ecological Change: Human Ecosystems in Eastern North America since the Pleistocene, New York: Cambridge University Press, 2004, p. 39.

而来的是陶器的大量使用。原本在阿基亚克时期即开始出现的陶器制作在伍德兰时期开始大量使用，“一般来说，完全依靠狩猎和捕鱼的部落对制陶不感兴趣，因为易碎。”[①]西南地区一些定居者还就地取材，发展出特有的编筐文化。农业、定居和陶器的大量使用被认为是伍德兰时期的三个典型特征。不过也不能一概而论，有些阿基亚克时期的文化就开始制作陶器，而草原印第安人甚至到白人到来后还继续奉行追逐猎物的游牧生活。不过到大约公元500年前后，北美洲狩猎的印第安人部落基本上都采用弓箭代替了原来的标枪投掷器，因而狩猎效率获得了大幅度提高，从而引起整个部落社会生活的巨大变化。

在伍德兰时期，不同地区文化之间差异日益明显，如西南和东南地区的印第安人在农业方面取得巨大进步，而西北和东北的渔猎民族也各有特色。各地都陆续出现了一些代表性文明遗存，如西南部的麦哲伦文化、霍胡凯姆文化、阿纳奇兹文化等。这些典型的文明还为后世留下了许多著名的工程遗址，如霍胡凯姆人所修建的灌溉工程，阿纳奇兹人所建立的道路系统，普韦布洛人的房屋、密西西比河流域的古印第安人所建立的土丘等。随着各种文化之间差异的形成，相互之间的贸易网络发展起来，有些部族内部也出现了不平等，甚至西北地区的印第安人还出现了奴隶制。

西南地区气候干旱，再加上猎物稀少，与其他资源丰富地区相比，并不太适合早期人类居住，但由于这里靠近中美洲，因此得地利之便率先发展起了定居农业。这里在前期科奇斯文化的基础上先后兴起的具有代表性的文明有：麦哲伦文明（公元前300年至公元1300年）、霍胡凯姆文明（公元前100年到公元1500年）和阿纳萨兹文明（公元前100年至公元1300年）。“对每一种文化来说，采用农业生产方式使得定居村落成为可能，并带来了工具、艺术和技艺，尤其是制陶工艺的进一步发展。同时由于频繁交流，这三种文化相互影响，同时又各具特色。”[②]

在西南部干旱的绿洲中农业文明先后兴起的同时，东部环境条件较为优越的密西西比河流域在伍德兰时期也塑造了辉煌的农业文明。与西南部的普韦布洛村落不同，这里的居民建造了许多大型的土丘，因而以土丘文化而

① [美]奥利弗·拉·法奇：《图说美国印第安人历史》，杨恒，译，北京：光明日报出版社，2015年，第65页。

② Carl Waldmen, Atlas of the North American Indian, New York: Facts on File, Inc., 2009, p. 24.

著称。密西西比河流域先后兴起的有代表性的文明有阿迪纳文明（Adena，公元前1000年至公元200年）、霍普威尔文明（Hopewell，公元前300年至公元700年左右），而最具代表性的聚居区则是属于密西西比文明时期的卡霍基亚城（Cahokia）。

密西西比文明代表了白人到来前达到了北美印第安人社会发展的最高水平。这些东南部的农业定居者发展了更为复杂的宗教文化，尤其是关于死者的殡葬文化，他们在各地建造的土丘不仅用于墓葬，还具有宗教仪式的功能，许多土丘上面还修建有庙宇。密西西比文明已经具有明显的社会分化，建立起了完善的酋长制体制。密西西比文明还发展出了大规模的城市，其中最著名的就是卡霍基亚城，该城市位于伊利诺伊州的圣路易斯附近，是北美洲历史上最大的定居区。它大约在公元600年前后兴起，到公元1000前后达到鼎盛。当时其人口达到4万人，面积有16平方公里。卡霍基亚遗址出土了大量精美的陶器和石器工艺品。卡霍基亚人留下的土丘总数达到120多个，现在能够辨认的还有80多个，其中最大的一个是芒克大土丘。芒克大土丘是古代印第安人在墨西哥以北所建造的最大建筑，它占地13.8英亩，长290米，宽250多米，高达30米，整个土丘所用土料达到69万立方米。[①]这些土料都是用篮子从附近搬运过来的。卡霍基亚城大概在1300年前后衰落，至于到底是外族入侵、环境恶化还是洪灾导致了这里的居民离开，由于卡霍基亚人没有文字，因此学者们尚不能达成一致意见。

总之，白人到来前，北美印第安人在北美大陆上生活了上万年。在这漫长的时间里，这些最早的移民们也在不断变化着，他们最初依靠简单的工具狩猎大型猎物。而后，随着环境的变化和他们对环境认识的加深，这些人们的生活方式也逐渐发展变化。除了狩猎各种动物、捕鱼和收获水产品以外，还采集各种可食用的植物种子和果实。印第安人还在长期的采集过程中驯化了多种野生植物，从而发展成为世界上最为优秀的农夫。而南部适合农耕地区的部族也因为农业的发明而相应地从原来的游猎逐渐向农业定居转化。虽然北部寒冷地区和草原地区的人们并不依靠农业为生，依然维持着狩猎生活方式，但他们的狩猎技术也在不断进步，并同其他各个部落之间保持着商品交换关系。

---

① Bruce E. Johansen, Barry M. Pritzker, eds., Encyclopedia of American Indian History, Santa Barbara: ABC-Clio, 2008, p. 352.

二、印第安人的文化与传统

远古印第安人在来到北美大陆以后,与他们周围的环境进行着密切的能量交流,并依据周围环境的不同而不断调整自己的生产和生活方式,从而形成自己的生活特色和文化传统。所谓传统,其实仅仅是对相对稳定的文化特征的概括,用以作为同他者文化进行区别的工具,其本身并不是一成不变的教条。从横向来看,随着历史的演进,不同地区的印第安人在生产生活方式方面的差异越来越大。如东南部农业定居区的部落不仅与北部采集狩猎的部落在文化传统方面差别很大,就是同西南部干旱农业区印第安人在生产和生活方式方面也具有明显差异。而从纵向来看,各个不同的部族的文化传统也一直处于不断的变化之中。如上述许多文明其前期遗址与后者遗址所出土的器物具有明显的不同,表明该文化在不同时期也发生了很多的转变。即便在白人到来以后,面对陌生文化的挑战,印第安人文化变化的步伐进一步加快。如大草原上的印第安部落在马匹传入后,其生活方式在短短的几个时代里发生了天翻地覆的变化,从18世纪以前的徒步狩猎变成骑马狩猎野牛。骑马狩猎野牛的印第安人形象经过19世纪末野牛比尔马戏团的加工好包装后,居然变成了草原印第安人的代表性形象!

著名人类学家亨利·摩尔根曾经根据对北美印第安社会的研究,完成了著名的《古代社会》一书,并勾勒出人类社会早期的演化轨迹。根据摩尔根的研究,人类社会在早期演变过程中根据生产技术的演进,通常会经历三个阶段,即蒙昧时期、野蛮时期,然后进入文明时期。根据摩尔根的理论,北美印第安人在白人到来前发展到的最高阶段是中级野蛮阶段,尚未进入高级野蛮时代,更别说进入文明社会了。摩尔根认为,印第安人尚未摆脱以人身关系为基础的社会,所以无法在地域和财产基础上发展出国家。因为“以地域和财产为基础的政治制度产生以后,才能出现国家。因此,氏族为基础的印第安人产生不出国家”。[①]而氏族的消亡和有组织的乡区的兴起,即国家的出现可以看作是野蛮和文明社会的分界线。地域组织标志说是摩尔根的文明进化论假说的最基本内容。该假说的“核心内容总结为三点:第一,血缘组织是史前社会普遍存在的社会组织形式,血缘是史前社会中唯一重要的社会组织力;第二,当社会发展到一定阶段时,血缘组织转化为地域组织,后者取代前

① [美]亨利·摩尔根:《古代社会》,杨东莼,译,中央编译出版社,2007年,第104页。

者而发挥组织功能；第三，国家必然建立在地域组织基础之上，地域组织取代血缘组织，是判断国家产生的重要依据。更简单地讲，'地域组织标志说'强调的重点就是：以地域（而不是血缘）为基础组织社会，是国家区别于史前社会的根本标志。"[①]

虽然摩尔根的文明进化论由于其单线进化史观和文明平行进化假说而受到了包括罗伯特·路威等学者的批判。路威认为："文化是无计划的混杂，所谓的文明是碎片和补丁拼缀而成的百衲衣。"[②]但摩尔根根据人类社会生产技术的演化所建立的分析模式对于我们认识北美印第安人文化的演进仍然是具有重要参考意义。虽然他所建立的单线进化史观和地域组织标志说已经为人类学界所抛弃，但纵观白人到来前印第安文明的演变，其技术进步的轨迹和各文明之间的影响与传承顺序还是较为清晰明显的。

北美印第安人的祖先自从来到美洲大陆后，基本上就与旧世界失去了联系，他们在上万年的生产生活中，利用自然，也深刻地影响着自然。不过总起来讲，截止到白人到达美洲前后，北美印第安人在人类社会进步的阶梯上还处于比较初级的阶段，发展脚步明显落后于长期互相交流的旧大陆各种文明。由此可见，文明之间的相互借鉴和交流对于一个文明的演化非常重要。在生产技术方面，印第安人虽然是优秀的农夫，但生产工具一直没有取得重大进步，耕种主要靠简陋的石制、木制和骨制工具生产。除了大湖区少数部落能够得到天然铜以外，金属工具的使用还非常有限，为数不多的铜、金银等金属主要用于宗教、祭祀和饰品，尚未发展出铁器，这大大制约了其生产效率。印第安人未能驯化出大型牲畜，这一点也成为后来白人所主张的"美洲退化论"的一个很重要的原因。印第安人的家禽家畜只有狗这一种动物。印第安人没有能够发明出轮子，直到白人到来前，主要还是靠徒步行走，虽然有独木舟，但沿海部落也未能制造出更加复杂的大型船只，从而不能与其他大陆实现长距离交流。这一点同样严重制约了印第安人社会经济的发展和各个部落之间的交流。

在经济方面，印第安人通过与自然环境的密切接触，对北美洲各地的丰富资源加以利用，食物资源较为丰富，营养状况良好。虽然部落内部和部落

① 晁天义：《古典进化论与"地域组织标志说"的终结》，《清华大学学报》2017年第5期，第64页。

② ［美］罗伯特·H.路威：《乌鸦印第安人》，冉凡，译，北京：民族出版社，2007年，第3页。

之间存在着经济的差异,但北美印第安社会直到白人到来前还主要处于生存经济阶段。生存经济与商品经济的最大区别在于,前者维护食物稳定性为最高原则,而后者则以积累财富为最终目的,这一点与后来来到这里的白人殖民者有着根本的不同。“对新英格兰的土著部落来说,动植物是自然赐予人类满足自己需要的礼物;而对从事重商主义的殖民者来说,同样的这些资源,作为商品交换,变成了金钱和个人财富的来源。”①因此,“食物来源的稳定性,而不是获取最大谷物产量,才是土著美洲人生存经济的最重要目标。”②

虽然在北美印第安人社会没有发展起商品经济,但在各个部落内部,各个成员之间的差异还是非常明显的。许多早期的观察者曾经对北美印第安人的生活予以浪漫化夸张,认为他们生活在平等、友爱的黄金时代,没有私有财产观念。比如拉洪坦曾在其游记中盛赞印第安人的平等生活:“这些野蛮人对私有财产观念一无所知,一个人的物品归大家所共有。”③长期在北美东南部的印第安人中间从事毛皮贸易的阿黛尔也认为印第安人生活在一种没有等级区分的社会环境中,按照他的说法:“他们之间没有法律也没有从属,他们不会被强迫做任何事情,除非他自己愿意,他不会去拥护任何派别,他们中间最底层的人也认为自己与其他人一样高贵。”④然而,考古学家在美国东南部一些印第安人墓葬遗址中发现:早在3000年前,这里就是一个分层的社会,存在着贫富差距,有些墓葬藏品很多,有的则很少。甚至有的社会中还有奴隶的存在。⑤根据著名文化人类学家博沃思的研究,北美西北地区的印第安人中间存在大规模的奴隶制:“太平洋沿岸的所有部落中都分成三个阶层:贵族、平民和奴隶。最后一个集团不用考虑,他们不构成部落的一个组成部分,而是战俘或者购买而来,可以同其他财产一样进行交易。”⑥由此可见,北美印第安人在白人到来前虽然处于生存经济状态,但部落内部各个成员之间

① Carolyn Merchant, Ecological Revolution: Nature, Gender and Science in New England, Chapel Hill: University of North Carolina Press, 1989, p. 11.

② Ted Steinberg, Down to Earth: Nature's Role in American History, New York: Oxford University Press, 2002, p. 17.

③ Baron Lahontan, New Voyages to North-America, Vol. II, Chicago: A. C. Mcclurg & Co., 1905, p. 420.

④ 转引自 James A. Clifton, ed., The Invented Indian: Cultural Fictions and Government Policies, New Brunswick: Transaction Publishers, 1990, p. 150.

⑤ Leland Donald, "Liberty, Equality, Fraternity: Was the Indians Really Egalitarian?" in James A. Clifton, ed., The Invented Indian: Cultural Fictions and Government Policies, New Brunswick: Transaction Publishers, 1990, pp. 151-153.

⑥ Franz Boas, " The Social Organization and Secret Societies of the Kwakiutl Indians, in Report of the US National Museum of 1895, Washington: Government Printing Office, 1897, p. 338.

并非完全平等，已经产生了社会分层和贫富分化，只不过财产多寡并不是衡量一个人社会地位的依据，还需要综合考察个人在部落成员中的威信和口碑。西北印第安人盛行的夸富宴(Potlatch)可以看作是印第安社会在私有财产方面的一个代表。这里的土著部落每逢这种活动，都争相将自己的财富无偿赠送给需要的族人。

虽然印第安人没有完全建立起以私有财产为基础的价值取向和社会结构，但各个部落之间并不是孤立的，相互之间在生存经济的基础上发展起了远距离的贸易交换，互通有无。在科罗拉多发现的公元前8800年以前的琳达密尔(Lindenmeier)遗址中，考古学家们就发现了远古印第安人不同部落之间进行交换的证据，当时最远的交换距离超过350英里。[①]北美各印第安部落之间形成了固定的贸易网络，互通有无，而且，“通过发展以交换为基础的生存经济，土著部落可以在他们所选择的区域进行专业并且还能够从其他部落的专业化中受益。”[②]而这种贸易从某种程度也是印第安人食物稳定性获得另外一份保障。因此，从总体上看，印第安部落之间虽然有商品交换，但在整个印第安人社会中私有财产观念和商品经济尚未取得支配地位。整个社会缺乏大规模社会进步和技术创新所必需的物质刺激和社会环境，从而使整个社会长期停滞不前，没有最终跨入阶级社会，也难以形成国家。摩尔根指出：“对财产的欲望超乎其他一切欲望之上，这就是文明伊始的标志。”[③]

在政治制度方面，印第安人的社会以部落为基本单位。虽然东部的一些部落如易洛魁人、阿尔贡金人、休伦人、波瓦坦人等建立了部落联盟，但还没有发展出中央政治组织，这一点比他们南部的邻居要落后许多。摩尔根曾经对易洛魁人的政治制度做过详细的研究。有学者认为，从东部到西部，白人到来前的北美印第安社会可以看作是一个进化的演变图。东部许多部落已经发展到部落联盟，中美洲的阿兹特克文明已经发展到君主制，西北地区的部落已经出现了等级制，而西南地区大盆地的许多部落还处于简单的氏族阶段，相互之间差别很大。不过总起来讲，北美印第安人的各个部落之间各自为政，还是主要以血缘为基础建立的部落及部落联盟，还没有发展到摩尔根

① Neal Salisbury, "The Indians Old World: Native Americans and the Coming of Europeans," The William and Mary Quarterly, Vol. 53, No. 3 (July, 1996), p. 438.

② Stacy Kowtko, Nature and the Environment in Pre-Columbian American Life, Westport: Greenwood Press, 2006, p. 60.

③［美］亨利·摩尔根：《古代社会》，杨东莼，译，北京：中央编译出版社，2007年，第5页。

所说的以地域为基础建立国家的阶段。因此,在白人到来后,整个印第安人社会缺乏对重大事件的应对能力,一旦面临天灾人祸,不可避免地导致文明衰亡。面对白人殖民者的分而治之的策略,再加上各个部落之间传统的矛盾,北美印第安人很难形成对白人殖民者的反抗统一阵线。即便到了七年战争以后著名的印第安人领袖特库姆塞虽然有心想把大湖区周边的印第安人团结起来,建立一个对抗北美殖民者的联盟,但在白人的绝对军事优势威逼利诱面前,很快就失败了。

在思想文化方面,万物有灵论是印第安社会信仰的基础,巫术和巫医在社会生活中发挥重要作用。在印第安人社会中,广泛流传着伟大精神创造世界的传说,如在Skagit印第安人关于动物创造世界的传说中,是乌鸦、狼和貂一起创造了世界;易洛魁人则认为世界是被放置在一个大乌龟的后背上面的。[①]“在阿尔贡金语中是曼尼托(Manido),易洛魁语中是奥任达(Orenda),而苏语中是瓦坎(Wakan),这些都是对超人力量拥有者的称呼。”[②]印第安认社会生活的各个方面都与宗教密不可分,比如在杀死猎物前,西北海岸科瓦克瓦加部落(Kwakuaka)部落的妇女会祈祷道:“我来到这里,你这超自然的神也来了,你,这永生的创造者。我对你说,因为这就是你来这里的原因,由你的创造者带来,你来这里是为了满足我,你这超自然的神,这样你就不会怪罪我。”[③]在印第安各个部落中,不仅设有专门掌管精神的神职人员、不同的宗教仪式,还有专门的建筑,在北方这种房子叫汗屋(Sweat House),而在西南地区则叫基瓦(Kiva)。著名的印第安领袖立熊曾经说道:“我们是没有法律的民族,但我们与伟大精神、创造者和所有统治者都保持着非常良好的关系。你们白种人认为我们是野蛮的,你们不懂得我们的祈祷。你们也并不尝试去理解。当我们向太阳和月亮或者风唱赞歌的时候,你们说我们在崇拜偶像。没有理解,只是因为我们的崇拜方式与你们的不同,就贬低我们是堕落的灵魂。我们几乎在各个方面都可以看到伟大精神的工作,太阳、月亮、树木、风和山峦。有时候我们通过这些东西来接近它。那有什么不好吗? 我认为我们对

① Albert Hurtado and Peter Inversion, eds., Major Problems in American Indian History: Documents and Essay, Boston: Houghton and Mifflin Company, 2001, pp. 20-28.

② Philip J. Deloria and Neal Salisbury, eds., A Companion to American Indian History, Malden: Blackwell Publishers, 2002, p. 87.

③ Shepard Krech III, The Ecological Indians: Myth and History, New York: W. W. Norton and Company, 1999, p. 118.

超自然物具有真正的信仰。比大部分的白人具有更强烈的信仰,他们却叫我们是异教徒……印第安人的生活贴近自然,而大自然的统治者也不生活在黑暗之中。”[①]虽然立熊在其著作中刻意强化印第安人价值观念与白人的区别,但不可否认,宗教的确在印第安人生活中扮演重要角色。泛神论是人类社会普遍经历的历史阶段,原始宗教产生的原因无非是两种:一是恐惧,二是有所求。爱德华·泰勒认为:“对于图腾的崇敬和畏惧是万物有灵论的具体体现方式。”[②]而另一位宗教研究者詹姆斯指出:“在悠久的往代之中,逼迫神灵,或者贿赂他们,使他们偏袒我们,是我们应付自然界的惟一的大目的。”[③]北部的狩猎民族多崇拜拥有特殊力量的动物,如对熊、海狸、鹰、乌鸦等动物的崇拜。而南部的农业部落最著名的崇拜对象则是农业三姐妹,即玉米神、南瓜神和豆神。“与一些把自己的起源归于其伟大的施主——野牛,通常是一个野牛女人——的草原部落一样,许多东部部落也把海狸作为他们的部落祖先。”[④]万物有灵论虽然它培养了人类对大自然的敬畏精神,“对他们来说,所有传统生活中的一切都是神圣的。”[⑤]但从本质上讲,它是与科学探究精神相对立的,严重制约着印第安社会的文化进步。印第安人虽然对周围的环境拥有非常丰富的认知,但却不能做出科学解释,也缺乏进行科学解释的动力。因为没有文字,只能靠效率很低的手口相传模式传承下去。

印第安人对北美自然环境依赖性较强,他们的衣食住行离不开北美的环境,他们也深深地理解这种依赖关系,因此他们的传统生态智慧值得现代社会借鉴。各地印第安人无论生活方式或者价值观念,都与当地环境密不可分。如东北部从事采集狩猎的部落与西南部农业部落在衣食住行和风俗习惯方面具有明显的不同,而东南部的农业部落和西南部的农业部落之间也存在着明显的差异,而导致这种差异的最根本原因就是各地自然条件的不同。东南部温暖湿润,猎物丰富使得这里的人们生活优裕,居住木屋,衣物以动物皮革为主。而西南部由于环境恶劣,这里的印第安人不得不将较多精力用于

---

① Luther Standing Bear, Land of Spotted Eagle, Lincoln: University of Nebraska Press, 2006, p. 38.

② 张晓晓:《论西方历史上的万物有灵论》,《濮阳职业技术学院学报》2015年第5期,第15页。

③ [美]威廉·詹姆斯:《宗教经验之种种:对人性的研究》,蔡怡佳、刘宏信,译,桂林:广西师范大学出版社,2008年,第489页。

④ Mari Sandoz, The Beaver Men: Spear Heads of Empire, Lincoln: University of Nebraska Press, 1964, p. 15.

⑤ Donald Hughes, North American Indians Ecology, El Paso: Texas Western Press, 1996, 2nd edition, p. 14.

获取食物,居住在普韦布洛或者草泥建造的半地下穴屋中,利用植物纤维编织衣服和篮子,等等。但不管哪一地区的印第安人,因为他们依然处于生存经济时代,对环境的影响相对较小,后来白人到达美洲后,才错误地以为这里的环境是未经印第安人破坏的处女地。著名的印第安问题专家威尔科姆·沃什伯恩(Wilcomb Washburn)指出:"实际上,所有的印第安人都生活在与自然的密切关系之中……印第安人直接依赖自然而生存,而且更重要的是,他们完全明白这种依赖性。"[①]1810年,著名印第安人领袖特库姆塞致西北总督哈里森的那句名言堪称为这种伦理的典型反映:"出售土地,为什么不出售空气,云彩和大海,或者是地球?难道不是伟大的神灵为了其子孙的利用而创造了这所有的一切?"[②]

尽管有上述共性,但印第安人是白人殖民者从他者的角度对北美原居民的称呼,不存在一套标准的一成不变的印第安人文化传统。各个部落在上万年的演化过程中,形成了各具特色的风俗习惯和生活方式。布克霍夫指出:"根据现代人的估计,美洲第一批居民至少可以分成两千多种文化和社会,践行着多种风俗和生活方式,信奉极为多样的价值和观念,使用大量不同的语言,许多部族相互之间难以沟通,即便他们相互能够认识的话,也不会认为是同一个民族。"[③]1492年,在北美印第安人中间流行的语言大约有375种。[④]不过白人殖民者到来后,共同的命运把这些分散在北美各地的土著部落连接在一起,他们面对白人社会的挑战和生存危机,不得不从过去的历史中探求群体共性,弘扬对本群体有利的文化特色,并联合起来共同应对当前社会生活中所面临的各种问题,从而出现了当前的红种人权利运动。"如果说他们决定被认作印第安人有一个普遍可以接受的理由的话,那就是历史。更准确地说,是一种意识,即具有印第安人历史或者说对过去无可争议的印第安性所

① Christopher Vecsey and Robert W. Venables, eds., American Indian Environments: Ecological Issues in Native American History, Syracuse: Syracuse University Press, 1980, p. 5.

② Tecumseh, "Shawnee Chief Tecumseh Addresses Governor William H. Harrison, 1810," in Chris J. Magoc, ed., Environmental Issues in American History: A Reference Guide with Primary Documents, Westport: Greenwood Press, 2006, p. 29.

③ Robert F. Berkhofer, Jr., The White Man's Indian: Images of the American Indian from Columbus to the Present, New York: Vintage Books, 1978, p. 3.

④ Bruce G. Trigger, Wilcomb E. Washburn, eds., The Cambridge History of the Native Peoples of the America, Vol. 1, North America, part I, New York: Cambridge University Press, 1996, p. 128.

具有的历史性联系的那种意识。”[①]如今的北美印第安人，有一半居住在城市里面，还有大约一半居住在保留地里面。虽然他们通过各种渠道弘扬印第安文化传统，但他们同样是生活在现代社会的活生生的人，追求更舒适便利的现代生活。而主流社会所认知的印第安人形象还依然是维持传统生活的所谓的高贵的野蛮人和嗜血的野蛮人两种干巴巴的他者形象，这是白人社会根据自己的偏见和需要而塑造出的一个文化上的他者形象。那么，在白人殖民者到来前后，各个不同文化区域的北美印第安人的社会文化生活大致是一个什么样子呢？

三、北美印第安人主要文明区

人类学家和考古学家们通常把把白人到来前格兰德河以北的北美大陆分成10个文化单元。它们分别是东北部文化区、东南部文化区、西南部文化区、大盆地文化区、大草原文化区、加利福尼亚文化区、西北海岸文化区、次北极文化区、北极文化区。每个文化区内虽然生活着数十个部落，但这些部落在生活方式和文化传统方面具有一定的共性。

第一个是欧美社会较为熟悉的东北部文化区，这是北美大陆同欧洲最早交往的区域，也是学者们和欧美社会研究最多的区域。这一区域的范围大致从东海岸往西延伸到密西西比河，南部大致以俄亥俄河谷为界，向北包括圣劳伦斯河谷和五大湖周边地区。在英法殖民者来到东北海岸殖民以前，这里的印第安人除了讲苏族语言的温尼巴格族(Winnebago)以外，其他主要属于两大语族：阿尔贡金语系和易洛魁语系。进一步细分，则又可以划分成五个亚区：(1)新斯科舍、新英格兰、长岛、哈德逊河谷地、特拉华河流域讲阿尔贡金语的部落，我们比较熟悉的部落如麦克米克人(Micmac)、阿本奈吉人(Abenaki)、纳拉冈塞特人(Narragangsett)、莫西干人(Mohegan)、皮阔特人(Pequot)等都属于这个语言群体。(2)纽约和安大略附近的易洛魁语族，这包括著名的易洛魁五大部落莫华克人(Mohawk)、奥尼达人(Oneida)、奥奈达加人(Onondaga)、卡尤加人(Cayuga)和塞尼卡人(Seneca)，他们所组成的易洛魁联

① Philip J. Deloria and Neal Salisbury, eds., A Companion to American Indian History, Malden: Blackwell Publishers, 2002, p. 260.

盟是当时一股强大的势力，著名人类学家研究北美印第安人主要的参考对象就是当时的易洛魁人。易洛魁人还以他们所居住的长房子(long house)而闻名。除了易洛魁联盟外，属于易洛魁语系的还有他们的死对头著名的休伦人和伊利人。(3)大湖区阿尔贡金语部落，如阿尔贡金人、渥太华人、以及奥吉布瓦人等。(4)草原阿尔贡金语部落，如西北地区的福克斯人(Fox)、伊利诺伊人、迈阿密人(Miami)、肖尼人(Shawnee)。(5)切萨皮克湾周围讲阿尔贡金语的部落，如詹姆斯敦殖民者最初遇到的波瓦坦人(Powhatan)、里奥诺克人(Roanoke)以及讲易洛魁语的萨斯奎汉诺克人(Susquehannock)等等。

东北部文化区也被称为东北部森林文化区。这里降水丰富，大部分地区土壤肥沃，适于农耕，森林中猎物、水中鱼类众多。生活在这里的印第安人充分利用大自然的丰饶，生活以采集狩猎为主、农耕渔业为辅。虽然"东北地区每个文化区都发展出截然不同的经济模式，但依据其来源，总起来可以归为两大类：狩猎—采集和混合农业加狩猎采集"。[①]他们的主要猎物有鹿、海狸等，而这些动物的毛皮，如鹿皮、海狸皮和熊皮等自然成为他们最主要的衣料。这些大部分居住在木头制作的各种房子里面，根据季节变换安排一年的生活。东北部印第安人的居所以木制结果为主，易洛魁人多居住在长房子(long house)里面，而阿尔贡金人则多居住在被称作"维格瓦姆"(wigwam)的圆形小房子里面。这里的居民还善于制作独木舟，如阿尔贡金所制作的桦皮舟是白人深入内地探险的重要工具。在政治制度方面，东北部印第安人已经发展出部落联盟，著名的如休伦联盟、易洛魁联盟、阿尔贡金人所组成的阿本奈吉联盟、波瓦坦联盟等。在东北部许多部落中存在着关于与他们生活密切的拥有超凡力量的动物如海狸、乌龟等创造世界的故事或者移民的故事，这是历史与神话结合的产物，因为该地区的许多部落都是从大湖区逐渐向东南方向迁移过来的。[②]

第二个是东南部文化区。它大致从田纳西河—波托马克河一线向南延伸到弗洛里达，从大西洋岸边向西一直延伸到密西西比河与阿肯色河相交汇

① Kathleen J. Bragdon, The Columbia Guide to American Indians of the Northeast, New York: Columbia University Press, 2001, p. 12.

② 具体情况参见：Craig Doherty and Katherine Doherty, Northeast Indians, New York: Chelsea House Publishers, 2008; Kathleen J. Bragdon, The Columbia Guide to American Indians of the Northeast, New York: Columbia University Press, 2001。

的三角地带。这里降水丰富，属于亚热带湿润气候，东部是海岸平原，西部是密西西比河冲击平原，除了边缘地区生长着高草、沼泽或针叶林以外，主要是阔叶森林。它有时候与东北部的森林文化区合称为东部森林文化区。东南文化区是典型的农业文化区，印第安人种植玉米、南瓜、豆类、烟草等各种农作物，同时也采集和狩猎林中的动植物资源。他们利用各地丰富的材质建造各种房屋，并用动物皮毛和植物纤维制作衣物。东南地区的印第安人在生活方式方面属于定居农业区，因此，这里比东北部的采集和狩猎部落的人口密度要到大得多。在白人到来前，东北部大约有7万~10万印第安人，每平方英里人口密度大约41人，而东南部的人口密度则达到每平方英里287人。[①]东南部印第安人在语言方面差别很大，分数多个语言区，有的讲苏族语，有的讲易洛魁语，有的讲图尼坎语(Tunican)、卡杜安语(Caddoan)、提姆坎语(Timucuan)等，但使用最多的还是穆斯孔金语(Muskogean)，至少有48个部族使用这一语言。东南农业文化区最著名的当属这里的五大文明部落：切诺基人(Cherokee)、乔克托人(Choctaw)、奇克索人(Chickasaw)、克里克人(Creek，又称Muskogee)和塞米诺尔人(Seminole)。该地区的许多部落如著名的纳奇兹人都被认为是伍德兰时期土丘建造者的后裔。[②]

第三个是西南文化区，它包括亚利桑那和新墨西哥大部，德克萨斯、犹他、加利福尼亚、科罗拉多部分地区。这里的地形以山区和高原为主，气候较为干旱，年降水量不足20英寸，很多地区属于沙漠景观，生长着仙人掌、荆棘等植物，猎物稀少，自然条件较为恶劣。这里很多印第安部落是此前麦哲伦、霍胡凯姆和阿纳萨兹文化的后裔，如祖尼人(Zuni)、霍皮人(Hopi)、于曼人(Yuman)等。这里的印第安人主要有两种谋生方式，以农业为主的定居的普韦布洛人，这包括霍皮人、祖尼人、卡里斯人(Keres)、提瓦人(Tiwa)、台瓦人(Tewa)、托瓦人(Towa)、皮尤人(Piro)等。这些人由于沿袭其先祖的生活方式，主要居住在普韦布洛房子里面，因此后来被笼统称为普韦布洛印第安人。在白人到来的时候，西南部的普韦布洛人大约有25万人，但在天花的打击下，

---

① William Cronon, Changes in the Land: Indians, Colonists and the Ecology of New England, New York: Hill and Wang, 1983, p. 42.

② Theda Perdue and Michael Green, The Columbia Guide to American Indians of the Southeast, New York: Columbia University Press, 2001.

到1680年西南印第安人大起义前夕,这里就只剩下大约1.7万人。[①]另外还有一些生活在荒漠中的部落,如于曼人、可可帕人(Cocopah)、莫加维人(Mojave)、皮马人(Pima)、帕帕果人(Papago)等,虽然也从事农业定居,但他们并不居住在普韦布洛房子里面,而是根据各地的自然条件,居住在用土泥等各种材料所建造的圆形的穴屋(pithouse或Wichiup)中。西南地区的印第安人是优秀的农夫和编织者,因此同其他地区的印第安人不同,这里的印第安人的衣物主要是植物纤维构成,如由棉花加工的各类棉布衣物。除了这些定居的部落外,西南文化区还有一批游猎的印第安人。最典型的就是11世纪以后从北方来到的阿萨巴斯卡人,其中最著名的代表就是科曼奇人、阿帕奇人、纳瓦霍人(Navajo)。游猎部落通常居住在半地下的圆形穴屋里面(Wichiup),他们除了采集狩猎外,还依靠袭击定居的农业部落获取必需品。著名的阿帕奇人和科曼奇人是最早从墨西哥那边获得马匹的北美印第安人部落,由此大大增加了他们的机动性,结果在17世纪以后,他们驱逐农业部落,在西南地区获得了很大的优势。[②]

第四个大的文化区是大盆地的印第安人。落基山脉以西到内华达山脉之间,从南部的科罗拉多高原到北部的哥伦比亚高原之间的地区,是著名的大盆地。它包括今天美国犹他州和内华达州的全部。科罗拉多、怀俄明、爱达荷、俄勒冈、加利福尼亚的部分地区以及亚利桑那、新墨西哥和蒙大拿的一小块。本地区的为数不多的植被以荒漠荆棘、仙人掌等为主,动物种类也很稀少。恶劣的自然条件使得本地区的印第安人最主要的活动就是想方设法获取足够的食物、水源和柴草。他们会捕猎小型动物,如兔子、蜥蜴等,捕捉各种昆虫,如蝗虫,采集植物的根茎、果实为食。由于食物紧张,这里的人们无暇征战,而且有限的食物也不可能维持大型的群落。[③]通常来说,一个部落“在食物采集、狩猎和农业耕种方面所花费的时间越多,他们能够用于追求其他文化事业的时间就越少”。[④]大盆地印第安人主要以家庭为单位在广阔的

① Philip J. Deloria and Neal Salisbury, eds., A Companion to American Indian History, Malden: Blackwell Publishers, 2002, p. 32.

② 具体情况参见:Trudy Griffin-Pierce, The Columbia Guide to American Indians of the Southwest, New York: Columbia University Press, 2010.

③ [美]奥利弗·拉·法奇:《图说美国印第安人历史》,杨恒,译,北京:光明日报出版社,2015年,第198页。

④ Carl Waldmen, Atlas of the North American Indian, New York: Facts on File, Inc., 2009, p. 34.

范围内收集食物，维持生存，居住在用木料和草泥所建造的圆形穴屋中。白人殖民者见到这些印第安人在贫瘠的土地上挖掘搜寻食物，将他们称为蒂格尔印第安人（Diggers，意为掘地者），由此可以反映他们生活的基本状况。这里的印第安人包括皮尤他人（Paiute）、犹他人（Ute）、肖肖尼人（Shoshone）等。著名的肖肖尼人是从北部迁来的阿萨巴斯卡人的后裔，他们从其南面的亲缘部落获得马匹后，向草原地区扩张，成为一支重要的军事力量。[①]

第五个是哥伦比亚高原文化区。这里西靠卡斯卡特山脉，东依落基山脉，南边是大盆地的边缘，北边是弗雷泽河谷，大致包括今天加拿大的不列颠哥伦比亚省南部，美国华盛顿、俄勒冈东部、以及爱达荷、加利福尼亚部分地区。哥伦比亚高原被本地区最著名的两条河流哥伦比亚河、弗雷泽河及其支流切割的支离破碎。各地区气候差别很大，西部靠近太平洋的迎风坡地降水丰富，生长着茂密的森林，多种动物生存其间。而大山东侧由于暖湿气流被山脉抬高，则干旱少雨，植被稀疏，猎物稀少。不过本地区的各条河流中鱼类资源丰富。本地区的印第安人不用农耕，只是依靠采集狩猎和捕鱼就可以维持生存。该地区的印第安人以村落为单位，冬天居住在用木材搭建的半地穴式屋子里面，夏天则沿河搭建活动的木制板房居住。村落是其基本政治单位。这里的印第安人主要有两大语族。偏南地区的许多部落，如克里克特人（Klickitat）、纳兹皮尔斯人（Nez Perce）、帕洛斯人（Palouse）、瓦拉瓦拉人（Walla Walla）等都属于萨哈田语系（Sahaptian），他们是原来公元前6000年即在此居住的科迪雷拉文化的继承人。而偏北地区的一些部落，如斯波坎人（Spokan）、弗莱特海德人（Flathead）、舒斯瓦普人（Shuswap）、哥伦比亚人等则属于萨利什语系，其祖先大约是公元前1500年以前从太平洋岸边迁移到此处的。除了这两大语系以外，本地区还有一些其他语系的部落，如属于阿萨巴斯卡语系的一些北部部落，属于史努克语系的史努克人，属于阿尔贡金语系的库特奈人等。[②]

第六个是西北海岸文化区。这里从阿拉斯加南端的岛屿一直沿海岸伸展到加利福尼亚，西靠太平洋，东部是海岸山脉。太平洋上的暖湿气流被海

---

① 具体情况参见：Michael Hittman，The Great Basin Indians：An Encyclopedic History，Reno：University of Nevada Press，2013.

②具体情况参见：Craig Doherty and Katherine Doherty，Plateau Indians，New York：Chelsea House Publishers，2008.

岸山脉抬升带来丰沛的降水,有利于许多大型林木的生长。本地的海洋、港湾中生活着各种海洋动物(如海獭、海狮和鲸鱼等)和贝类,各条短促的河流中鱼类众多,尤其以三文鱼最为著名。这里的印第安人除了种植少量烟草外,基本上没有农业,他们仅仅依靠捕猎各种海洋动物和鱼类,加上少量的采集和狩猎,就可以获得丰富的食物资源。这里在一万年前就有人类居住,经过多年的演变,已经成为众多印第安人的家乡,最主要的语言是萨利什语,其次是阿萨巴斯卡语、史努克语等等。由于物产富饶,食物资源丰富易得,因此,这里的印第安人有更多的时间用于艺术创作,他们能够制作各种精美的工艺品。丰富的木材也为印第安人建造各种木板房提供了便利条件,他们还在房子前面树立起利用高大树木所制作的做工精美的图腾柱。本地印第安人与其他地区印第安人相比,社会组织发展完善,有些地方发展出了奴隶制,不过本地区最著名的一个风俗还是他们的夸富宴(potlatch)。在这种场合,显要人物会把财物分赠给族人,以此来获取尊重。[①]

第七个是大草原文化区。草原文化区从西边的落基山往东延伸到密西西比河,从南边的德克萨斯往北直到加拿大的萨斯喀彻温、马尼托巴和阿尔伯达三个草原省的南部地区。美国的达克他、明尼苏达、衣阿华、怀俄明、密苏里、阿肯色、内布拉斯加、堪萨斯、蒙大拿以及科罗拉多、新墨西哥、俄克拉荷马等州的部分地区。该地区最典型的地理特征就是一望无际的大草原,东部降水丰富地区是能够没人的高草区,叫prairie,100度经线以西属于干旱的低草区,叫大平原(great plains)。草原地区早在公元前8000—公元前6000多年以前的福尔瑟姆文化和普兰诺文化时代就有远古印第安部落在此狩猎野牛。虽然有的学者认为印第安人利用野牛崖这一方式最早的狩猎地点是距今10000年以前的德克萨斯的邦尼菲儿谷地(Bonfire Shelter),但并不能找到确切证据。而加拿大阿尔伯达省的海德斯麦斯因(Head-Smashed-In)遗址是迄今所发现的最早的古印第安人利用野牛崖狩猎的遗址,考古学家们在崖下10多米深的沉积层下面挖掘出大量印第安人狩猎野牛的器物,它表明至少在距今6000年以前印第安人就在此地狩猎了。[②]对于普兰诺文化以后大草原上

① Vine Deloria, Jr., Indians of the Pacific Northwest, Fulcrum Publishing, 2012; Kent Rasmussen, ed., The American Indian Tribes, Pasadena: Salem Press, 2000, pp. 74-78.

② Jack W. Brink, Imagining Head-Smashed-In: Aboriginal Buffalo Hunting on the Northern Plains, Edmonton: Athabasca University Press, 2008, pp. 19-20.

生活的远古印第安部落变化的情况，考古学家们尚不能给出准确意见。不过许多游猎部落可能是受到干旱的影响，的确在13世纪都最终离开了大草原。到白人达到欧洲的时候，大草原上生活的印第安部落大都采取农耕定居方式，可能只有北部的黑脚人和南部的部分科曼奇人完全不事农耕。而许多著名的草原部落如曼丹人(Mandan)、希达萨人(Hidatsa)、威奇塔人(Wichita)、阿里卡拉人(Arikara)等最初都属于定居或半定居的农业部落。而他们的住房也是草泥建造的。而随着马匹的引入，东部生存压力的加大，许多其他地区的部落才汇集到草原，狩猎野牛，并压缩农业部落的活动领域。这些来到草原的部落很快适应这里的生活，围绕狩猎野牛发展起新的生活方式。而草原印第安人也很快熟悉了马匹的驯化和使用方式，成为彪悍的骑手，并在19世纪以后反而成为了欧美社会大众普遍认可的草原印第安人形象，而此前的徒步猎手形象反而被淡忘了。①

第八个是加利福尼亚文化区。加利福尼亚属于地中海气候，南北气候差别很大，北部降水丰沛，植被茂密，而南部则干旱少雨，因此，南部的许多印第安人的生活方式与大盆地有些相似，而北部则同西北地区接近。不过由于东部为卡斯卡特山脉所阻隔，因此生活在这里各印第安部落自成一体。因为动植物资源丰富，玉米种植盛行，生活安逸，因此，这里成为格兰德河以北印第安人人口密度最大的地区之一。印第安人根据不同的地理条件，房屋结构也差别很大，北面的部落因为有唾手可得的森林资源，像北方的邻居那样居住在木板房子中。而南部干旱地区的居民则居住在半地下的穴屋中。本地区印第安语族非常复杂，有上百种语言之多，最为流行的是霍侃语(Hokan)流行。在白人到来前，这里生活着大约31万居民，但由于疫病的影响，这里印第安人的数量迅速下降。②不过由于群山阻隔，因此这里的印第安人在北美历史上存在感较低。③

第九个是从太平洋岸边的库克湾一直延伸到加拿大圣劳伦斯河口的次

① 关于草原印第安人历史的变迁可以参考：Daniel J. Gelo, Indians of the Great Plains, New York: Routledge, 2016; David Wishart, ed., Encyclopedia of the Great Plains Indians, Lincoln: University of Nebraska Press, 2007; Loretta Fowler, The Columbia Guide to American Indians of the Great Plains, New York: Columbia University Press, 2003.

② Albert Hurtado and Peter Inversion, eds., Major Problems in American Indian History: Documents and Essay, Boston: Houghton and Mifflin Company, 2001, pp. 258-261.

③ Kent Rasmussen, ed., The American Indian Tribes, Pasadena: Salem Press, 2000, pp. 19-25.

北极文化区。这里从苏必利尔湖北端一直延伸到哈德逊湾周围,本地区包括美国阿拉斯加、加拿大草原西部四省北部、安大略和魁北克的北部地区、育空地区、西北地区以及纽芬兰岛的大部分地区。本区最典型的自然特征就是一望无际的针叶林,因此这里又被称为泰加林(Taiga)文化区。这里湖泊众多,冬季漫长,夏季短暂,生活在其中的印第安人都是依靠狩猎和采集为生的流动部落。他们主要的猎物有各种鹿类、海狸、貂、狼獾等,南部一些地区的印第安人还狩猎野牛。同时,各个湖泊河流中丰富的鱼类和水禽也为他们提供了很好的食物补充。这里的印第安人通常以家庭为单位随着猎物群的游动而移动。猎物的毛皮为他们提供制作衣物和帐篷的材料。次北极地区的印第安人以哈德逊湾西侧的丘吉尔河为界,大体上分成两大语族:东部的阿尔贡金语族和西部的阿萨巴斯卡语族。本地区气候寒冷,毛皮资源丰富,这里的许多印第安人部落在北美西北部毛皮贸易史上扮演了重要角色。如著名的克里人是白人在西北地区开展毛皮贸易的重要助手。[①]

第十个是围绕北冰洋的因纽特文化区。这里气候严寒,冬季漫长,自然条件恶劣。古因纽特人和阿留申人的祖先在大约6000年以前乘坐兽皮制作的皮划子来到北美大陆,在这里生存下来,因此他们不是最早来到的古印第安人的后裔。因纽特人依靠狩猎海洋生物和驯鹿为生,辅以鱼类。他们一般以家庭为单位,居住在用冰雪做成的房子里面,这种房子叫易格洛(Igloo),具有很好的保暖效果。由于地处高寒,因纽特人的衣服都是用厚厚的动物皮毛制作的,他们的吃穿用度都靠猎物获得。因纽特人原来被其南面的邻居阿尔贡金人蔑称为爱斯基摩人(Eskimo),意为吃肉生番,白人到来后这一称呼广泛流行,现已被弃用。现在他们自称为因纽特人,意思即“真正的人”。加拿大在1999年单独建立了因纽特人的自治区,称为努特乌特(Nunawut)地区。因纽特人对北美印第安人最大的贡献恐怕就是他们从亚洲迁移过来所携带的弓箭了。这一技术经他们南面的邻居传播到美洲其他各个地区,大大改变了美洲土著部落的狩猎和战争模式。[②]

① Kent Rasmussen, ed., The American Indian Tribes, Pasadena: Salem Press, 2000, pp. 74-78.

② 具体情况参见:Marcel Mauss, Seasonal Variations of the Eskimo: A Study in Social Morphology, New York: Routledge, 2004;Kent Rasmussen, ed., The American Indian Tribes, Pasadena: Salem Press, 2000, pp. 11-18.

四、印第安人口之谜

在哥伦布到达美洲以前，美洲印第安人的人口到底有多少？这个问题从那个时代起，就困扰着当时的殖民者，许多人通过多种方式，试图弄清当时的美洲到底有多少人。当然，对于后来的美国和加拿大来说，他们更关心的是在它们的领土范围内，生活着多少印第安人。这个问题既是一个历史人口问题，同时也是一个政治问题。因为在不同的时代，出于不同的动机，人们对于北美印第安人人口的估计差别很大，从最少的50万人到1800万人不等。

其实，从古印第安人踏上北美大陆以后，主要受当时自然条件的影响，他们的人口数量就一直处于变动之中。白令大陆桥时代远古印第安人到底有多少随着猎物的脚步到达北美大陆，学者们至今无法提供一个可靠的数据。但可以肯定的是，那个时代即便猎物丰富，能够有幸到达美洲的也不会太多。假如有1000人在那个时代侥幸到达北美大陆西北部，然而沿着威斯康星冰川与科迪雷拉山系之间的通道逐渐南下，在大约1000年的时间里，逐渐到达南美大陆的最南端。然后在随后的上万年的时间里，随着古印第安人对北美环境认识的加深和技术的进步，他们获得的食物数量和种类也随之增多，其人口也会不断增加。但至于能够达到什么样的增长速度，这要取决于众多因素，诸如当时人口的平均寿命，出生率和死亡率之比，瘟疫、战争和各种意外，等等。在采集和狩猎时代，一个部族即便要维持正常的人口代谢，估计其人口规模至少需要达到在4000~5000人左右。[①]而考虑到可获取食物的难度，最初的人口密度应该很低，可能只有1人/100平方英里，因此当时北美洲的总人数不会超过10万人。[②]

农业定居是导致人口增加的一个重要因素。如果食物充足，没有其他因素，按照可能的最高的人口出生比例来估算（正常情况下，人口的自然出生率会达到每年千分之六五），从理论上讲，一个部族20年的时间就可以实现人口翻一番。真要按照这种几何级数增长的话，印第安人在农业定居后的一千年的时间里会增长到一个天文数字，但真正情况并没有发生。据估计，北美东部农业区的人口密度大约在每10平方英里5人左右，西部太平洋岸边人口密

① A. J. Jaffe, The First Immigrants from Asia: A Population History of North American Indians, New York: Springer Science + Business Media, 1992, p. 76.

② Bruce G. Trigger, Wilcomb E. Washburn, eds., The Cambridge History of the Native Peoples of the America, vol. 1, North America, part I, New York: Cambridge University Press, 1996, p. 142.

度最大,加利福尼亚每10平方英里超过5个,不列颠哥伦比亚达到10人,而中部草原人口密度较小,每10平方英里也就2~3人,甚至更低。[①]因此,在白人到来前,北美大陆的人口呈现两边高,中间低的模式。以加利福尼亚为例,这里被多少学者认为是北美人口最稠密的地区,当时它的人口在30万人左右。[②]不过要依据加利福尼亚食物的丰富程度的话,恐怕在那个时期它能够养活数百万人。由此可见,除了理论上可能的增长,真正影响印第安人人口变化的因素还应该考虑战争、瘟疫、食物短缺等多种情况。印第安人社会的人口出现过多次的波浪形起伏。然总体趋势是人口在不断增加,但在一定时期内并不一定会持续增长,遇到瘟疫、大规模战乱和食物短缺,其人口还可能在一定时间内下降。而导致上述变化的最根本原因,可能是源于气候的变化,因为"气候的变化会带来食物来源的变化,由此也会引发人口分布的变化"。[③]

自从白人登上美洲大陆的时候开始,他们就思考两个问题:其一,印第安人来自哪里?按照基督教的理论,既然印第安人是上帝造人而产生的人类后裔,那他们一定是上帝的子民,并因此对印第安人的来源做出一系列的推测。第二个问题就是等白人来到美洲的时候,这里的印第安人到底有多少。其实,学者们不仅对于整个北美人口难以达成一致意见,对整个美洲的任何地区的人口的估计也千差万别。比如西班牙最初征服的西班牙岛的人口,著名的西班牙历史学家拉卡斯就曾经做过估计,他认为有300万~400万人左右,另一位学者安吉尔·罗森贝尔特(Angel Rosenblat)估计只有10万~12万人。[④]而谢尔伯恩·库克和伍德罗·保拉的估计则高达700万~800万人。[⑤]再如对新英格兰地区印第安人的估计,谢尔伯恩·库克(Sherburne Cook)估计在17世纪的时候十个最主要的部落有7.19万人,尼尔·萨利斯伯里(Neal Salisbury)认为同

① A. J. Jaffe, The First Immigrants from Asia: A Population History of North American Indians, New York: Springer Science + Business Media, 1992, p. 52.

② Russell Thorton, American Indian Holocaust and Survival: A Population History since 1492, Norman: University of Oklahoma Press, 1987, p. 33.

③ A. J. Jaffe, The First Immigrants from Asia: A Population History of North American Indians, New York: Springer Science + Business Media, 1992, p. 50.

④ Angel Rosenblat, "The Population of Hispaniola at the Time of Columbus," in William Denevan, ed., The Native Population of the Americas in 1492, Madison: University of Wisconsin Press, 1976, p. 45.

⑤ Russell Thorton, American Indian Holocaust and Survival: A Population History since 1492, Norman: University of Oklahoma Press, 1987, p. 16.

期有12.6万~14.4万人，而迪安·斯诺（Dean R. Snow）认为有10.52万人。[1]其他地区也都相似，不同学者依据标准不同，得出的数字也千差万别。由此可见，对于美洲人口的估计很难得出一个一致的看法。

各个领域的学者学术背景不同，所运用的人口估算的方法也千差万别。根据约翰·丹尼尔斯（John Daniels）的研究，由于记录材料的缺乏，历史学家们无法找到相应的数据，来自人类学、考古学、生物学、统计学等其他领域的学者各自根据本领域的研究方法去研究1492年以前印第安人的数量，大致来说，这些学者们所使用的主要方法有11种。第一种就是估计，这种方法仅仅凭借估算者个人的经验和相关情况得出数据，因此，其数据无法验证。如著名画家卡特林对北美印第安人人口的数据，主要就是根据他对印第安人的综合考察所得出的。第二种方法是数据加权（count multiple），比如依据一个部落中武士的数量，根据所有成年男人都是武士的惯例加权3倍，可以得出相应的整个部落的人数。类似可共加权的还有部落房屋数量、独木舟数量、教徒数量等。第三种统计方法是多重数据加权（multiple multiple），即在第二种方式基础上再次加权估算，比如根据贡品数量加权得出商品交易量，再根据商品交易量加权成家庭数量，再从家庭数量加权成为整个部落。谢尔伯恩·库克和伍德罗·保拉对墨西哥人口的研究就采取这一方法，因为多次加权，所以其可靠性受到怀疑。第四种是对报告的削减（report discounting），有的研究者认为早期的士兵和传教士为了夸大自己的战斗或者传教的成就而故意夸大印第安人的数量，因此在利用这些资料的时候对其数字进行压缩，当然此法也招来了对原始数据不尊重的质疑。第五种方法是传染病纠正法（epidemic correction）。这种方法是利用通过其他方式得出的土著人口在经历疫病后现存数量，根据瘟疫的致死率去估算白人到来前本地的印第安人数量。第六种是人口密度法，自然条件基本相同的地区应该具有大致相同的人口密度，根据已知的地区的人口密度去推算其他地区的人口数量。第七种是在前一种基础上更进一步，叫资源可获取性（resource availability）。根据某地可供利用的资源的情况，去估算可以支持的人口数量。第八种是在第七种基础上进一步发展起来的交可承载量（carrying capacity）。通过计算一个地区所有可以用

[1] Russell Thorton, American Indian Holocaust and Survival: A Population History since 1492, Norman: University of Oklahoma Press, 1987, pp. 32-33.

作食物的资源的总量,然后通过估计单个人口的食物需要量,从而得出该地人口的数量。多宾斯的北美1800万人口的数据很大程度上就是通过这种方法获得的,这只能说是理论上能够支撑的人口总数而不是实际生存的人口数量,因此招来的批评声较多。第九种是人口消减比例法(depopulation ratio),通过研究某些特定的部落得出一个印第安人在白人到来后的减少的比例常数,然后去倒推白人到来前的人口数量。此法的缺陷是很难得到一个被普遍认可的常数,所以随机性较大,有的学者认为这个常数是5:1,有的则是25:1。第十种方法是人口考古学的方法。通过考古发掘的印第安人遗址来估算总体的人口数量。但囿于考古发掘的资料有限,此法虽被寄予厚望,但结果并不理想,或许将来资料丰富了,可以得出更加可信的数据。第十一种方法是数学推演法(Mathematical),通过对比不同时期人口统计数字的差别去推算此前人口的数量。[①]

其实,学者们对美洲人口的估计,不仅受到计算方法的影响,还受到时代、估算者的立场与动机等因素的影响。强纳森(S. Ryan Johansson)指出:"几乎没有例外,在评估各种竞争性数据的时候需要记住的最重要的事情是大部分都受到各种隐性的、甚至是显性的政治偏见的影响。通常情况下,对于新世界在相遇初期的人口最初估计大都是支持欧洲方面的……因此认为欧洲殖民者踏上的是一片不超过100万人的空旷土地,因此,随之而来的稀疏的土著人口的减少或消失相比于欧洲人所取得的巨大成就,并不认为是一个悲剧。"[②]对印第安人较为同情的著名画家乔治·卡特林曾经为了印第安人的利益而奔走呼号,并深入西部各地,考察印第安人社会的情况。因此,卡特林对印第安人的人口估计偏高,他认为北美印第安人的在白人到来前其数量可能高达1600万。到他那个时代大概北美大陆上还剩下200万左右,这其中有600万死于天花等瘟疫,其他的则因白人的征服、酒水而丧命。[③]

19世纪末,随着印第安人被赶进保留地,整个美国社会对于印第安人处

① John D. Daniels, "The Indian Population of North America in 1492," The William and Mary Quarterly, Vol. 49, No. 2 (April, 1992), pp. 304-309.

② S. Ryan Johansson, "The Demographic History of the Native Peoples of North America: A Selective Bibliography," Yearbook of Physical Anthropology, Vol. 25, 1982, p. 137.

③ George Catlin, Illustrations of the Manners, Customs and the Conditions of the North American Indians, Vol. I, London: Henry Bohn, 1851, p. 6.

于一种悲观状态，因此，这个时代前后许多学者对印第安人的人口估计都偏低。1894年，美国人口调查局的报告认为，早期的许多欧美人士受到沿海印第安人的影响，错误地认为内地有很多印第安人。而根据他们的调查，在哥伦布到达以前，当时美国的版图内的印第安人“不会超过50万人”。[①]而进入20世纪以后，学者们对于北美印第安人人口的估计不仅没有取得一致意见，而且相互之间的分歧更大，对美洲人口的估计从最低的850万到最高1.4亿，北美人口最低100万，最高1800万。就连美国的历史教科书对白人到来前美洲人口的说法也五花八门，给出的数据从100万到1200万不等。[②]之所以产生这么大差异，除了没有确切的文字记载外，主要还在于学者们对美洲人口进行估算时候所依据的标准不一样，有的是根据不同地域来估算，有的则根据疾病的死亡率、人口统计、教会记录、考古挖掘资料或者印第安人对周围环境的生态影响等因素进行估量。

穆尼对接触初期各地印第安人人口的估计表

地区	接触日期（年）	人数
北大西洋诸州	1600	55600
南大西洋诸州	1600	52200
海湾诸州	1650	114400
中部诸州	1650	75300
北部平原诸州	1780	100800
南部平原诸州	1690	41000
哥伦比亚地区	1780	88800
加利福尼亚	1769	260000
中部山区	1845	19300
新墨西哥和亚利桑那	1680	72000
格陵兰	1721	10000
东部加拿大	1600	54200
中部加拿大	1670	50950

① U. S. Bureau of Census, Report on Indians Taxed and Indians Not Taxed in the United States (except Alaska) at the Eleventh Census: 1890, Washington: Government Printing Office, 1894, p. 28.

② John D. Daniels, "The Indian Population of North America in 1492," The William and Mary Quarterly, Vol. 49, No. 2 (April, 1992), p. 299.

续表

地区	接触日期(年)	人数
不列颠哥伦比亚	1780	85800
阿拉斯加	1740	72600
北美洲	—	1152950

资料来源:Russell Thorton, American Indian Holocaust and Survival: A Population History since 1492, Norman: University of Oklahoma Press, 1987, p. 27.

史密森学会的人类学家穆尼根据他对印第安人各个主要部落的综合的考察,在1910年得出的印第安人人口的数量是114.8万人。1928年,穆尼根据新的研究,将其估计上调到115.3万人。[①]1939年,另一位著名的人类学家阿尔弗雷德·克鲁伊伯(Alfred Kroeber)根据对各地印第安人部落人口的估计,也得出了大概相似的数字。不过他估计的人口更低,只有84万左右。[②]穆尼和克鲁伊伯作为严肃的学者,他们对北美印第安人口的估计长期被认为是最可信的数字。但是,穆尼所估计的数字并不是1492年的土著人的数字,而是17世纪甚至18世纪以后在白人到来前西部一些部落的数字。因此,他的数字比1492年印第安人实际人数明显偏低。史密森学会的另一位学者尤布雷克指出:穆尼所依据的是"人类学初期或者欧洲人所留下的可靠的估计资料。然而,在大部分地区在这些最早的估计出现以前,其土著人口已经大幅度减少……因此,他的估计实际上是为了用作一个欧洲接触以来土著人口变化的起点,而不是在与欧洲接触以前土著人口最大值的确切估计"。[③]尤布雷克参考各种数据,对穆尼的数字进行重新估计。根据他的估算,在接触初期,北美印第安人应该在217万左右,比穆尼的最初数字增加了88%。[④]尤布雷克在1988年又进一步把他的北美人口估计数字下调到189.4万人,整个北美的人口密度大约每100平方公里11人,其中人口密度最高的加利福尼亚达到75人。[⑤]

① James Mooney, The Aboriginal Population of America North of Mexico, Washington: Smithsonian Institute, 1928, p. 33.

② Alfred Kroeber, Cultural and Natural Areas of Native North America, Berkeley: University of California Press, 1953, p. 166.

③ Douglas H. Ubelaker, "The Sources and Methodology for Mooney's Estimates of North American Indian Populations," in William M. Denevan, ed., The Native Population of the Americas in 1492. Madison: University of Wisconsin Press, 1976, pp. 287-288.

④ Douglas H. Ubelaker, "Prehistoric New World Population Size: Historical Review and Current Appraisal of North American Estimates," American Journal of Physical Anthropology, Vol. 45, No. 3 (November 1976), p. 664.

⑤ Douglas H. Ubelaker, "North American Indian population size, A.D. 1500 to 1985," American Journal of Physical Anthropology, Vol. 77, No. 3 (November 1988), p. 291.

1966年，一位考古学家多宾斯根据他对美洲印第安人死亡率的研究，认为印第安人在瘟疫的打击下，其生存下来的人口只有原来人口的二十到二十五分之一，他根据当时19世纪末美洲人口的数量从而估算出1492年美洲人口数量大约在9000万到1.13亿之间，而墨西哥以北地区的人口在980万到1225万之间。[①]而1983年，多宾斯根据新的研究，进一步提高了他对北美洲人口的估计数量：1800万。[②]这是迄今学者们多得出的最高估计。多宾斯之所以做出如此巨大的人口估量，其根本原因在于他所依据的北美印第安人口最低点的基数偏大，他所依据的北美再就是对印第安人疾病致死率的估计偏高。他所利用的最低年份的数据是1930年的人口统计数据，而不是实际上的最低年份1900年的。按照这一年的数据，美国有332，397名印第安人，加拿大和阿拉斯加还有127，374人和29，983名印第安人，这样印第安人的总数就达到了49万人。其实，印第安人在最低点的时候整个北美只有37万左右。另外，多宾斯在1983年的分析中更是参考马尔萨斯的相关理论，用单位面积的人口承载率去估算白人到来前的土著人口，从而得出1800万人的数据。如果多宾斯的数据可信的话，那我们也只能说那是理论上白人到来前印第安人可能达到的人口总数，而不是实际的人口数量。其实，除了自然灾害、战争、瘟疫等不确定因素会影响印第安人数量外，印第安人还有各种人口控制措施，因此，多宾斯的数据明显是高估了。[③]

不同学者对美洲印第安人最初人口估计表

出版年份	作者	南北美洲人口总数	北美人口数量
道格拉斯·尤布雷克的统计数据		单位(人)	
1910	James Mooney	—	1150000
1924	Paul Rivet	40-50000000	1148000
1924	Karl Sapper	40-50000000	2000000-3500000
1928	James Mooney	—	1153000
1931	Walter Wilcox	13101000	1002000

① Henry Dobyns, "Estimating Aboriginal American Population: An Appraisal of Techniques with a New Hemisphere Estimate," Current Anthropology, Vol. 7, No. 4 (Oct., 1966), p. 415.

② Henry Dobyns, Their Number Become Thinned, Knoxville: University of Tennessee Press, 1983, p. 42.

③ Russell Thorton, American Indian Holocaust and Survival: A Population History since 1492, Norman: University of Oklahoma Press, 1987, pp.30-31.

续表

出版年份	作者	南北美洲人口总数	北美人口数量
1939	Alfred Kroeber	8400000	900000
1945	Angel Rosenblat	13385000	1000000
1945	Julian Steward	13170000	1000000
1949	Julian Steward	15490800	1000880
1964	Woodrow Borah	100000000	—
1966	Henry Dobyns	90043000	9,800000
1976	Douglas Ubelaker	—	2171125
约翰·丹尼尔斯的统计数据		单位(百万人)	
1976	William Denevan	—	4.40
1981	Fekri Hassan	—	1.120
1983	J. Donald Hughes	—	5.000-10.000
1983	Henry Dobyns	—	18.000
1987	Russell Thornton	—	7.000-8.775
1987	Ann Ramenofsky	—	12.000
1988	Douglas Ubelaker	—	1.894
1989	Rudolph Zambardino	—	2.000-8.000

资料来源：Douglas H. Ubelaker, "Prehistoric New World Population Size: Historical Review and Current Appraisal of North American Estimates," American Journal of Physical Anthropology, Vol. 45, No. 3 (November 1976), p. 662, p. 664; John D. Daniels, "The Indian Population of North America in 1492," The William and Mary Quarterly, Vol. 49, No. 2 (April, 1992), p. 300。本图系根据两位学者的数据综合绘制而成。

拉塞尔·索尔顿结合上述学者的研究，认为美洲大陆在接触之初有7200万人左右，而北美大陆大约700万人。其中美国本土48个州的印第安人由最高点的500万左右下降19世纪末最低点的25万左右，即只剩下原来的5%左右。而49度纬线以北，印第安人的人口从最初的200万人下降到12.5万人左右。[①]多诺万的估计跟索尔顿有些类似，他认为美洲人口总数以5730万人为基点，上下浮动25%，即4300万到7200万人之间，北美人口总数大约为440万人左右。[②]

① Russell Thorton, American Indian Holocaust and Survival: A Population History since 1492, Norman: University of Oklahoma Press, 1987, p. 42.

② William M. Denevan, ed., The Native Population of the Americas in 1492, Madison: University of Wisconsin Press, 1976, p. 291.

从1966年多宾斯发表文章开启对印第安人人口估计的话题，到1992年丹尼尔斯的文章对这一时期研究进行总结，不同的学者对北美印第安人的人口数量进行了各种估算，得出的结果也五花八门。不过从此以后，这个话题突然冷了下来，最近这些年未见关于此问题的较有争论性的人口数据被提出来。学者们可能永远也无法得到1492年印第安人口数量的确切数据。不同的学者，处于不同的立场，依据不同的标准，都会得出一个大致的人口估算数据。从一定意义上说，有多少对印第安人口问题感兴趣的学者，就可以得出多少个估计数字。不过相对来说，多诺万的估算可能更接近于1492年的真正人数。

其实，无论是按照最高的多宾斯的1800万，还是尤布雷克修正后的189万的较低数据，美洲印第安人在白人到来后的四百年里都经历了一场人口劫难。在白人所带来的瘟疫、战争、酒水以及各种各样的打击面前，失去了90%以上的土地和人口，最后被圈在孤零零的保留地中，面临着既失去土地，文化上也被同化的悲惨命运。他们所经历的苦难是不能简单用一句“恶的历史作用”或者苦难是进步的代价而被轻轻抹去的。正义虽然会迟到，但永远不会缺席。

结论

美洲印第安人作为第一批移民的后裔，他们在白人到来前在美洲大陆上生活了上万年的时间。在这漫长的一万多年里，印第安人根据周围环境的变化，发展出适于本部落的生存方式，因此也创造出了灿烂的文明，只不过大部分印第安人没有文字，这些文明只能通过考古发掘而得以重见天日。而在白人到来后，随着印第安人人口的锐减，许多文化传统则随着其承载主体的消亡而逐渐消失了。因此，学术界需要加强对白人到来前印第安人社会文化传统的研究，摒弃各种偏见和刻板化形象，从根本上还原印第安人在白人到来前的生存生活状况。

白人到来前印第安人问题之所以扑朔迷离，除了学界缺乏应有的重视外，还由于印第安人未能留下文字记载，因此不得不借助考古学、民族学、文化人类学、口述史等多学科的综合研究方法。而印第安人之所以长期在人类社会第一阶段徘徊，除了技术性因素之外，最根本的就是生存经济长期存在。这种生存方式在让北美印第安人与大自然保持密切交流的同时，也使得他们的文化缺乏我们今天所赞许的发展进步所需要的推动力。

北美各地的自然环境差别很大，印第安人根据各地资源条件的差异，发展出相应的生产模式和生存技巧，从而创造了色彩缤纷的印第安文化。而在过去上万年的时间里，各地印第安人的文化传统也在持续发生着变化。因此，很难用一个静止的一元的标准去界定印第安人的文化传统，只能说某一阶段与前一阶段相比，发生了什么样的变化。在白人到来前，北美印第安人在经济上仍然处于生存经济阶段，政治上属于部落及部落联盟，尚未建立起国家，在宗教文化方面依然处于万物有灵论阶段，尚未发展出一神论。如果不是哥伦布发现美洲，恐怕印第安人还要在人类社会的低级阶段长期滞留。1500年以后，在白人基督教文化的冲击下，印第安人被强行拉入世界一体化的发展轨迹，其社会文化在短期内发生急剧变迁。当然，印第安人也在此过程中付出了惨重的代价，沦为现代化发展的牺牲品。不仅土地被侵占，人口锐减，其文化也遭到了白人种族主义的歧视和压迫，面临着被灭绝的命运。而20世纪以后，随着印第安权利运动的兴起，印第安文化传统才重新得以弘扬。

古代两河流域创世神话所反映的文化特征*

宋 娇 李海峰①

摘 要:创世神话作为一种文化产物,可以作为反映其所属文化特征的重要素材。古代两河流域丰富的创世神话,反映了古代两河流域文化中的崇尚"力"、宗教色彩浓厚和神灵至上的文化特征。而这些文化特征的形成又与古代两河流域的地理环境、政治发展特点以及经济发展状况等密切相关。

关键词:古代两河流域;创世神话;文化特征

创世神话作为一种文化产物,可以反映出所属时代的价值观,而价值观又是其所属时代文化特征的重要体现。古代两河流域文明中存在着丰富的创世神话,为了解古代两河流域文化的特征提供了重要视角,同时文化特征受其所属社会各种政治、经济、文化精神等社会生活领域的实践活动的影响,因此进一步分析文化特征的形成原因,可以更好地揭示古代两河流域文明形成和发展的特有样貌。

一、崇尚"力"

古代两河流域创世神话所反映的崇尚"力",可以理解为崇尚"力量"和崇

* 基金项目:国家社会科学基金重大招标项目"公元前2—1千纪古代两河流域楔形文字经济契约的整理与研究"(208ZD239);邯郸市2020年度哲学社会科学规划课题"邯郸地区博物馆教育活动研究"(2020064)。

① 作者简介:宋娇,女,1990年生,河北邯郸人,河北工程大学文博系讲师,研究方向为中外神话比较研究;李海峰,男,1976年生,华东师范大学历史系教授,研究方向为亚述学。

尚“武力”两方面，主要通过对神灵外表、神力以及神话情节等方面的描述表现出来。苏美尔时期并没有一部完整的创世神话，从现存有关创世的片段资料来看，关于神灵外表和神力描写的内容较少。而巴比伦人最著名的创世史诗《埃奴玛·埃里什》则包含着大量对于神灵外貌、体格以及神力的描写，这些描写充分显示着两河流域人们对于力量的崇尚之情。如关于水神埃阿的外貌这样描述到：“努丁木德[①]才是统治他的先祖的神，他智慧超群、感觉敏锐，而且非常强壮。”[②]（泥板一，第17—18行），“埃阿比他的祖父安沙尔力量都要强大，同辈兄弟神中没有神是他的对手”。[③]“强壮”一词体现出埃阿在体格上具有强大力量，“智慧超群、感觉敏锐”则体现出埃阿具有内在的软力量。总之，埃阿无论内在还是外在都具有相当强的力量，在同辈神中是佼佼者。正因如此，埃阿才可以统治其祖先神、能够杀死原始父神阿普苏、有资格成为众神之主马尔杜克的父亲。即使是反面角色也会被描绘成一种拥有强大力量的存在。如《埃奴玛·埃里什》中的反面角色提阿马特亦是“力量无穷，且令人恐惧”[④]，就连上文具有强大力量的安努和埃阿面对其时都望而却步，无功而返。这样描述也为马尔杜克的出场奠定基础。史诗对马尔杜克外表和神力的描写更为详细和生动：“他的身体是高贵的，目光似火，他从出生就是个英雄，从一开始就是个强壮有力的神。”[⑤]（泥板一，第87—88）“他长得比较高，他有四只眼睛和四只耳朵，当他动一动他的嘴唇，火就会从他的嘴里喷出。令人生畏的是他那四倍强的察觉力，眼睛同时可以看到每一个方向。他的外形超群，他的手脚是巨大的，在出生之时就已超越众神”[⑥]（泥板一第92—100行）。马尔杜克无论从外表形象，还是自身具有的神力技能，不仅强大而且超群，只有具备如此强大力量才能对抗凶猛的提阿马特，成为最终的诸神之主、众神之王。通过对多位神灵外表和神力描写的分析，可以发现古代两河流域神灵系统中，力量成为衡量一位神灵地位高低的重要标准，力量越大，神灵地位和威望越高。亚述时期的创世神话继承了苏美尔和巴比伦的创世神话，创

① Nudimmud，其中“Nu”为肖像之意，“dimmud”为制造啤酒之意，后引申为创造之神之意，并成为水神恩基（Enki）或者埃阿（Ea）的别称。

② P. Talon, The Standard Babylonian Creation Myth Enũma Elîš, Helsinki: Vammalan Kirjapaino Oy, 2005, p.33.

③ P. Talon, The Standard Babylonian Creation Myth Enũma Elîš, p.33.

④ P. Talon, The Standard Babylonian Creation Myth Enũma Elîš, p.43.

⑤ P. Talon, The Standard Babylonian Creation Myth Enũma Elîš, p.36.

⑥ P. Talon, The Standard Babylonian Creation Myth Enũma Elîš, p.36-37.

世主神阿淑尔在外貌和神力方面几乎与马尔杜克相似，亦是一位拥有威猛外表和强大神力的神灵。除了创世神话中的神灵表现为力量的集合体之外，其他文学作品中的英雄或者野人也表现出超强的力量感。如吉尔伽美什，“当众神创造吉尔伽美什之时，它们赋予他完美的身躯，太阳神沙玛什赋予他美貌，暴风雨神阿达德赋予他勇敢，众大神使他的美貌更完美，超过所有其他人，其威武宛若一头巨大的野公牛。”[①]最初吉尔伽美什是一位暴君，安努为了拯救乌鲁克、惩治吉尔伽美什，便派遣拥有巨大力量的野人恩基都来制服吉尔伽美什。起初两人经过艰苦的战斗后，胜负结果众说不一，“但无论如何，从史诗中明显可见，两人相互钦佩对方的勇敢和武艺，产生了英雄相惜之情，结成了形影不离的莫逆之交。”[②]可见勇敢和力量是英雄之间较为看重的品格和能力，从侧面反映出两人都欣赏有力量之人。

古代两河流域创世神话中的“尚力”除了崇尚“力量”之外，还崇尚“武力”。该特点表现最明显的是在《埃奴玛·埃里什》之中，在创世神马尔杜克创造宇宙万物之前，完全是诸神之间的战争，篇幅占全文百分之六十。最后创世神的选择也是通过武力战争来选拔，能够赢得战争最终胜利的则被推选为创世神。另外在一篇苏美尔时期的人类创造神话《恩基与宁玛尔赫》中，宁玛尔赫对于诸神对恩基的追捧表示不满，于是提出与恩基就创造人类和改变人类命运的能力进行竞争，最终以宁玛尔赫的失败而告终，落得城毁神离；[③]在另外一篇苏美尔人的有关创世神话《恩基与宁胡尔萨格》之中，全文的主线便是恩基为了篡夺宁胡尔萨格的命运决定权，而与其展开不断的争斗，双方势均力敌，最终选择相互妥协；[④]在巴比伦的大洪水神话《阿特腊哈西斯》中，首先是承担重务的小神与恩利尔神之间的矛盾，导致诸小神围攻恩利尔神庙，最终恩基提出创造人类以转移诸神负担而解决两者之间的矛盾与斗争。[⑤]诸神与被创造出人类的矛盾，这种矛盾在苏美尔人的大洪水神话中也有体现，

---

① 于殿利：《巴比伦与亚述文明》，北京：北京师范大学出版社，2013年，第658页。

② 于殿利：《巴比伦与亚述文明》，第659-660页。

③ 参见T. Rodin, The World of the Sumerian Mother Goddess-An Interpretation of Her Myths, Uppsala: Acta Universitatis Upsaliensis, 2014, pp.339-342

④ 参见T. Rodin, The World of the Sumerian Mother Goddess-An Interpretation of Her Myths, pp.329-337.

⑤ 参见W. C. Lambort and A. R. Millard, ATRA-ḪASĪS: The Babylonian Story of the Flood, Oxford: Oxford University Press, 1969, pp.44-54.

最终神灵也都是选择发动大洪水来解决与人类之间的矛盾。[①]除了创世神话中体现出古代两河人崇尚武力之外,其他文学作品和艺术作品对其也有所反映。如《吉尔伽美什史诗》中吉尔伽美什与恩基都之战;吉尔伽美什、恩基都与天牛之战;吉尔伽美什、恩基都与魔怪胡瓦瓦之战,战斗贯穿于整个史诗。[②]《阿达帕与南风》之中是阿达帕与南风之间的争斗,最终南风被折断翅膀;[③]《埃塔那》史诗之中,争斗在鹰与蛇之间展开,最终老鹰被折断翅膀扔在一个黑暗的山洞中。[④] 由此可见,古代两河流域创世神话以及相关文学作品中都流露出两河流域人们崇尚力量或者武力的文化特征。

古代两河流域创世神话之所以如此尚力与其地理环境、政治更迭状况以及经济发展模式密切相关。两河的存在为文明的发生和发展奠定物质基础,但生产力水平低下,有时河水也会给人类带来灾难。两河由于缺乏湖泊调节,不定时会发生洪涝灾害,冲毁农田和房屋。另外因为两河流域位于干旱地带,经常会发生旱灾。所以两河流域的农业必须依靠灌溉系统,灌溉系统在促进农业发展的同时也会带来土地的盐碱化问题。据记载,"早王朝时期的吉尔苏便已经出现了土地盐碱化问题"[⑤],土地盐碱化轻者造成土地贫瘠,人们背井离乡,严重者甚至成为具有3000年辉煌历史的两河流域文明灭亡的一个主要内因[⑥]。艰难的生活环境,在生产力水平低下,人类思维能力较低之时,两河流域人们便认为,存在一种神秘而强大的自然力控制和决定着人类的生存状况,于是形成对于强大自然力的先恐惧、后敬畏,终为崇拜之情。当这些自然力被人格化为自然神之后,自然神同样被赋予这些强大的力量。同时因为"两河流域的宗教是以自然神为主的多神崇拜,自然崇拜长期占居主流宗教地位。"[⑦]所以最初被赋予强大力量的自然神可以一直活跃于各种类型神话之中。如最初作为农业神的马尔杜克和阿淑尔,后来作为创世神出现在创世神话之中。基于以上地理环境方面的因素,古代两河流域创世神话中充

---

① 参见W. G. Lambert and A. R. Millard, ATRA-ḪASĪS: The Babylonian Story of the Flood, p.72, p.140.

② 参见S. Parpola, The Standard Babylonian Epic of Gilgamesh, Helsinki: Vammalan Kirjapaino Oy, 1997.

③ 参见S. Izre'el, Adapa and the South Wind: Language Has Power of Life and Death, Winona Lake: Eisenbrauns, 2001, pp.9-21.

④ 参见S. Dalley, Myths from Mesopotamia, Oxford: Oxford University Press, 1989, pp.191-194.

⑤ T. Jacobsen, Salinity and irrigation agriculture in antiquity, Malibu: Undena Publications, 1982, p.8.

⑥ 参见吴宇虹:《生态环境的破坏和苏美尔文明的灭亡》,《世界历史》2011年第3期。

⑦ 张文安:《中国神话与两河流域神话的文化比较》,《陕西师范大学学报》2011年第4期。

满崇尚力量的色彩。

古代两河流域创世神话中的战争和武力色彩浓厚原因主要在于其政治的不断更迭、地理位置的特殊性和商业贸易的发达。在古代两河流域和平是非常态,战争才是常态。从公元前3500年,苏美尔人最先在两河流域创造文明开始,两河流域便经历苏美尔人争夺城邦霸权的战争。阿卡德人建立统一王国的战争、阿摩利人统一两河流域的战争以及周边民族不断地侵略和骚扰战争,尤其当亚述人建立亚述国家后,由于其特殊的地理位置,具有重要的战略和商业价值,如此交通要冲,便成为兵家必争之地。古代两河流域各强国及其周围其他游牧民族都争相夺取和控制该地区,再加之亚述国家周围没有天然屏障,亚述国家必须采取强硬的军事战争才能使国家获得生存,因此亚述人不断形成了好战尚武力的性格。除了地理环境和政治方面的原因之外,其尚武好力与商业贸易也存在着重要联系。“战争和商业贸易是相辅相成的,靠战争打下来的天下,其实很难又有足够的军队来维持幅员辽阔的帝国统治,商贸往来便成为一种辅助的手段,来保持帝国的繁荣。而在商业贸易受阻或需要之时,出兵平定也是帝国必须采取的强硬措施。”[①]两河流域地区缺乏矿产和木材,而在生产生活中,上述物品是不可缺乏的,所以必须通过对外贸易来获得。“在苏美尔时期,狄勒蒙、马干和麦鲁哈是古代两河流域通过波斯湾直接进行海上贸易的三个海外贸易伙伴。由于两河流域缺乏木材和矿产资源,恩基祝愿麦鲁哈森林茂密、矿产丰富,暗示着麦鲁哈是古代两河流域的木材和矿产的重要输入地。”[②]“阿卡德帝国时期,两河流域已与麦鲁哈建立了直接的海上贸易关系。阿卡德帝国时期,马干向两河流域输入了铜,阿曼铜矿产资源丰富,马干向两河流域输出的铜可能就是在本土开采的,因此马干也与两河流域建立了直接的海上贸易关系。”[③]古巴比伦王朝时期,两河流域与马干的直接海上贸易关系也中断了,狄勒蒙成了两河流域唯一的海外贸易伙伴,“它和两河流域北部的亚述建立了直接的贸易关系”[④]。而“两河流域

① 于殿利:《巴比伦与亚述文明》,第126页。

② 国洪更、吴宇虹:《古代两河流域和巴林的海上国际贸易——楔形文字文献和考古发现中的狄勒蒙》,《东北师大学报》2004年第5期。

③ 国洪更、吴宇虹:《古代两河流域和巴林的海上国际贸易——楔形文字文献和考古发现中的狄勒蒙》。

④ Wu Yuhong, "A Political History of Eshnunna, Mari and Assyria," Journal of Ancient Civilization, 1994, Supplement 1, p.315.

与马干和麦鲁哈之间可能存在着以狄勒蒙为中介的间接的海上贸易往来”[①]。亚述国家扼守古代西亚地区的交通要冲，更是具有发展对外贸易的优越地理条件。亚述国家对外贸易相当发达，与周边多数国家都保持着商业联系。首先是由亚述国家后期首都尼尼微向西到达叙利亚城市阿勒颇，继而到达地中海沿岸的乌伽里特城，然后从此城市向北到小亚细亚半岛西部地区，向南则到达叙利亚的首府城市大马士革。“两河流域通往小亚细亚半岛东部地区的商路既可以由尼尼微沿底格里斯河上溯，也可以由哈兰向北穿过托罗斯山脉的各个隘口。”[②]再者，亚述国家东北方的商路可以到达乌尔米亚湖南岸和阿塞拜疆；东部商路可以到达伊朗高原；而东南部商路可以到达埃兰首都苏萨，并由此向北到达里海，向东到达安山。如此庞大和繁盛的对外贸易网络，为了保证其顺利正常进行和开拓更为广阔对外贸易空间，武力成为必要手段，而通过对外贸易不断积累的财富为战争提供了物质基础，两者相互促进共同发展。所以从事对外商业贸易会兼辅武力战争，再加之古代两河流域各民族各城邦为了争夺两河地区统治霸权而不断进行的征服战争，都在不断加强两河流域文化特征中的尚武成分。

二、宗教因素贯彻始终

虽然“任何神话都是想象和借助想象以征服自然力、支配自然力，把自然力加以形象化”[③]但是在想象的过程中掺杂着必要的宗教情感，可以说宗教为神话的产生提供着肥沃的土壤。“宗教是关于超人间、超自然力量的一种社会意识，以及因此而对之表示信仰和崇拜的行为，是综合这种意识和行为并使之规范化和体制化的社会文化体系。”[④]从此概念中可以看出，宗教从内在形式上包括宗教观念和宗教体验，从外在表现上包括宗教行为和宗教组织制度。前者作为前提，后者作为结果，共同充实宗教内容。通过对古代两河流域创世神话内容的分析，可以发现其中包含着大量的宗教因素，体现出宗教在古代两河人生活中占有重要位置。

---

① 国洪更、吴宇虹：《古代两河流域和巴林的海上国际贸易——楔形文字文献和考古发现中的狄勒蒙》。

② G. Roux, Ancient Iraq, London: George Allen & Unwin Ltd, 1992, pp.13-15.

③《马克思恩格斯选集》(第2卷)，北京：人民出版社，2012年，第711页。

④ 吕大吉：《宗教学通论新编》，北京：中国社会科学出版社，2010年，第63页。

首先,从宗教的内在包含因素来看,古代两河流域创世神话中包含有古代两河人的宗教观念和宗教情感。古代两河人是相信在人类自然界之外存在超自然和超人间力量存在的。古代两河人最先崇拜和信仰的是与人们生产生活密切相关的自然事物,如天地日月星辰、风雨雷电江河等。古代两河人认为上述事物具有人类无法控制的超自然力量,于是便对其产生恐惧和敬畏,在这些情感的支配之下,人们逐渐会做出一些体现情感的行为,即宗教行为,具体包括巫术、祭祀、祈祷和禁忌等。如在《阿特腊哈西斯》中,当大母神玛米和埃阿在创造人类的方式是"我会制造一个净化浴缸,要杀掉一位神灵,并使这位神灵洗掉浸渍,从他的肉和血液中,让宁图掺上泥土。神和人,便可以彻底的融合在泥土之中,在休息时间我们可以听到鼓声,让人类从神的肉体中获得精髓,让这种精髓成为活着人类的标志,从而使人类不忘记其身体里带有神的精髓。"[①](第207—217行)以及后面"埃阿用脚使劲踩踏他们面前的泥土,玛米继续念诵着咒语"[②](第252-253行)等一系列行为正符合弗雷泽对于顺势巫术或者模仿巫术等解释:"如果我们分析巫术赖以建立的思想原则,便会发现它们可以归结为两个方面:第一是'同类相生'或果必同因……前者可称之为'相似律'……巫师根据第一个原则即'相似律'引伸出,他能够仅仅通过模仿就实现任何他想做的事……基于相似律的法术叫作'顺势巫术'或'模拟巫术'。"[③]又如在《埃奴玛·埃里什》中,当埃阿杀死阿普苏之前,"他制作了完整的计划,巧妙地编造了高威力的咒语,他吟诵着咒语,使阿普苏陷入睡眠状态。"[④](泥板一,第61—63行),然后取走其各种配饰物后将其杀死。再如当马尔杜克大战提阿玛特之时,咒语都被双方当作重要的制敌手段,"面对愤怒的提阿马特,他(马尔杜克)意志坚定,并且口含咒语"[⑤](泥板四,第60—61行)"提阿马特直接抛出了她的咒语"[⑥](泥板四,第71行)"马尔杜克也念出他的咒语,将提阿马特的咒语顶回"[⑦](泥板四,第91行)最终马尔杜克大败提阿马特。上述几处的咒语实则为一种巫术的手段,通过念咒来降

① W. G. Lambert and A. R. Millard, ATRA-ḪASĪS: The Babylonian Story of the Flood, pp.56-58.

② W. G. Lambert and A. R. Millard, ATRA-ḪASĪS: The Babylonian Story of the Flood, p.60.

③ [英]詹·乔·弗雷泽:《金枝》,徐育新、汪培基、汪泽石译,北京:中国民间文艺出版社,1987年,第19页。

④ P. Talon, The Standard Babylonian Creation Myth Enñma Elîš, p.70.

⑤ P. Talon, The Standard Babylonian Creation Myth Enñma Elîš, p.53.

⑥ P. Talon, The Standard Babylonian Creation Myth Enñma Elîš, p.53.

⑦ P. Talon, The Standard Babylonian Creation Myth Enñma Elîš, p.54.

低对手能力并加强自身威力。另外在诸神赠予马尔杜克的五十个名字中第十三个名字为“图图”,寓意为马尔杜克“可以编制咒语使生气的神灵平静下来”[①]。第十六个名字“阿伽库”,意为“祭典咒文的主人”[②],第八个名字“那穆提腊”,意为“保护生命的神”[③],他可以用祭典咒文让垂死的神灵复活。可见在古代两河人们心目中,祭祀和巫术占有重要位置,从而使马尔杜克拥有此称号以凸显其高贵之处。马尔杜克的第十五个名字为“济库”,意为“公平之神,听见并应允祈祷者的神”[④],可见,在古代两河人民日常生活中,祈祷必不可少,而且为了增强马尔杜克的威望,使其成为应允祈祷者的神,所以在人们心目中祈祷活动占有重要位置。还有在《埃奴玛·埃利什》中,关于创造人类的目的之一,便是使人类不断地祭祀神灵,可见在人们宗教生活中祭祀和供奉神灵是必须的,如此神灵才能保佑人类。巫术、祭祀和祈祷作为宗教行为方式,在古代两河流域的创世神话中得到充分表达,尽显两河人宗教行为的多样和丰富性,也可体现出两河人民宗教思想的浓厚性。从以上内容可以看出古代两河流域的创世神话不只是表达人们对于宇宙起源的看法,同时也表达出人们对于各种神灵的信奉和崇拜之情,并通过各种巫术和仪式向神灵表达自己的意图,最终希望神灵看到自己的虔诚之情而满足自己的情感和实际需要。即从内在上体现着人们对于各种宗教思想,外在上是各种宗教行为活动的表现形式。内外共同体现出古代两河流域人们对于宗教的崇尚与重视。

宗教因素之所以能贯穿于整个古代两河流域的创世神话之中,并在其中占有重要位置,是多种因素作用的结果。具体而言,这与古代两河流域早期城市国家的形成方式、后期政治发展形势、经济发展状况和文化生活密切相关。古代两河流域最重要的生产部门是农业,大约产生于公元前9000年,水资源和土壤资源为古代两河流域发展农业的发展提供基础,灌溉技术的发明大大促进了农业的发展,逐渐出现了剩余产品,也促进了人口的不断增多。这些情况造成许多连锁反应。首先,剩余产品的增多,可以使一部分人从农业劳动中脱离出来专心从事其他事情,“祭司集团则是最早从为了维持日常

① P. Talon, The Standard Babylonian Creation Myth Enñma Elîš, p.70.

② P. Talon, The Standard Babylonian Creation Myth Enñma Elîš, p.72.

③ P. Talon, The Standard Babylonian Creation Myth Enñma Elîš, p.68.

④ P. Talon, The Standard Babylonian Creation Myth Enñma Elîš, p.72.

生计而劳作的劳动者中分离出的群体”[①]。再者,剩余产品的增多会引起财富的积累,继而导致不同村落之间争夺财富的战争。之前从劳动中脱离而出的祭司阶层则会利用宗教可以团结民众的优势而组织战斗,在一次次的斗争中,祭司逐渐从临时性的军事首领变为固定的军事首领,逐渐掌握了村落之中的政治权力;另外,祭司们利用自己传播宗教,组织人们宗教生活的机会,成为最早一批掌握文化知识的群体,文化上的先进性,使其无论是社会威望还是管理其他事务都得心应手;如社会生产分工的不同,一是会造成不同的社会阶层,另一方面会造成产品专业化,接着会引起产品之间的交换,祭司则会利用自己掌握的先进文化知识组织各阶层之间的产品交换,起到产品再分配的作用。于是原始社会时期,祭司阶层逐渐掌握了村落中各个方面的权力,成为社会各阶层中的权贵者。最后,剩余产品增多,促使人口增加,当人口达到一定密度,加上阶级的产生和王权的建立,便会形成新的社会组织形式——城市国家。城市定居点的形成必须依靠农业的发展以提供人口所需的生活产品,农业资源的获得必须依靠权威力量的支持。祭司阶层作为社会各阶层的权贵者便可以具有这种权威。所以古代两河流域城市国家建立时,要么是祭司成为城市国家的国王,要么便是国王掌握着祭司阶层。另外就宗教生活而言,“宗教的鬼神观念控制着人们的生产活动,宗教的丰产观念和祈求丰产的宗教仪式支配着人们的生产活动。由于人们对神的恐惧和希望,产生了对神的虔诚信仰和对祭司的依赖和归顺”[②]。所以,城市国家形成前宗教和祭司就已经具有广泛的群众基础。综上无论是现实生活抑或宗教生活,在古代两河流域国家形成之前的时期以及国家形成的过程中,宗教和祭司阶层都在社会各方面起着至关重要的作用,或者说其从胚胎之中便与宗教建立着密切的关系,为日后宗教在两河流域的发展奠定良好的先天基础。

城市国家建立之后,宗教在稳定国家政权方面继续发挥重要作用,除此之外其在经济活动方面以及文化教育方面也占有发挥重要作用并占有重要位置。首先经济方面,神庙经济在国家经济中占有重要分量。在两河流域人的观念中,土地属于神所有,每个城市都有自己的保护神,所以每个城市的土

① P. Wheatley, The Pivot of the Four Quarters; a Preliminary Enquiry into the Origins and Character of the Ancient Chinese City, Chicago: Edinburgh University Press, 1971, p.303.

② 吕大吉:《宗教学通论新编》,第443页。

地应该属于其保护神，因此神庙拥有大量的地产以及地产里所雇佣的大量劳动力和地产上所属的奴隶。再者古代两河流域是一个商业文明发达的社会，尤其是古巴比伦时期商业活动非常繁荣，神庙祭司便利用自己手中所有的财产而进行各种动产和不动产的租赁和买卖。如根据李海峰教授对古巴比伦时期经济活动的研究，可以发现包括女祭司在内的神庙人员会频繁地直接或者间接从事各种经济活动，属于较为活跃的经济活动参与者。[①]另外祭司阶层通常是掌握文化知识的知识分子，具有书写繁琐的楔形文字和记账的技能，因此祭司阶层经常会充当经济活动的中介，对于经济活动的发展具有积极意义。祭司不但拥有经济力量，而且对信众施以思想影响，除了祭司本身属于知识分子外，神庙还开设学校，向社会其他阶层传播知识文化和宗教思想。

纵观古代两河流域历史，无论是在国家形成前的原始社会或者国家形成后的阶级社会，宗教在国家生活和人们的日常生活中都发挥着重要作用，“宗教是美索不达米亚人理解自然、社会及其自身的逻辑纲领；宗教支配着、鼓励着其他的一切文化表现和人类行为。”[②]可以说宗教就像一根无形的线将古代两河流域社会的方方面面都串联起来，所以创世神话中也处处体现着两河流域人重视宗教的特点。

三、神灵至上、人为神服务

古代两河流域的创世神话中，神灵占有主体位置，人类是附属于神灵而存在。从创世神话的内容来看，神灵在住所、服饰、力量以及生死方面都是优越于人类，从而体现出两河流域人神灵至上、人为神服务的思想理念。

首先在住所方面，“楔形文字的‘神’从表意上来看，这个词应该和天空有关，这暗示了这个术语空间上的本质，因此神就是住在天上的物种，而不是有人居住的地上。”[③]在创世神话中，天空神安努住在天上，恩利尔住在安舍拉，

---

① 参见李海峰：《古巴比伦时期不动产经济活动研究》，北京：社会科学文献出版社，2011年；李海峰：《古巴比伦时期动产交易活动研究》，上海：上海三联书店，2018年。

② ［美］马文·佩里主编：《西方文明史》（上卷），胡万里等译，北京：商务印书馆，1993年，第17页。

③ G. S. Holland, God in the Desert Religion of the Ancient Near East, Maryland: Rowman & Littlefield Publishers, 2009, p.111.

埃阿住在阿普苏,阿努恩齐纳诸神和伊奇奇诸神也分别住在天上和阿普苏,而人类却只能住在大地表面。神可以上天入地,而人类只能乖乖地待在大地上。可见神灵具有较多的神身自由。再者,在力量和技能方面,神灵具有远远超过人类的力量和技能,同时神灵可以根据自己的喜怒哀乐利用自己的神力造福或者降祸于人类。如在《阿特腊哈西斯》中,神灵厌倦人类的吵闹,便可以发动大洪水来消灭人类,人类完全没有反抗的余地,只能听由神灵裁决。然后,神灵相对于人最大的优势在于神灵可以长生不死,而人类却没有此特权,除非在神灵的允许之下,如吉尔伽美什的祖先乌特那皮什提姆。最后,古代两河流域创世神话中的神本思想还可以通过创造人类的目的和创造人类的方式等方面体现而出。如创造人类的目的方面,神灵创造人类从苏美尔人的人类创造神话《恩基与宁玛尔赫》,到巴比伦人的大洪水神话《阿特腊哈西斯》,再到巴比伦人最著名创世神话《埃奴玛·埃里什》,最后的到亚述人版本的《埃奴玛·埃里什》,创造人类的目的都是为了转移原本属于神灵的劳苦工作,并同时为神灵做其他的服务性工作。创造人类的方式也大都是采用罪神之血,掺杂阿普苏之泥土而制成。两者从根本上决定了人与神灵相比较,人类地位低于神灵,人类的存在完全是为了使神灵更好地享受生活。同时还传达出一种命运观思想,人类生来的命运便已经被决定且不可被更改的,只能默默接受,唯一能够改变人类命运的只有神灵,这正是两河流域人世界观所包括的:“人类只是对神灵俯首帖耳,才能有生存的权力,人属于低一级的存在。”[①]综上在古代两河流域创世神话中是以神为本位的。

古代两河流域的人们之所以具有神灵至上的观念,除了上述宗教在国家政治、经济和文化生活中占有重要位置外,神权与王权的特殊关系也是促使和加深这种观念的重要原因。由于在原始社会时期,祭司无论在宗教生活还是现实生活中都占有重要位置,所以城市国家建立之初,王权的强大也离不开神权的拥护和支持。同样神权的稳定离不开王权的保护,因此在古代两河流域历史上便形成了王权与神权相互辅助、共同发展的景象。首先是神权对王权具有拥护和辅助作用,或者说王权可以借助神权不断发展和强大。关于王权的产生,两河流域人的意识中,王权是上天赐予的,是神灵授予的。如在《苏美尔王表》中有:“当王权自天而降,王权在埃利都……我放下埃利都(这

①参见[美]斯蒂芬·伯特曼:《探寻美索不达米亚文明》,秋叶,译,北京:商务印书馆,2009年,第239页。

个题目),王权被带到巴德-提比拉……我放下巴德-提比拉(这个题目),王权被带到拉拉克……我放下拉拉克(这个题目),王权被带到西帕尔……我放下西帕尔(这个题目),王权被带到淑鲁帕克……五城,八王,王241200年,洪水冲过。"[①]随着加强王权的需要,国王开始进行一系列企图建立与神灵亲密关系的行为。如萨尔贡将自己的女儿恩赫都安那为乌尔城保护神南那神庙的最高女祭司,最高女祭司其实还有一个身份,即为其所属神灵的人间妻子[②],这样萨尔贡便与乌尔城的保护神建立了亲属关系,有利于其在乌尔城的政治统治;再者从原始社会时期便产生的圣婚仪式,本来是通过表演畜牧神杜木兹和爱神、生育之神伊南娜的婚礼而表达人们祈求丰产的愿望,可是两河流域的国王则选择在重要宗教节日之时与女神如伊南娜举行圣婚仪式,"此种行为除了表达宗教目的之外,另一个目的则是'国王,成为神'"[③],因为通过圣婚仪式,建立与女神的夫妻关系,自然作为丈夫的国王也可位属神灵行列;最后就是有些国王,干脆自称为神灵,如第一个将自己称为神灵的国王——那腊姆辛,"他在国内被尊为神,他和神一样头戴牛角的形象出现在各城的主庙中;他的名字之间加有神的符号,为'神那腊姆辛';他的部属有时称之为'阿卡德的神'。"[④]而且自此以后,两河流域的许多国王都自称为神,并着装具有神灵象征的衣帽饰物来凸显自己的神圣地位,从而加强自己的世俗王权。这是王权利用神权来维护自己的统治地位,另一方面王权为了不断拥有神权装饰,也极力发展可以体现神灵神圣不可亵渎、神灵至上的思想观念。古代两河流域政治上不断发生政权更迭现象,但是后起民族取得军事和政治上的胜利之时,对于前者的文明,特别对宗教观念并不是一味摒弃的,尤其是当后来的征服者看到神权在维护国家政权中的优势,便把前者的宗教观念加以继承和发展,大力扶植为自己服务的神权阶层,或者直接把神权控制在自己手中。因此即使政权不断更替,但发展神权作为巩固王权的重要工具不会被改变,并且日益国家化。从而使古代两河人的神灵至上观念不断得到发展。

但是古代两河流域的神本主义并不是绝对和纯粹的。首先古代两河流

① [丹麦]托基尔·雅克布森编:《苏美尔王表》,郑殿华译,北京:生活·读书·新知三联书店,1989年,第2页。

② 参见王献华:《皇族"恩图"女祭司与阿卡德帝国的治理》,《中山大学学报》2016年第5期。

③ T. Jacobsen, The Treasures of Darkness: A History of Mesopotamian Religion, New Haven and London: Yale University Press, 1976, p.39.

④ 吴宇虹、杨勇、吕冰:《世界消失的民族》,济南:山东画报出版社,2009年,第56页。

域的神本主义更多地针对的是人民群众，对于统治者而言最初是把自己放到神灵在人间代理人的角色，后来干脆把自己神化为神灵，在身份特征上与人民群众有了本质区别，所以说神本主义只是统治阶级的一种统治政策。再者从普通民众自身思想而言，他们对于神灵崇拜的选择多是出于与自身生产、生活较为密切的神灵，本城邦的神灵、外城邦的神灵、本民族的神灵、外民族的神灵多会选择崇拜，甚至是同时崇拜多神，这种信仰的泛滥性有时也可以认为是信仰的缺失。但是有时也会表现出对信仰的亵渎，主要是针对外邦或者外民族的神灵，两河流域历史上伴随军事战争而存在的是对外城邦神庙的摧毁、对其崇拜神灵神像的践踏和掠夺。如埃兰人攻陷乌尔城时，便将乌尔城保护神月神南那的神像劫掠而走；赫梯人攻陷古巴比伦王国时也将其城邦保护神马尔杜克的神像劫掠而走。[①]神灵兼容信仰与“劫掠神像”活动看似矛盾，其实仅是古代两河人们的功利信仰所致。一方面，当胜利者征服另一民族或者城邦时，为了得到原有人们的支持以维护新的统治，便接受被征服者的宗教信仰内容；另一方面，人们认为神像的消失会使其所属城邦秩序混乱、庄稼枯萎、畜群无法繁殖，整个国家陷入危急状态。于是为了从心理上击垮对手，便对其信仰神灵进行亵渎。信仰与亵渎都是出于现实需要，所以说古代两河文化中的神本主义并非绝对和纯粹的。

综上，通过对古代两河流域创世神话内容的分析，可以发现其所反映的文化特征主要有：尚力，重宗教和以神为本。尚力除了表现为崇尚力量，还表现为崇尚武力。恶劣的气候、水文和土地盐碱化等自然环境问题，使两河流域人渴望拥有强大的力量来与之对抗。对抗和征服上述问题，途径之一便是将这种渴望寄托在通过想象而创造出的各种神灵身上，人们希望拥有强大力量的神灵能够以此为人类降福祛灾。两河流域连绵不断的战争和政权更迭，使武力活动在两河流域人的政治生活中占有重要位置。自然资源的匮乏和发展经济的需要，使对外商业贸易成为两河流域人社会生活的一部分，武力成为保障对外贸易正常顺利进行的重要手段，同时通过对外贸易而不断积累的财富可以为战争提供强有力的物质基础。因此，政治和经济上共同需要，使两河流域人的文化中充满着崇尚武力的特征。原始社会时期，古代两河流域文明和其他文明一样，原始宗教在部落生产和生活中发挥重要作用，

① 参见晁雪婷、董晓博：《古代两河流域的“神像劫掠”》，《中国社会科学报》，2016年12月26日，第4版。

因此受到人们的极大重视。在城市国家建立的过程中,宗教人员由于可以为保证城市的建立和发展具有充足的物质产品而发挥巨大作用,所以,城市国家建立之初,宗教人员便可以直接参与政权或与政权关系密切,宗教自然也会受到重视。城市国家建立之后,政治方面,王权的稳定和扩大离不开神权的拥护,作为回报,王权也大力支持神权,从而为宗教的发展提供了良好的政治保障。经济方面,神庙本身拥有雄厚的经济力量,另外,祭司人员文化上的优势使其在经济活动中发挥巨大的中间作用,同时,其自身也会直接或间接参与各种经济交易活动,为社会经济的发展起到不可估量的作用。文化方面,神庙会开设神庙学校,会培养大量的各类人才,由神庙学校培养而出的各类人才自然会带有浓厚的宗教思想。上述原因共同促成古代两河流域的文化中充满着浓厚的重视宗教的特色。宗教色彩浓厚,可以为以神为本奠定重要的思想基础,从而使两河流域的创世神话中,神灵地位远远高于人类,处于宇宙链的最顶端,人类的存在完全是为了神灵可以更好的存在。但是,古代两河流域创世神话中所反映的神本观念同时具有民族性、狭隘性和功利性等特征。

加洛林时代的哥特沙尔克“异端”及其宗教争论

朱君杙[1]

摘　要:哥特沙尔克是9世纪加洛林世界的宗教思想家,他提出了反教会正统思想的“三位三性”和“双重预定论”,遭到了西法兰克和东法兰克国王的镇压并引发了神学思想界的争论。这一神学争论是9世纪上半叶加洛林世界各派政治势力博弈在宗教意识形态领域的一种反映,也充分反映了9世纪上半叶加洛林世界的基督教会仍旧由世俗君主把持的现实。

关键词:哥特沙尔克;“异端”;宗教争论

一提到“预定论”,稍有基督教知识的人可能首先会想到16世纪法国著名宗教改革家约翰·加尔文。他在瑞士日内瓦推行新教改革,被誉为新教的“日内瓦教皇”,他的神学理论和教会实践在瑞士、法国、荷兰、苏格兰等西欧国家和地区影响至大,而“预定论”的神学思想是“加尔文主义”的主要内容。这一神学理论适应了新兴资产阶级的要求,为资产阶级积累财富提供了借口。事实上,“预定论”的神学思想并非约翰·加尔文的原创和独创,早于约翰·加尔文700年前的哥特沙尔克就提出了类似的“预定论”神学思想。不过,由于社会现实和历史发展阶段的迥异,哥特沙尔克的“预定论”思想在产生缘由、社会影响等方面与约翰·加尔文的“预定论”思想大为不同。二人的命运也截然

① 作者简介:朱君杙,男,1983年生,辽宁大连人,东北师范大学世界文明史研究中心副教授,博士生导师,研究方向为欧中古史、中西史学比较。

不同，哥特沙尔克被斥责为“异端”，遭到了西法兰克和东法兰克国王们的镇压，遭受了审判、鞭笞、驱逐、拘禁、迫害并引发了神学思想界的争论。本文将对加洛林时代的哥特沙尔克“异端”及其引起的宗教争论进行粗浅的探讨，以求抛砖引玉。

一、哥特沙尔克及其“异端”思想

哥特沙尔克是加洛林时代最具勇气的宗教思想家，围绕其神学预定论的宗教主张引发了9世纪中叶加洛林世界最大规模的宗教思想争论。哥特沙尔克本人出生于萨克森的奥尔拜，父亲是一位萨克森人的伯爵，在其幼童之际，父母就将其送入了富尔达修道院修行，成为了当时加洛林世界著名的宗教神学家哈拉班·毛鲁斯的门下。哥特沙尔克在其早年就具有了反对宗教经典权威的叛逆思想，由于其不轨言行遭到了富尔达修道院院长的多方限制而不得不避居其他的修道院，科尔比和苏瓦松的奥尔拜修道院都曾留下过他的足迹。他还曾一度前往意大利，在克罗提亚公爵特尔皮米尔一世的公爵府邸中任职。不过，漂泊不定的生活并没有影响哥特沙尔克对于宗教神学的钻研，他特别热衷于钻研基督教教父奥古斯丁的宗教神学思想，这为他日后提出背离教会正统的“异端”思想奠定了神学理论基础。在848年10月的美因兹大会议上，哥特沙尔克被判定为“异端”，遭受了严厉批判并被处以鞭刑，会议还决定永远禁止他进入东法兰克王国日耳曼路易的国土，会议决定由兰斯大主教辛克马尔对他进行监管，辛克马尔将他遣送回奥尔拜修道院。次年，在奎尔济由西法兰克国王秃头查理主持的宗教会议上，哥特沙尔克试图为自己的宗教思想辩解，但又遭到了失败，他再次被谴责为“异端”和公共和平的扰乱者，不仅被革除了教职，承受了鞭笞，而且其宣传“异端”信仰的书籍也一律被无情焚毁，会后他被关押在霍特维列尔斯修道院。哥特沙尔克是一位顽强的“异端”思想家，虽屡遭迫害仍坚持不懈地捍卫自己的信仰，不断以书面形式向秃头查理和日耳曼路易土地上的朋友和著名的神学家宣扬自己的宗教观点。结果，在整个加洛林世界引发了一场更大规模的宗教争论，造成了加洛林世界基督教神学思想领域的分裂。特鲁瓦的普罗登提乌斯、森斯的威利奥、科尔比的拉特兰姆努斯、菲利里斯的鲁普斯和里昂的弗劳鲁斯等人纷纷撰写文章支持哥特沙尔克。兰斯大主教辛克马尔、哈拉班·毛鲁斯、约翰·斯各脱·爱留根纳则激烈反对哥特沙尔克的思想。辛克马尔撰写了批判哥特沙尔克的《论预定论》(De praedestinatione)和《论一神而非三神》(De una non trina deitate)。由哥特沙尔克引起的宗教争论持续发酵,853年的奎尔济、855年的瓦朗斯、859年的萨文尼埃勒斯等宗教会议均就此问题展开了持续的宗教争吵。为了平息宗教争议,罗马教宗尼古拉斯一世准备审理这一宗教争议案件并传召辛克马尔和哥特沙尔克。倨傲的辛克马尔拒绝传召,哥特沙尔克因身染沉疴而无法前赴教廷,罗马教宗对这一问题进行审判的愿望未能实现。重病中的哥特沙尔克仍旧遭受了辛克马尔的持续迫害,他威胁哥特沙尔克,如不改变信仰,不仅不能参加团契,领取圣体,死后甚至不能被埋葬在基督教神圣的土地上。但执拗的哥特沙尔克依然坚定地予以拒绝,直至身亡。哥特沙尔克亡故的时间可能在866年至870年之间。

哥特沙尔克的"异端"宗教思想主要包含了两方面的内容,一方面是对圣三论进行了阐释,另一方面提出了"预定论"的思想。圣三论是基督教教义的核心问题,也是基督教思想中最为晦涩深奥的奥秘。当代伟大的神学家卡尔拉纳说过:"假如天主教信仰有什么绝对奥秘的话,三位一体的奥秘便是最根本的奥秘。"[①]关于圣三论的争议自基督教会建立后就持久不断地展开,德尔图良、奥古斯丁等基督教父不断阐释这一奥秘,对圣父、圣子和圣灵三者之间的位际关系进行了深入的探讨。奥古斯丁还专门撰写了一部探讨该问题的著作《论三位一体》,成为了解释这一问题的经典权威并得到了罗马教廷的推崇和认可。与此同时,否认"三位一体"的"异端"宗教思想也在不断发展,如灵力神格唯一论、阿里乌斯派、基督嗣子说等,他们都主张上帝只有一位,耶稣不具有完全的神性,不是"三位一体"中的第二位。其中在古代晚期和中世纪早期影响力最大的"异端"教派是阿里乌斯派,西哥特人、东哥特人、汪达尔人、法兰克人等日耳曼蛮族在皈依罗马教会的正统信仰之前大多信奉阿里乌斯教。随着法兰克人等日耳曼蛮族逐渐皈依罗马教会的正统信仰,阿里乌斯教在西欧的势力逐渐消退。哥特沙尔特虽然与此前的宗教"异端"一样反对三位一性的"三位一体"论,该论认为上帝即是一神性,但同时又包括了圣父、圣子、圣灵三个位格,上帝通过圣父、圣子、圣灵的行动和表现来显示它的本

① Karl Rahner, Encyclopedia of Theology: The Concise Sacramentum Mundi, London: Burns&Oates, 1981, p. 1757.

体，但哥特沙尔克在神学思想上又与之前的宗教“异端”有着本质的不同，他创造性地提出了“三位三性”的观点。有关哥特沙尔克“三位三性”的神学记载颇为稀少。现存最主要的记载是辛克马尔的《论一神而非三神》(De una et non trina deitate)，这部著作仅有一份手稿传世。为了与哥特沙尔克展开神学论战，辛克马尔编纂了这部著作。在这部著作的开篇，辛克马尔收录了哥特沙尔克的一些论点，为了反对这些论点以捍卫正统信仰，辛克马尔择其大概呈现。据辛克马尔的记载，哥特沙尔克认为，上帝“三位一性”的论调可能是有误的。因为神性无法与位相分离或存在于位以外，故而，神性不是一个，而是三个。根据哥特沙尔克的说法，每一个单独的神的位格都是完全意义上的神，也就是说神性不是一个而是三个，以此与三个神位相呼应。[①]

哥特沙尔克的预定论思想激起了更大的争议。“预定(predestinate)的希腊原文是προ-οριζω，意思是预先选出、预先决定或事先安置，其字根的意思是预先以界限划开，是形容神在永恒中所决定的计划，这个词条曾在《新约圣经》中出现过七次。从广义来看，预定论强调神已命定所有要发生的事情，神从亘古已决定了历史事件的走向；从狭义来看，预定论乃针对个人，指神从亘古已拣选了某些人得救，又容许其他人走自己的路，虽然人是一无所取，但神仍拣选他们得救，而对某些人则置之不理，最后按照罪行定他们的罪，接受永远的刑罚。”[②]早在罗马帝国晚期，奥古斯丁就提出了“预定论”的思想，他认为上帝的绝对意识决定了何人将会得救，人们的赎罪依赖于神的恩典。[③]也就是说奥古斯丁认为神已经预知了何人将会得救。“预定”是上帝至高无上的命令，通过这一命令，他得以确定何人将会获得救赎。[④]奥古斯丁的思想被基督教会奉为权威和经典，但9世纪的哥特沙尔克在此基础之上加以演绎和发挥，创立了“二重预定论”的思想，直接触犯了教会的根本利益。他不断教导人们，上帝的预定是二重的，一部人注定得救而另一部分人则注定堕入地狱。上帝不希望所有人都能够蒙恩得救，耶稣基督也仅仅是为那些注定得救的人而死的。[⑤]也就是说，哥特沙尔克认为人类的命运已经完全被上帝所主宰，在

---

① Gilles Emery, O. P., Matthew Levering, The Oxford Handbook of the Trinity, Oxford : Oxford University Press, p.160.

② [美]殷保罗:《慕迪神学手册》，姚锦乐译，香港:香港福音证主协会，2006年，第464页。

③ Joachim P.C.Acolatse, Jr, Predestination: The Pharaoh Account of Grace, Bloomington: Author House, 2014, p. 3.

④ Joachim P.C.Acolatse, Jr, Predestination: The Pharaoh Account of Grace, p. 3.

⑤ Joachim P.C.Acolatse, Jr, Predestination: The Pharaoh Account of Grace, pp. 3-4.

人类是否蒙恩得救的问题上，人类的自由意志和善功的积极作用都被他彻底否定和排除了，同时也意味着取消了基督教会在人类救赎问题上充当上帝和人类"中间人"的中介作用。无论个人的善功，还是教会的中介都毫无意义，人类只有静待最终命运的到来。辛克马尔等宗教思想家充分意识到了哥特沙尔克这一思想动摇教会根基的危险性，对其进行了严厉地批判。根据辛克马尔的说法，哥特沙尔克弄错了恩典和自由意志之间的关系，仅仅宣扬了上帝恩典的学说，而忽略了人类的自由意志，结果在虔敬的借口下导致了一种邪恶的自满。[①]辛克马尔强调上帝将自由意志赋予了天使和人类，倘若人类没有自由意志，那么人类就不再酷似上帝，而更像是一堆石头。[②]哥特沙尔克、普罗登提乌斯等神学家们认为人类没有自由意志，因为自从亚当背弃上帝，堕落凡尘后，人类的自由意志就丧失了，因此人类唯有需要上帝的恩典才能走向完美。但辛克马尔将上帝的恩典和人类的自由意志结合起来加以论述，他认为自亚当堕落以来，人类的自由意志并没有部分或完全地丧失，而是弱化了。他援引奥古斯丁的话："我们一直具有自由的意志，但它并不总是美好的。倘若我们的意志偏离了公正的状态的话，则我们会陷入罪孽和邪恶的境地，如果我们的意志偏离了邪恶的状态的话，则我们会进入公正，进而进入美好的境地。"[③]

二、哥特沙尔克遭受的镇压、迫害和批判

加洛林王朝的统治者们对于哥特沙尔克的镇压和审判发生在9世纪40年代末。其时，裂解加洛林世界并将其"一分为三"的《凡尔登条约》业已签订，尽管罗退尔、秃头查理、日耳曼路易三兄弟之间仍旧存在着龃龉、矛盾和武装冲突，但《凡尔登条约》毕竟确立了以兄弟协作的方式化解彼此间矛盾，协力应对某些问题的相处模式，使得久经战乱、动荡的加洛林世界终于走上了大体稳定的发展道路。对于哥特沙尔克的镇压和迫害充分体现了东法兰克国王日耳曼路易和西法兰克国王秃头查理在事涉共同利益问题上的兄弟

① Jaroslav Pelikan, The Christian Tradition: A History of the Development of Doctrine, Volume 3, Chicago: The University of Chicago Press, 1980, p. 82.

② Jaroslav Pelikan, The Christian Tradition: A History of the Development of Doctrine, Volume 3, p. 82.

③ Guido Stucco, God's Eternal Gift: a History of the Catholic Doctrine of Predestination, 2009, online, Ebbo.

协作。无论是日耳曼路易还是秃头查理,对待反对教会正统思想和权威的异见人士和"异端"思想都是毫不留情的。哥特沙尔克先是遭受了东法兰克国王日耳曼路易所主持的美因兹大会议的审判,继而又蒙受了西法兰克国王秃头查理所主持的奎尔济宗教会议的审判。东法兰克王国的史书《富尔达年代记》848年的年代词条记载了848年美因兹大会议审判哥特沙尔克的场面。该年的年代词条首先介绍了848年美因兹大会议召开的时代背景,中法兰克国王罗退尔试图拉拢东法兰克国王日耳曼路易,以破坏日耳曼路易与西法兰克国王秃头查理之间的协作关系,但日耳曼路易不为所动。该年8月,日耳曼路易还派兵镇压了波西米亚人的叛乱,迫使波西米亚人臣服并送交人质。[①]10月,为了处理国内外众多问题,日耳曼路易在美因兹召开了大会议,会上他接受、听取并驳回使节们的请求,这些使节是由他的兄弟们派出的或来自诺曼和斯拉夫。他还接受了美因兹大主教哈拉班·毛鲁斯所遣人员的臣服,这位大主教公开承认自己曾阴谋反对过日耳曼路易。美因兹大会议的另一项重要内容就是对哥特沙尔克进行审判,《富尔达年代记》848年的年代词条是这样记载的:

> 某一位叫作哥特沙尔克的教士,秉持了神圣的预定论的邪恶观点——善人由上帝预定奔向永生,而恶人注定奔向永恒的死亡。哥特沙尔克被遣送至兰斯的辛克马尔那里,迫使他首先发出誓言永远不返回日耳曼路易的王国。[②]

从《富尔达年代记》的记载中可以看出,日耳曼路易和美因兹大主教虽然在政治上存有龃龉,但在反对"异端"的问题上是通力合作的,而且东西法兰克王国的高层人士,如日耳曼路易和西法兰克王国兰斯大主教辛克马尔在此问题上也是通力合作、相互配合的。在美因兹大会议上,哥特沙尔克遭到了批判并被解送至西法兰克王国兰斯大主教辛克马尔处且终身禁止踏足东法兰克王国的国境,时隔大约6个月,哥特沙尔克又在西法兰克王国奎尔济会议上遭到了批判和惩处。这次会议由西法兰克王国的国王秃头查理主持、兰斯大主教区的列位主教,科尔比、欧维莱尔、奥尔拜等修道院的列位修道院长们

① Rudolf of Fulda and Liutbert, Timothy Reuter trans., The Annals of Fulda, Manchester: Manchester University Press, 1992, p. 27.

② Rudolf of Fulda and Liutbert, Timothy Reuter trans., The Annals of Fulda, Manchester: p. 28.

出席了此次会议。此前东法兰克王国的美因兹大会议成为了奎尔济大会议的典范，哈拉班·毛鲁斯对于哥特沙尔克"异端"思想危险特征的总结成为了一种权威性的结论被奎尔济大会所接受。哥特沙尔克在奎尔济大会上竭力捍卫自己的宗教立场，但寡不敌众，其双重预定论的思想遭受了大多数与会教职人士的斥责和嘲讽。除了一份日后撰写的轶事文献外，哥特沙尔克本人的著作中并没有此次会议的记载，历史学家们只能依靠哥特沙尔克最大的教界政敌辛克马尔的叙述还原此次会议。辛克马尔关于此次会议的叙述文献共有四种，《圣伯丁年代记》、弗罗鲁斯的《三封书信》(Libellus de tribus epistolis)、一封谨致教宗尼古拉斯一世的书信、《论预定论》(De praedestinatione)。《圣伯丁年代记》849年的年代词条是这样记载这次审判的：

> 一个叫作哥特沙尔克的人，一位高卢人，他是苏瓦松主教区奥尔拜修道院的修士和教士，他因自己的学识而膨胀，使自己屈从于某些错误的教条。他曾以虔敬的名义前往意大利，耻辱地被驱逐出境。他继而在达尔马提亚、潘诺尼亚和诺里坎地区大放厥词，他依靠邪恶的素材言说和撰写了一些与我们得救相违背的学说，尤其是在预定论的问题上。在日耳曼路易出席的主教会议上，他被批判和判罚。此后，他被迫返回其主教区总堂所在的城市，也就是兰斯，由可敬的辛克马尔对其进行监管。他因背信弃义，罪有应得地受到了惩罚。基督教信仰最为精力充沛的实践者，查理国王，在兰斯大主教区召集了一次神圣的主教会议并下令将哥特沙尔克带至他们面前。他及时被带至会场，当众蒙受了鞭刑并将包含其学说的书籍统统焚毁。①

弗罗鲁斯的《三封书信》收录了辛克马尔撰写的针对哥特沙尔克的判词：

> 哥特沙尔克兄弟，你应该明白以免重蹈覆辙，你不守规矩，篡夺了司祭牧师神圣的职责，你毫无顾忌，处处恣意妄为，行径堕落，学说狂悖至此——你完全抛弃了你所应承担的职责，这一职责是由圣灵裁决所赋予的恩典，是通过我主耶稣基督的鲜血换来的。尤为重要的是，因为你，谴责教会法律，意图扰乱教会和民事事务，这背离

① Janet Laughland Nelson, The Annals of St-Bertin, Manchester: Manchester University Press, 1991, p. 67.

了一位修士的目的和名义，我们凭借主教的权威做出判决，判处你最重的鞭刑……[①]

奎尔济会议后，哥特沙尔克在被辛克马尔看押的不利境况下，仍旧不断地以书信的形式向自己的朋友们宣扬自己的宗教观点，与此同时，辛克马尔也积极寻找支持者，力争在舆论上压倒哥特沙尔克。辛克马尔邀请爱尔兰修士约翰·斯各脱·爱留根纳撰著文章批驳哥特沙尔克的预定论，这位爱尔兰修士远赴重洋，来到了秃头查理的宫廷，任宫廷学校的校长，是加洛林世界一位享有盛誉的神学思想家。他撰写了反哥特沙尔克的《预定论》，他使用逻辑术推导自己的观点，其论述要点如下：[②]

（1）上帝对邪恶不负有任何责任

（2）人类拥有自由意志

（3）上帝对于个人的判决是公正的

爱留根纳认为“上帝无法预知谁会遭受天罚，永恒的惩罚是一种邪恶。而邪恶不是一种物质存在而是一种缺陷，自由选择属于人性的一种，没有一种理性意志的话，人类将不会成为人。”[③]不过，人类的自由意志不是无限的，爱留根纳对自由意志的效力作了限定，爱留根纳认为自亚当犯罪后，倘若没有圣恩的帮助，人类将无法履行上帝的戒命，尽管他们想要这么做。堕落的人需要圣恩，以便正确地行使自由意志。[④]爱留根纳强调人类具有自由意志，其用意在于肯定善功在人类蒙恩得救中的积极作用并承认基督教会在人类救赎问题上充当上帝和人类“中间人”的中介作用。而神学家拉特兰姆努斯和普罗登提乌斯则支持哥特沙尔克的观点，秃头查理曾央求拉特兰姆努斯撰写论述基督身体和血液的文章，849年，秃头查理又请求他撰写有关预定论的著述。拉特兰姆努斯是科尔比修道院的修士，与哥特沙尔克之间友情甚笃，他也信奉双重预定论，但他的神学观点比哥特沙尔克更为温和，试图调和哥特沙尔克和辛克马尔之间的分歧，他承认上帝预知人类的两种命运，或者得救，或者堕落。但他承认善功的作用，认为上帝的拯救不是提供给所有人的，

---

① Matthew Bryan Gillis, Heresy and Dissent in the Carolingian Empire: The Case of Gottschalk of Orbais, Oxford: Oxford University Press, 2017, p. 138.

② John Marenbon, The Oxford Handbook of Medieval Philosophy, Oxford : Oxford University Press, 2012, p. 179.

③ John Marenbon, The Oxford Handbook of Medieval Philosophy, p. 179.

④ John Marenbon, The Oxford Handbook of Medieval Philosophy, p. 179.

仅仅那些坚持信仰和善功的人，死后才能得到拯救。[①]特鲁瓦的普罗登提乌斯也是哥特沙尔克的支持者，他撰写了一部长篇著作《反约翰·斯各脱的预定论》(On Predestination Against John Scotus)，普罗登提乌斯在这部著作中批驳了爱留根纳哲学方法有助于解决神学问题的观点。他认为只有《圣经》和宗教会议的公告、古代教会著作才能作为神学依据。普罗登提乌斯认为爱留根纳的观点追随了早已被教会定为“异端”的伯拉纠主义，他依据奥古斯丁的观点条条批驳爱留根纳的观点。[②]宗教思想界的争端引起了罗马教宗尼古拉斯一世的关注，他准备传召辛克马尔和哥特沙克尔，亲自审理并解决这一思想争端，但辛克马尔拒绝出席，哥特沙尔克因重病不能出席并于866年至870年间亡故。

三、催生哥特沙尔克“异端”思想的历史根源

任何宗教思想都不能悬空地存在，都是某种特定社会存在的反映。例如，加尔文的“预定论”思想反映了新兴资产阶级发财致富的利益诉求，从神学角度为资产阶级的世俗活动和个人奋斗提供了必要性和合理性，那么，哥特沙尔克早于加尔文近700年就已提出了类似的“预定论”思想，他的这一思想又是由何种社会现实所催生的呢？哥特沙尔克生活在加洛林王朝中期，其时，西欧社会的封建制度业已深入发展，整个加洛林世界并不像近代早期的西欧社会那样存在着新经济势力和新阶级力量崛起的局面。从各种文献来看，哥特沙尔克在经济方面也没有提出相应的诉求，故而，其思想主张不大可能是为某一特定阶级集团的经济利益需求服务。哥特沙尔克在族属上属于萨克森人，他的父亲是萨克森伯爵，哥特沙尔克的“异端”思想之所以萌生是否存在着萨克森人反抗法兰克人的族群抗争的因素呢？在查理曼时代，萨克森人与法兰克人有着较为深刻的族群恩怨，“查理曼为了征服异教徒萨克森人，发动了前后长达33年的战争，其中772—785年，查理曼几乎每年都对萨克森人发动军事行动，战争异常血腥残酷，大小战役不计其数，查理曼的大军蓄意野蛮杀戮，并有组织地对萨克森人的土地财富加以掠夺，同时摧毁了萨

① Ian Levy, Gary Macy, Kristen Van Ausdall, A Companion to the Eucharist in the Middle Ages, Leiden: Boston, 2012, p. 247.

② Justo L. González, A History of Christian Thought, Nashville: Abingdon Press, 1987, p. 116.

克森人的异教偶像艾敏苏尔并强制推行基督教。”[①]然而，随着大规模对外征服活动的终止以及基督教化进程的推进，在虔诚者路易统治时期，萨克森人等被征服民族似乎已被法兰克人同化，在历史文献中常与法兰克人并称或被包含在“法兰克人”的含义中。萨克森人、巴伐利亚人、阿勒曼尼人、勃艮第人、威尔兹人等族群在虔诚者路易统治时期已与法兰克人一样被认同为帝国臣民，如《王室法兰克年代记》823年的年代记所载：“5月，在同一地点（指法兰克福）召开了一次大会，与会者不仅有法兰西亚的所有贵族，而且还有东法兰西亚、萨克森、巴伐利亚、阿勒曼尼亚和邻近勃艮第和莱茵兰等各个地区的贵族，威尔兹人的两位王公兄弟因国事争吵，前来朝觐，恭请圣裁，此外尚有许多蛮族使节……”[②]这条年代记表明此时威尔兹人属于帝国的附庸，而萨克森人、巴伐利亚人、阿勒曼尼人和勃艮第人已被认同为法兰克帝国的臣民，故不再恭列蛮族行列了。及至哥特沙尔克生活的时代，萨克森人与法兰克人已经基本融合在一起，而且在哥特沙尔克的思想主张里也找不到为萨克森族群谋求利益的诉求主张，故而，哥特沙尔克的“异端”思想并非源自萨克森人反抗法兰克人的族群抗争。但哥特沙尔克可能继承了萨克森祖先们坚忍不拔的反抗精神，他不畏重压，敢于反抗，虽屡遭迫害而不改变信仰主张。

在9世纪上半叶，加洛林世界的基督教会在实质权力方面仍旧由加洛林诸王们把持，大主教和主教的任命权基本由加洛林诸王们掌控。罗马教宗虽然作为圣彼得继承人的身份受到了加洛林世界基督教会的尊重，但对于加洛林世界的基督教会却不具备任何组织领导方面的实质权力。而哥特沙尔克在加洛林世界以国王为尊的教政秩序中，隶属于反对阵营的成员。其“异端”思想之所以萌生可能存在着以宗教思想的形式反对现行政教秩序的用意，而秃头查理和日耳曼路易对于哥特沙尔克的镇压，可能也存在着在宗教思想领域镇压反对力量，铲除异己思想的目的。在9世纪上半叶加洛林世界的宗教政治光谱中，哥特沙尔克从属于以兰斯大主教埃布为首的反对派阵营。埃布原本出生在查理曼王室领地上的一个日耳曼农奴的家里，后入宫廷接受教育并深受虔诚者路易的宠信，被任命为兰斯大主教。但据提甘《虔诚者路易传》

① 朱君杙：《管窥〈王室法兰克年代记〉的官方属性——与古代中国官方史学相比较为视角》，《古代文明》，2015年第1期。

② Bernhard Walter Scholz, Carolingian Chronicles: Royal Frankish Annals and Nithard's Histories, Michigan: The University of Michigan Press, 1970, p. 112.

的记载，埃布是一个忘恩负义、背主求荣的小人。833年，虔诚者路易的长子罗退尔发动了叛乱，埃布背弃了虔诚者路易，加入了叛乱一方并在11月13日苏瓦松的圣玛丽教堂主持了宗教会议，这次宗教会议废黜了虔诚者路易并迫使他公开忏悔罪行。作为回报，罗退尔将圣瓦斯特修道院赐予了埃布。之后，埃布成为了罗退尔的忠诚追随者。834年3月，虔诚者路易复位，罗退尔逃遁至意大利，埃布被虔诚者路易俘获并被监禁在富尔达修道院中。在随后蒂永维尔召开的宗教会议上，埃布遭到了废黜。840年12月，虔诚者路易崩逝，罗退尔即皇帝位，埃布得以官复原职，充任兰斯大主教。然而一年之后，秃头查理控制了西法兰克，埃布再次被废黜，其职务由辛克马尔接掌。而哥特沙尔克与埃布之间可能是一种主人与随从之间的关系，因为哥特沙尔克在其与埃布的信函往来中将埃布称为“主人”和“宗教灵性的父亲”，而将自己称为“仆人”“家庭仆人”和“主人的依附者”。[①]在加洛林时代，许多世俗和宗教强人都拥有一批追随者，这些追随者有时会以各种名目的依附门客的形式出现。他们和主人之间的伦理、道德和契约关系构成了当时一种流行的贵族权力文化。主人向他们提供各种财政支持、荣誉和保护，而他们反过来效忠于主人，为主人履行各种职责。

埃布与哥特沙尔克相识于826年的勒克瑙修道院，在829年8月的沃尔姆斯宗教大会上，二人再次相遇并深感投缘，哥特沙尔克自此投入到埃布的麾下并跟随埃布来到了兰斯大主教区。埃布积极支持哥特沙尔克的神学研究，科尔比修道院是埃布所辖兰斯大主教治下的最为卓越的学术中心。哥特沙尔克在那里潜心从事神学研究并结识了许多神学家朋友，如前赴丹麦传道并大获成功的吉塞尔马尔以及日后在“预定论”争论中给予他支持的拉特兰姆努斯。哥特沙尔克可能与科尔比修道院的住持瓦拉也是一种挚友或盟友的关系。瓦拉是查理曼的堂兄弟和谘议重臣，在830年、833年罗退尔发动的反虔诚者路易和秃头查理的叛乱中，瓦拉积极参与其中，在瓦拉的经营之下，科尔比修道院成为了一个支持罗退尔，反对虔诚者路易和秃头查理的根据地。从哥特沙尔克所拥有的人脉关系来审视，他在政治上隶属于罗退尔、埃布、瓦拉一派，与虔诚者路易和秃头查理、辛克马尔一派相互敌对，而那些在“预定论”争议中支持哥特沙尔克的主教们，往往大多来自于埃布的麾下，或者同情

① Matthew Bryan Gillis, Heresy and Dissent in the Carolingian Empire: The Case of Gottschalk of Orbais, p. 56.

埃布，反感辛克马尔，或者来自于罗退尔治下的中法兰克王国。例如，拉特兰姆努斯曾任科尔比修道院的教师，特瓦鲁主教普罗登提乌斯则同情埃布，与辛克马尔相敌对，他曾挑战辛克马尔在兰斯教会的权威，辛克马尔还为此撰写了《论教会》(De ecclesiis)一文对其进行批驳。格勒诺布尔的主教埃布也是哥特沙尔克的坚定支持者，他来自于罗退尔治下的中法兰克王国。综合分析哥特沙尔克的人脉关系以及9世纪上半叶加洛林世界各派政教势力博弈的状况，可以得出这样的推断，哥特沙尔克的“预定论”争端是9世纪上半叶加洛林世界各派政治势力博弈在宗教意识形态领域的一种反映，作为政治斗争失败者埃布的门客哥特沙尔克提出了有悖于教会正统思想的“双重预定论”思想。尽管从现有文献的记载来看，哥特沙尔克本人并未明确提出推翻秃头查理、辛克马尔统治的主张，但其违背教会正统思想的异见主张却不见容于把持西法兰克王国教会大权的秃头查理国王和教会实权派人物辛克马尔大主教。由于这一时期加洛林世界教会的领导权仍旧由加洛林诸王，而非罗马教皇所把持，因此镇压“异端”也就成为了国王，而非罗马教皇的分内之事，而且这种镇压也存在着进一步清除政治反对派的目的。秃头查理一直与哥特沙尔克的恩主埃布为敌，埃布被罢黜监禁后，秃头查理又召开了宗教大会以审判宗教“异端”的名义对身为埃布余党的哥特沙尔克进行了处理。东法兰克国王日耳曼路易在这一时期里恰好与西法兰克国王秃头查理处于政治蜜月期，二人都与中法兰克国王罗退尔存在矛盾，因此日耳曼路易也对身为罗退尔-埃布集团成员的哥特沙尔克进行了审判和驱逐的处理。而这一时期的主教和神学家们也纷纷根据自己的政治立场和归属，在“预定论”争端中选边站队，倾向罗退尔-埃布集团的主教和神学家们纷纷著书撰文为哥特沙尔克辩护，而倾向秃头查理-辛克马尔集团的主教和神学家们则迎合当权者的立场对哥特沙尔克进行批驳。

四、结论

哥特沙尔克“三位三性”的神学观点挑战了正统的“三位一体”的神学思想，而他的“双重预定论”则在人类蒙恩得救的问题上，彻底否定和排除了人类的自由意志和善功的积极作用，也取消了基督教会在人类救赎问题上充当上帝和人类“中间人”的中介作用,直接触犯了教会上层的根本利益。从产生缘由来看,哥特沙尔克的“异端”思想既不是为了某一特定阶级集团的经济利益需求服务,也并非源自萨克森人反抗法兰克人的族群抗争,而是9世纪上半叶加洛林世界各派政治势力博弈在宗教意识形态领域的一种反映,在这场争论中,对哥特沙尔克进行镇压的是西法兰克和东法兰克王国的国王,而非罗马教皇。尽管罗马教皇也试图以最高裁决者的身份参与到这场争论中,但被辛克马尔所忽视,充分反映了9世纪上半叶加洛林世界的基督教会仍旧由世俗君主把持的现实。

美国内战前南部限制废奴刊物流通的司法实践
——以弗吉尼亚州和北卡罗来纳州为例*

李 丹①

摘　要:19世纪上半期,美国地方性的反奴隶制协会与全国反奴隶制协会出版了大量的废奴刊物,如何处理这些出版物的流通,成为困扰南部的一大难题。为此,南部各州通过了大量的地方法律来限制或阻碍废奴刊物在南部的流通,其中有著名的弗吉尼亚州1836年的《禁止煽动性刊物流通法》和北卡罗莱纳州1830年禁止煽动性刊物流通的法律。弗州最高法院分别在"巴内特案"和"培根案"从严解释了1836年的法律,限制了其消极影响;而北卡莱罗纳州最高法院在"杰西·和亚当·克鲁克斯案"以及后来"沃斯案"中,从宽解释了1830年的法律,加重了该法律的消极影响。但无论是从严还是从宽解释这些限制废奴刊物流通的法律,南部州法院都没有指出保护言论自由的广泛的宪法权利,暴露了内战前南部社会保护言论和出版自由的局限性以及对废奴主义者的迫害。

关键词:废奴刊物;流通自由;"巴内特案";"培根案";"麦克布莱德案"

19世纪30年代以来,立即废奴主义(Immediate Abolition)在全美国兴起。立即废奴主义使得废奴运动进入一个新的阶段。1835年成立的全国反奴隶

* 资金项目:中国博士后科学基金面上项目"领土扩张、奴隶制与美国早期国家的发展"(2016M591589)。

① 作者简介:李丹,女,1985年生,河南新乡人,历史学博士,扬州大学社会发展学院副教授,复旦大学世界史博士后,研究方向为美国早期史。

制协会开展了“邮寄刊物运动”(Postal Campaign),他们利用当时廉价的印刷业,出版大量的反奴隶制刊物,并将这些刊物运送到南方,从而引发了南部诸州的极大恐慌。面对如此之多的废奴刊物的流入,南部各州通过了大量州法来限制或阻碍反奴隶制刊物在南部的流通。探讨南部州法院如何检测这些州法的有效性,对理解内战前的南部社会以及南北各州之间在废奴刊物流通自由之间的分歧有重要作用。一直以来,美国史学界对废奴刊物流通问题与公民自由问题给予了普遍关注,但是这些研究却没有系统地分析南部镇压废奴刊物流通的法律的共同特征,亦没有系统地分析南部州法院对这些法律的解释及其影响。[①] 美国宪法学界到20世纪后半期才开始关注第一次世界大战前的公民言论自由权的发展,只有少数学者扩大了废奴运动研究的宪法学领域,认为内战前南部州对废奴刊物流通自由的镇压,是后来国会起草宪法第十四条修正案的原因之一。[②]

一、19世纪上半期反奴隶制出版物的蓬勃发展

美国独立战争之后,南、北各州在1787年宪法中就奴隶制问题达成了三个方面的妥协,分别是“五分之三条款”“逃奴条款”和“奴隶贸易条款”。自此以后,联邦政府每次都试图通过平衡南北各州的利益来维系联邦。随着19世纪20年代密苏里要求加入联邦而带来的密苏里妥协,有关废奴的问题也再次提上日程。在此背景之下,反奴隶制力量得以快速发展,全国各地出现了地方性的反奴隶制协会,这些协会大多是由贵格教徒所建立。贵格教徒通过创建区域性的反奴隶制组织、兴办黑人学校、创办报社以及向州议会和联邦议会提交请愿书等方式来寻求渐进地废除奴隶制。这些协会建立后,其成员开始出版和印刷大量的反奴隶制报刊和书籍。

---

① Clement Eaton, Freedom of Thought in the Old South, New York: P. Smith, 1951[c1940]; William Sherman Savage, The Controversy over the Distribution of Abolition Literature, 1830–1860, Washington, D.C., The Association for the Study of Negro Life and History, Inc., 1938; Russel B. Nye, Fettered Freedom: Civil Liberties and the Slavery Controversy, 1830–1860, East Lansing: Michigan State College Press, 1949; Donna Lee Dickerson, The Course of Tolerance: Freedom of the Press in Nineteenth-Century America, New York: Greenwood Press, 1990; Susan Wyly-Jones, The Antiabolitionist Panic: Slavery, Abolition and Politics in the U.S. South, 1835–1844, PhD. Dissertation, Harvard University, 2000.

② Michael Kent Curtis, Free Speech, "The People's Darling Privilege": Struggles for Freedom of Expression in American History, Durham, NC: Duke University Press, 2000.

1820年之后,贵格教派创建的反奴隶制协会在南北方都在增多,且主要分布在南方。1826年,来自全国各地的贵格教反奴隶制协会在巴尔的摩召开要求取消奴隶制的会议,一共有81个地方协会出席,其中71个协会位于南部蓄奴州。1827年,美国一共有130个地方性的贵格教派反奴隶制协会,其中106个位于南部蓄奴州。[①]

1815年,查尔斯·奥斯伯恩(Charles Osborn)和另外七位贵格教徒在田纳西州建立了贵格教派最早的一个奴隶解放组织——田纳西奴隶解放协会(Tennessee Manumission Society),以促使田纳西州奴隶的渐进解放。协会骨干成员伊莱休·恩布里(Elihu Embree)督促协会成员尽可能多地向州议会和联邦国会提交请愿书来影响立法机构。贵格教徒反对奴隶制的另外一个成果就是资助创建了一些反奴隶制报刊。1817年,奥斯伯恩在俄亥俄州的普莱森特建立了第一份反奴隶制的报纸《慈善家报》(the Philanthropist)。难能可贵的是他在报纸中将言论自由、出版自由和反奴隶制的斗争联系在一起。遗憾的是,这份报纸只维持了一年;1819年,伊莱休·恩布里加入了田纳西奴隶解放协会,并帮助协会在琼斯波勒(Jonesboro)创建了另外一份反奴隶制报纸——《解放通讯周刊》(Manumission Intelligencer)。这份周刊的内容全部是关于奴隶制问题,其目的是传播奴隶解放协会的思想,最终渐进地结束奴隶制。伊莱休·恩布里认识到"出版是重要的表达工具"。次年4月,《解放通讯周刊》更名为《释奴者月刊》(the Emancipator),与田纳西奴隶解放协会不再有紧密联系,更多地反映了恩布里本人的废奴思想。

奥斯伯恩和艾木布利创办报刊的努力,鼓舞了本杰明·伦迪(Benjamin Lundy)和加里森(William Lloyd Garrison)的办报事业。1821年,本杰明·伦迪买下了《慈善家报》的版权,并将其重新命名为《普遍解放者报》(Genius of Universal Emancipation),这份报纸一直创办到1839年。作为《慈善家报》的继承者,在后来出版的18年中,《普遍解放者报》展示了奴隶制的罪恶,描述了自由劳工的优越。在整个19世纪,该报纸将分散在全国的反奴隶制人士联系起来,其影响之大超过了任何一份反奴隶制报刊。也正因为如此,它受到南方各州的敌视。

---

① Amy Reynolds. Emancipation and Expression: How Abolitionists Helped Define Free Speech in the Early Nineteenth Century, unpublished Ph.D. dissertation, University of Texas at Austin, 1998, p.68.

在贵格教派创办的地方性奴隶解放协会的影响,19世纪20年代的反奴隶制刊物蓬勃发展。1826年,费城出版了《非洲观察》(African Observer);1827年,纽约出版了第一份由自由黑人出版的报纸《自由期刊》(Freedom's Journal);同年,罗德岛发行了《研究者》(The Investigator);1828年,佛蒙特州出版了《自由出版》(The Free Press);同年,新奥尔良发行了《自由派》(The Liberalist);1831年1月,加里森开始在波士顿创办他的《解放者报》(The Liberator)。据统计,截至19世纪30年代中期,全美已有多达100份的废奴主义报纸出版。[①]

19世纪30年代后,全国性反奴隶制协会的建立和壮大将原来分散于南部各州的贵格教派废奴运动聚集成大规模全国性运动。协会一成立,就在其富裕成员的资助下,利用便宜的印刷业和邮资,向全国各地邮寄废奴主义刊物。1835年,废奴主义者开展了针对南部各州的"邮寄运动",成千上万的废奴主义刊物被送到南部。到这一年的夏天,《奴隶之友》(The Slave's Friend)一共印刷了25000份,《人权》(Human Rights),《反奴隶制记录》(Anti-Slavery Record)和《释奴者报》(The Emancipator)分别印刷了50000份,这些杂志和报刊迅速被运送到南部诸州。[②]仅1837年到1838年一年之内,全国反奴隶制协会就一共出版了7877部书、47250份小册子及文章、4100份传单和10490份印刷品。[③]

随着反奴隶制协会"邮寄运动"的开展,反奴隶制的报纸和书籍大量涌入南部蓄奴州,引起了南部奴隶主的恐慌。数量之多,远远超过了他们的想象。于是,南部各州将有关禁止反奴隶制刊物出版和发行的问题提交至联邦邮政总长,希望联邦邮政部来控制煽动性刊物的流通。国会参、众两院进行了长达两年的辩论,但最终没有能够通过一部限制废奴主义出版物流通的法律。虽然在北方诸州寻求支持无望,而联邦国会又没有同意通过一部镇压反奴隶制刊物流通的法律,南部诸州并没有坐以待毙。它们不惜违背本州保护言论和出版自由的宪法和《权利法案》,陆续通过了镇压反奴隶制言论的法律。在这一时期南部诸州通过镇压性立法的浪潮中,弗吉尼亚州和北卡罗莱纳州走

---

① Asa E. Martin, "Pioneer Anti-Slavery Press", Mississippi Valley Historical Review, vol.II, No.4, March 1916, p.527.

② 李丹:《美国公共领域内的反奴隶制刊物流通之争》,《历史教学》2016年第9期。

③ Dwight L. Dumond, Antislavery Origins of the Civil War in the United States, Ann Arbor: University of Michigan Press, 1959, p.85.

在最前面，其影响也比较大。

南部州法院围绕这些限制反奴隶制出版物的法律所做的司法判决不多，弗州和北卡留下了详细的法院判决。故本文试图从这两个州的司法判决入手，一窥南部州法院对州法律的解释，从而深入了解南部社会对出版自由的理解，对煽动性言论的界定以及对反奴隶制人士的迫害。

二、弗吉尼亚州和北卡莱罗纳州的司法实践

1836年3月23日，面对“煽动性的，容易引发奴隶暴动的书籍、杂志、报纸等出版物”的大量涌入，弗吉尼亚州议会通过一项详细的法律，打压反奴隶制言论和制止反奴隶制刊物的流通，即1836年的《禁止煽动性刊物流通法》(An Act to Suppress the Circulation of Incendiary Publications)。弗州议会认为，这一法律是对那些反奴隶制协会成员和“邪恶的个人”的回应，因为“他们干涉在弗州业已存在的奴隶主和奴隶之间的关系，煽动黑人不顺从和暴动”。①

1836年的《禁止煽动性刊物流通法》一共有四款。第一款针对进入弗州的外州公民。“任何进入弗州的反奴隶制协会成员……通过书写或者演讲，坚持认为奴隶主不应该将奴隶视为财产，倡导或者建议废除奴隶制的人”，都将被处以罚金或者监禁。“为了证明一个人违反了法律中散发煽动性刊物的罪行，此人首先必须是反奴隶制协会成员之一”；第二款针对煽动性刊物的流通。任何人试图散发或者撰写“故意建议、诱惑或劝说弗州的有色人种……反叛，或者是拒绝奴隶主拥有奴隶的权力，拒绝履行奴隶的义务”的书籍，都是犯罪行为。违反这一条款的奴隶将被鞭打、出售或者送到国外，而违反这一条款的白人将被处以不少于两年的监禁；第三款规定了州邮政局长和治安法官(Justice of Peace)处置煽动性刊物的权力。一旦在地方邮局发现煽动性出版物，州邮政局长应立即通知治安法官。治安法官可以焚烧这些煽动性出版物，并处罚那些明知这些刊物具有危害倾向的订阅者；第四款是州政府将处罚那些不遵守该法的州邮政局长。②

---

① “An Act to Suppress the Circulation of Incendiary Publications”, ch. 66, 1836 Va. Acts, in Acts passed at a General Assembly of the commonwealth of Virginia, Richmond: [s.n., 1661]-, pp.44-45.

② “An Act to Suppress the Circulation of Incendiary Publications”, ch. 66, 1836 Va. Acts, in Acts passed at a General Assembly of the commonwealth of Virginia, Richmond: [s.n., 1661]-, pp.44-45.

该法通过之后不久，就在州法院得到了司法检验。在1839年的“弗吉尼亚州诉巴内特案”中[①]，弗州最高法院解释了1836年的《禁止煽动性刊物流通法》。为了寻求在向联邦国会提交的一份废奴请愿书上签名，莱塞德·巴内特(Lysander Barrett)在利维斯县散发传单，宣传这份废奴请愿书，鼓励人们签名。该请愿书要求联邦国会结束哥伦比亚特区的奴隶制，写着“在请愿者看来，目前国会有权力控制哥伦比亚特区的奴隶制和奴隶贸易，国会应该禁止哥伦比亚特区的奴隶贸易——它(奴隶制)是上帝的罪恶，违背了我们民族的特性，与共和国的精神背道而驰”。[②]最后，有10人在这一请愿书上签字。

不久，因为有散发煽动性刊物之嫌，州政府起诉了巴内特与这10名签字人。弗州检察官认为，巴内特违反了1836年的《禁止煽动性刊物流通法》第二款。但弗州最高法院在审理该案时提出了三个问题。首先，散发这一向联邦国会提交的要求废除哥伦比亚特区奴隶制的请愿书，是否真的违背了1836年的《禁止煽动性刊物流通法》？其次，在这一请愿书上签字的那10人是否也违背了这一法律？最后，依据该法第一款，“为了证明一个人违反了散发煽动性刊物的罪行，此人必须是反奴隶制协会成员之一。”那么，是否必须有充分的证据证明巴内特人是任何反奴隶制协会的成员，才能宣布他们有罪？州最高法院最终认为，没有证据显示巴内特和签字人都是反奴隶制协会的成员，因此，对他们的所有指控都不成立。

显然，弗州最高法院狭义地解释了1836年的《禁止煽动性刊物流通法》，在某种程度上保护了反奴隶制的言论和出版物。但遗憾地是，州最高法院没有进一步解释这一法律，也没有表明这类限制言论和出版自由的立法，是否违背了弗吉尼亚州宪法中的言论自由条款。1847—1848年，弗州议会进一步增修了镇压反奴隶制言论的法律。1848年通过的修订法(The Amended Law of 1848)第十章第二十四款规定，“任何自由人，公开演讲或者书写，认为奴隶主没有将奴隶视为财产的权利，都将被送进监狱，处以最高12个月的监禁，处罚最高500美元的罚款。”[③]后来，弗州最高法院对这一法律依然作了限制性的解释。

---

① Commonwealth v. Barrett, 9 Leigh 665, 36 Va. 665, 1839 WL 1938 (Va.Gen.Ct.).

② Commonwealth v. Barrett, 9 Leigh 665, 36 Va. 665, 1839 WL 1938 (Va.Gen.Ct.), p.1.

③ "The Amended Law of 1848", in Acts passed at a General Assembly of the commonwealth of Virginia, p. 117.

1849年的“培根案”是检测1848年修订法的一个很好的案例。[①]1849年，福音派牧师贾维斯·培根(Jarvis Bacon)在一次布道中讲到，“如果我去邻居家的粮库偷取谷物，你可以将我称之为盗贼。但是更坏地是霸占一个人，掌控其生命，让其辛苦劳作，却不支付给他任何工资，给的只是不断的鞭打……”。[②]毫无疑问，培根在这里谴责的是奴隶主对奴隶的残忍。不久，州地区法院认为培根的布道词违反了1848年修订法的第十章第二十四款，将其定罪，对他处以49.625美元的罚金。

培根不满这一判决，将案件上诉至弗州最高法院。在州最高法院中，培根的辩护律师指出，1836年的《禁止煽动性刊物流通法》禁止的是那些在司法上否定将奴隶视为财产的人，而不是在道德和宗教上。[③]“培根并没有违反或者是攻击弗州的任何法律，也没有试图干涉其他公民的权利，而是表达了其宗教观点，试图在宗教方面证明束缚他人的生命是一种罪恶。也许他指明的是奴隶主和奴隶，但是一个人可以指出，奴隶制是一项罪恶，违反了上帝之法，但却没有违反人世间的法律。培根只是在其布道词中反对将奴隶视为财产，这是一种宗教上的界定，并没有司法上的问题，州议会不能将在道德上否定奴隶为财产的人视为犯罪，这样做违反了州宪法中言论自由和宗教自由的条款：‘任何人不得执行、限制、亵渎别人的生命和财产，或者是宗教信念，所有人都可以在宗教方面自由表达，坚持自己的观点’”。[④]培根的律师提到了弗州法律中的言论自由条款，虽然这一辩护没有得到法官的认同，但却为培根最后的无罪释放奠定了基础。

在弗州最高法院的判决意见书中，约翰·洛马克斯(John T. Lomax)法官指出：“任何试图限制言论和宗教自由，或者有如此倾向的法律，法院都应该从严解释。”[⑤]州最高法院认为，被告的布道词更多的是宣教而不是司法主题，没有明显的证据证明培根有罪，故其罪行不成立，从而推翻了下级法院的判决。遗憾地是，在州最高法院的意见书中，法官虽然指出要从严解释1836年的《禁

① Bacon v. Commonwealth, 48 Va. (7 Gratt.) 602 (1850).

② Bacon v. Commonwealth, 48 Va. (7 Gratt.) 602 (1850), pp.602-603.

③ Bacon v. Commonwealth, 48 Va. (7 Gratt.) 602 (1850), pp.604-606.

④ Bacon v. Commonwealth, 48 Va. (7 Gratt.) 602 (1850), p.607.

⑤ Clement Eaton, "The Freedom of the Press in the Upper South", The Mississippi Valley Historical Review, Vol. 18, No. 4 (Mar., 1932), p.482.

止煽动性刊物流通法》和1848年的修订版，但是却没有指出保护言论和出版自由的广泛的宪法权利。当然，在反奴隶制刊物受压制的大环境里面，这至多只是一种奢望。从严解释这些限制性的法律已经是弗州司法的一大进步，这减少了这些法律产生的负面影响。当然，弗州之所以从严解释这些限制性的立法有一些特殊的原因。1832年，在弗吉尼亚州的州议会上，人们就开始讨论废除该州的奴隶制和奴隶贸易，在州议会长达两周的辩论中，弗州的政治精英们普遍认为要废除奴隶贸易。与急需奴隶人口的下南部州不同，弗州的奴隶人口逐渐往下南部流通。

相比之下，北卡最高法院却宽泛解释了这些限制废奴刊物流通的法律，加深了其负面影响。早在1830年，北卡州议会就通过了一项镇压反奴隶制言论和煽动性出版物流通的法律，其主要是针对《沃克呼吁书》(Walker' s Appeal)这一小册子。[①]该法的"犯罪和惩罚"一条第十六款规定："任何人公开携带煽动性书籍或者资料到本州，散发或出版，抑或是援助、教唆某些人携带或散发这些煽动性材料，并明显地具有煽动或者是建议奴隶、自由黑人或者是其他有色人种暴动、叛变或者是不服从，都将被判处重罪。州内任何法院据此都有司法权，可以对此做以下两个定刑。其一是可以将他们处以不低于一年的监禁，并置于颈手枷[②]上鞭打；其二是在不违背神祇的情况下，处以死刑。"[③]

1835年，随着美国反奴隶制协会开展大规模的"邮寄运动"(Postal Campaign)，大量的反奴隶制出版物流通到南部，北卡开始通过新一轮的立法禁止反奴隶制刊物的流通。1837年和1854年，北卡州议会先后修订了1830年的立法。其中1854年"罪犯与惩罚"一条第十六款规定，散发"任何小册子(pamphlet)或报纸(paper)……这一举动有引发奴隶不满于奴隶主和法律对其束缚……以及自由黑人不满于其社会地位的显著倾向，将受到处罚"。[④]轻者应该被置于颈手枷上鞭打，并处以至少一年的监禁；重者则是死罪。在当时众

① David Walker, Walker' s Appeal in Four Article' s, Together with a Preamble to the Colored Citizens of the World, But in Particular and Very Expressly to Those of the United States, Boston: Revised and Published by David Walker, 1830.

②颈手枷的英文为"Pillory"，指的是一种木棍搭建的器械，把人的手和脖子固定在上面，然后对其鞭打，这一工具在19世纪的美国南部被广泛使用。

③ Acts Passed by the General Assembly of the State of North Carolina, Raleigh: J. Gales & Son, 1824-1836, p.10.

④ Revised Code of North Carolina, Boston: Little, Brown, 1855, pp. 10-11.

多有关散发反奴隶制出版物的案例中,这一条款被广泛运用。1860年,北卡州议会再次修订了有关法律条款,规定散发任何关于反奴隶制的"煽动性"出版物,将被处以死刑。

在"杰西·麦克布莱德(Jesse McBride)和亚当·克鲁克斯(Adam Crooks)案"中,州最高法院宽泛解释了1837年的禁止反奴隶制刊物流通的法律,强化了它的不良影响。麦克布莱德和克鲁克斯两人都是来自俄亥俄州卫斯理教的牧师,他们在北卡布教,宣传反奴隶制的思想。1850年,两人因为在北卡散发煽动性的刊物而被捕。该案件的起因是这两位牧师将一本有关《十诫》的小册子送给了他们一位好友的小女儿。这本小册子暗示,奴隶主拥有奴隶的做法违反了《十诫》。麦克布莱德和克鲁克斯因此被指控违反了北卡1837年的法律。[①]对麦克布莱德和克鲁克斯的审判在当地引起很大的反响,大量民众旁听了这一案件。虽然说北卡州宪法中没有包含明确的言论自由条款,但是它却指出"出版自由是自由的重要堡垒之一,因此,应永不被限制"。[②]然而,这一条款却没能够保护麦克布莱德两人。在这一审判中,没有一位法官提及言论自由、出版自由和宗教自由条款。最后,因为克鲁克斯没有参与散发有关《十诫》的这一小册子,法院判决他无罪。麦克布莱德却没有这么幸运,法院判决他监禁一年,并且在颈手枷上站立一小时,鞭打二十棒。最后,因为他同意离开北卡永不返回才被释放。[③]

北卡一些支持奴隶制的报纸为"麦克布莱德案"的判决叫好:"我们并不关心这些人的动机是宣传宗教使命,因为它产生的后果是极其严重的……这些人应该远离我们所在的州,昨天,近一百名表现良好的公民聚集在教堂,……逮捕了臭名昭著的废奴主义者牧师麦克布莱德,所有一切事情都是有序完成的,没有引起一点骚动。"[④]文章还认为,只有一种办法可以保护本州人民及其财产,那就是在法律之下惩罚这些煽动者。如果这样做还不起作用,那么就要将这些人驱逐出州境,让他们永远不再踏入本州。后来在接下来的类似案件中,北卡一直是这么做的。

① "Crooks and McBride", Raleigh Register, Oct. 23, 1850.

② 1836 Proceedings and Debates of the Convention of North Carolina to Amend the Constitution of the State, Raleigh: Printed by J. Gales and Son, 1836, p. 410.

③ "Crooks and McBride", Raleigh Register, Oct. 23, 1850, p.3.

④ Fayetteville Observer, Tuesday, June 24, 1851, Issue 1777, col. C.

从“麦克布莱德和克鲁克斯案”的审判可以看出,较之于弗州最高法院对有关禁止反奴隶制出版物流通的法律的严格解释,北卡司法部门一直是宽泛地解释这些法律,认可这些法律的合宪性。北卡司法部门对反奴隶制出版物的禁止将在1860年的“沃斯案”审判中达到高潮。[①]北卡最高法院认为沃斯散发《南部迫在眉睫的危机》一书(The Impending Crisis of the South: How to Meet It)的行为违反了北卡法律第三十四章第十六款。[②]这一条款是在19世纪30年代通过的,并在1854年做了修订。它规定,散发“任何小册子或报纸……引发奴隶不满于奴隶主对其束缚……以及自由黑人不满于其社会地位的显著倾向的行为,都是有罪的。”[③]

北卡最高法院大法官查尔斯·曼里(Charles Manly)详细解释了这一法律条款。首先,法律虽然禁止的是在黑人当中散发煽动性刊物,但“同样禁止在州内的白人当中散发煽动性刊物,因为在人口混杂的情况下,毫无疑问流通的刊物会被传送到黑人手中”;其次,法律虽然禁止传播的只有小册子和报纸,并没有提到书籍(book),但具有煽动性的书籍也属于被禁止的物品;最后,法律虽然只规定了出版或流通煽动性刊物是有罪的,但是散发也是有罪的。[④]最终,北卡最高法院确认了下级法院对沃斯的定罪,判沃斯监禁一年。后来,因为“沃斯案”在北方和联邦国会遭到了巨大的反对,北卡最终驱逐了沃斯,责令他离开北卡,永远不许再回来。在内战爆发第二年,沃斯客死在纽约州。与弗州不同,北卡最高法院对禁止反奴隶制刊物流通的法律所做的一系列宽泛解释,加大了这些法律的负面影响,使得反奴隶制刊物和废奴人士在北卡毫无容身之地。

三、南部司法实践对言论和出版自由的影响

除了北卡莱罗纳和弗吉尼亚两州外,1830—1860年,几乎每一个南部州都通过了限制言论自由和出版自由的法律。1835年后,“穿越梅森-迪克森分

① 继麦克布莱德和克鲁克斯案之后,1860年北卡发生了“沃斯案”。丹尼尔·沃斯(Daniel Worth)牧师因散发欣顿·赫尔泼的《迫在眉睫的危机》一本书而获罪。在“沃斯案”,北卡州最高法院承认了1859年的禁止反奴隶制刊物流通的法律的合宪性。State v. Danel Worth, 7 Jones (NC) 488.

② Hinton Rowan Helper, The Impending Crisis of the South: How to Meet It, Miami, Fla.: Mnemosyne Pub, Co., 1969.

③Revised Code of North Carolina, Boston: Little, Brown, 1855, p.16.

④State v. Worth, 52 N.C. 488 (1860), p.492.

界线各州出现了对邮件的审查制度”。[①]马里兰州和田纳西州也通过了严格禁止煽动性出版物的发行和流通的法律。1841年,马里兰州法律要求大陪审团在每期法庭开庭时,召见他们所在县的邮政局长,询问他们是否收到了煽动性的出版物,出版物是否“会引发本州有色人种的不满和暴动”。[②]路易斯安那州规定,对发表“助长有色人种的不满情绪或煽动奴隶不服从主人”言论的人,要判处21年苦役的刑罚。事实上,尽管这些法律必然触及联邦邮政官员的权力并引发细微的宪法问题,它们从未被质疑合宪。从19世纪内战前南部限制反奴隶制刊物流通的这些法律来看,这些州法都最大程度地保护那些奴隶主有产者,而“对于反奴隶制人士来讲,内战前的法律没有给他们提供任何保护。”[③]

这些法律都赋予了治安法官广泛的自由裁量权。南方报社和出版机构不能出版和发行煽动性刊物,对待外来的煽动性出版物,南部各州的唯一办法是通过邮政审查来限制其流通。1836年,弗吉尼亚的法律要求邮政局长一旦收到煽动性出版物或者“否定奴隶是奴隶主的财产”的刊物,就立即通知治安法官。治安法官有权进行调查,如果他们深信这些著作是危险的,那么,就可以没收并销毁这些出版物,并逮捕订阅者。[④]如果订阅者订阅此类书刊,其目的是援助反奴隶制协会,那么将会受到严重的惩罚。[⑤]很明显,这一法律赋予了治安法官违宪的邮件审查权。

1858年,在密西西比州出现了一起涉及刊物流通自由的法律纠纷。密西西比州规定,“如果任何白人传播或发表任何含有企图在有色群体中制造不安定、危险或反叛情绪的思想、主义、建议或暗示的书籍、论文、杂志或小册子”,都会被处以监禁和罚金。密西西比州的一个副邮政局长拒绝发送来自俄亥俄州的废奴主义材料,他认为材料的发送违反密西西比法案的规定。材料的发行者《辛辛那提公报》(Cincinnati Gazette)对此提出指控。邮政总长要求总检察长库欣(Caleb Cushing)对这一案件发表意见。库欣认为,密西西比

① Clement Eaton, The Freedom-of-Thought Struggle in the Old South, rev. ed., New York: Harper & Row, 1964.

② Clement Eaton, "Censorship of the South Mails", The American Historical Review, vol. 48, No. 2 (Jan., 1943), p.269.

③ Richard B. Kielbowicz, "The Law and Mob Law in Attacks on Antislavery Newspapers 1833-1860", 24 Law and History Review559, Fall, 2006, p.559.

④ Acts passed at a General Assembly of the commonwealth of Virginia, Richmond: [s.n., 1661], p.45.

⑤ H. M. Henry, The Police Control of the Slave in South Carolina, Emory, Va.: [s. n.], 1914, p. 162.

州的这部法律“是一个自我防卫的法案，而自我防卫是人类社会的存在基础”。库欣得出，“联邦的每一个州都有权保护自身免受内部暴乱的侵扰”。[①]

1830—1860年的30年间，邮政局长对邮件审查的依据是所谓的“人民安全与社会和谐是最高法”(The safety of the people is the supreme law)。因为邮政局长很难区别“煽动性”出版物和“非煽动性”改革出版的刊物。结果，北方一些激进派发行的一些具有改革性的出版物也不能利用联邦邮政系统进行传播，严重损害了信息的自由交流。林肯当选后，南部各州一度非常害怕他任命一个“有敌意”的邮政总长，从而让废奴刊物在南部自由流通，破坏业已存在的“沉默之渠”(the dike of silence)。[②]

法院围绕这些法律所做的司法判决不多，但是从上南部和下南部州的代表——弗州和北卡的司法判决来看，法院围绕限制反奴隶制刊物出版的法律的判决引发了深远的影响。

首先，南部州法院的判决强化了普通法中基于倾向来定义煽动性诽谤罪，从而惩罚反奴隶制言论的原则。“依据倾向”原则来源于18世纪英国著名法学家威廉·布莱克斯通(William Blackstone)的“事前不限制，事后却惩罚”思想。在其名著《英国法释义》中，布莱克斯通写到，“新闻自由对自由国家确实至关重要，但这体现在禁止对出版物规定事前限制，而非出版之后免受刑事审查的自由。每一个自由人都具有毋庸置疑的权利，在公共场合尽情发挥他的观点，禁止这一权利也就摧毁了新闻自由；但如果他发表了错误、有害或非法的言论，那么他就必须承担由自身轻率所带来的后果。”[③]由此可见，出版物可免予事先限制，但若其出版后带有诽谤性质，则不能免于事后惩罚。那么，依据什么对出版物或言论进行事后惩罚呢?“如果根据公正的审讯判断，某作品的发表已产生有害倾向，那么，(像现行法律一样)去惩罚任何具有危险或侵犯性作品，对维持政府和宗教的和平和良好秩序(peace and good order)则是有必要的，是公民自由的坚固基石。”[④]这里的“倾向”一词便成了事后惩罚的

① Richard B. Kielbowicz, “The Law and Mob Law in Attacks on Antislavery Newspapers 1833-1860”, 24 Law and History Review559, Fall, 2006, p.559.

② Carl Russell Fish, The American Civil War, London, New York [etc.]: Longmans, Green and Co., 1937, pp. 44-45.

③ William Blackstone, Commentaries on Laws of England, Dublin: printed for John Exshaw, Henry Saunders, Boulter Grierson, Elizabeth Lynch, James Williams [and 4 others in Dublin], 1770, Book IV, pp. 151-152. 该书的第一卷已经译为中文版，[美]威廉·布莱克斯通:《英国法释义》(第一卷)，游云庭、缪苗，译，上海:上海人民出版社，2006年。

④ William Blackstone, Commentaries on Laws of England, Book IV, p.152.

依据。“不良倾向”(bad tendency)原则[①]便产于此,并在19世纪广泛流行。依据这一理论,所有的反奴隶制言论都是有煽动性质的,只不过是打着“言论和出版自由的名义”来煽动奴隶暴动。尽管每一位公民都享有平等的言论和出版自由权,但他要为滥用这些权利而承担后果,言论和出版自由并不是绝对的不受限制的权利。

在美国早期的法律发展中,曾经出现过“基于事实”的理论来定义诽谤案。这来源于1804年亚历山大·汉密尔顿在“克罗斯维尔案”中所确定的原则:“诽谤案的裁定只能基于事实本身的真伪,而非言词是否刻薄甚至恶毒”。[②]依据这一原则,只有反奴隶制出版物或者反奴隶制言论直接引起了奴隶暴动的发生,才能惩罚。如果反奴隶制言论是基于良好的动机和合理的目的,那么即使是其用词不当,也不应当视为诽谤。然而就内战前审判的一些关于废奴主义者出版自由和言论自由的案例来看,南部各州多数法院采取的是“依据倾向”来限制反奴隶制言论。

其次,南部州法院的判决往往考虑集体利益(community interests)的重要性,以牺牲废奴主义者的出版和言论自由权来保护南部社会的稳定。19世纪美国法的一个重要特征是它的地方倾向。[③]当时大部分州法律认为,集体有权力控制一些个人思想的传播,“公共管制——为了公共福利,各州有权力控制个人自由和财产——组成了早期美国法发展的众多方面。”[④]而“流行于整个19世纪中期的宪政思想的一个重要方面就是提高多数利益而贬低个人权利。”[⑤]因此为了维护南部各州的集体安全、社会和平,有必要禁止废奴刊物的流通。

① 国内对“不良倾向”原则尚无一致的翻译。该原则起源于布莱克斯通的《英国法释义》,主要是依据言论所产生的影响和后果来判断其是否合法,所以在这里将其译为“不良倾向”。参见 Kermit L. Hall, The Oxford Companion to the Supreme Court of the United States, New York: Oxford University Press, 1992, p.54.

② People v. Croswell, 3 Johns. Cas. 337 N.Y. 1804. 汉密尔顿的这一思想在一百六十多年后,才在“纽约时报诉沙利文案”(New York Times Co. v. Sullivan, 376 U.S. 254 (1964) 发展定型为“真实恶意”的实际原则。

③ William J. Novak, “The Legal Transformation of Citizenship in Nineteenth-Century America,” in Meg Jacobs, William J. Novak, and Julian E. Zelizer ed., The Democratic Experiment, Princeton: Princeton University Press, 2003, p.101; Larry D. Kramer, The People Themselves: Popular Constitutionalism and Judicial Review, New York: Oxford University Press, 2004, pp.189-209.

④ William J. Novak, The People's Welfare: Law and Regulation in Nineteenth-Century America, Chapel Hill: University of North Carolina Press, 1996, p.2; Harry N. Scheiber, “Private Rights and Public Power: American Law, Capitalism, and the Republican Polity in Nineteenth-Century America”, Yale Law Journal 107 (1997).(在该文中,Harry N. Scheiber 严格批评了战前的暴徒们利用“公共福利”(public welfare)条款为借口来破坏废奴主义者的出版社。)

⑤ Richard B. Kielbowicz, “The law and mob law in Attacks on Antislavery Newspapers 1833-1860”, p.561.

最后，南部州法院对废奴主义者的迫害强化了南部州法中的治安权（police power）概念和滋事法（public nuisance）[①]等条款。在19世纪州法中治安权占据着重要的地位，即为了维护自身利益和安全，各州政府有权力控制一切不合法的个人行动。在奴隶主看来，由废奴刊物所引起的那些不同的社会骚动有一个共同的特点："他们都会破坏社会安全与和谐"，[②]违背治安权，破坏公共利益。在这里，杰出的联邦最高法院大法官约瑟夫·斯托里（Joseph Story）的看法就很有代表性。他在1833年出版的《美国法评论》中指出，"公民社会不能持续"保护绝对的出版自由，"人民不得已而诉诸于私人暴行、武力，从而弥补法律的缺失。"[③]州宪法的言论自由条款允许出版那些鼓励奴隶暴动的刊物吗？斯托里认为毫无疑问是不可能的。他认为"公众共识促使了这一广泛的原则，即：个人在使用私人财产时，不得损害别人的财产（Sic Utere Tuo ut Alienum Non Laedas 拉丁语，著名的法律词条）。因此去实行你言论和出版自由的权利吧，但是不能侵犯他人的权利或者是危害公共和平和安全。"[④]由此可见，废奴主义者的出版自由权虽是一种个人权利，但是，其出版物会摧毁商业贸易，煽动奴隶暴动，在社会引起激烈的反应从而破坏社会和平，故必须制止。

州法中的滋事法条款，还有破坏和平（break of peace）等条款也都组成了限制废奴刊物流通的主要条款。著名宪法学者诺瓦克（William J. Novak）注意到，滋事法"是19世纪政府管制治理的一个重要司法条款。"[⑤]19世纪滋事法的定义仍集中在"个人对其私有财产未经授权和不合法的利用，从而破坏了公共利益。"[⑥]"不管是妨碍还是破坏公共和平都是一种滋事，因此个人或政府可

---

① 滋事法起源于13世纪的英格兰，适用于一个人被授权使用其财产而侵犯了他人的享用利益，这一原则逐渐发展为滋事法的一部分，即在一个复杂的社会中私人行动不得侵犯其他个人或者是集体利益。

② John Nerone, Violence against the Press: Policing the Public Sphere in U.S. History, New York: Oxford University Press, 1994, p.90.

③ Joseph Story, Commentaries on the Constitution of the United States, Boston: Hilliard, Gray and Co., 1833, pp.740-741.

④ Bill F. Chamberlin and Charlene J. Brown ed., The First Amendment Reconsidered, New York: Longman, 1982, pp.17-25.

⑤ William J. Novak, The People's Welfare: Law and Regulation in Nineteenth-Century America, p.60.

⑥ H. G. Wood, A Practical Treatise on the Law of Nuisances in Their Various Forms, Albany: Parsons, 1883, pp. 1-2; Francis Hilliard, The Law of Torts, Boston: Little, Brown, 1866, pp. 575-580.

以以一种和平的方式,终止或者取消某些刊物的流通。”[①]

总之,南部州的司法实践从各个方面限制了反奴隶制刊物的流通以及废奴主义者的废奴宣传。南部的州法官很少会考虑到这些限制性的立法违背了州宪法的言论和出版自由条款。美国内战前乃至整个19世纪的司法系统,不管是各州还是联邦,很少关注出版自由的案例,到达联邦法院的此类案例更是微乎其微。[②]因此,为了更好地禁止反奴隶制言论,有些州授权治安法官或别的官员没收持反对意见者的邮件。一些居民区成立了“警戒委员会”或“公安委员会”,采取“一切有效措施搜寻和侦察图谋在居民区散发煽动性小册子、传单或其他任何印刷品的人,以及为煽动暴动而用不正当手段去影响奴隶的人”。一切陌生人,尤其是来自新英格兰的人,是被怀疑和监视的对象。“警戒委员会”还检查旅店客人或搜查旅行者的行李。许多外地人成为暴徒行凶的受害者,他们被涂上煤焦油、再插上羽毛,有些人还被拷打致死。[③]

南部社会的暴行最终使得南部兴盛于19世纪20年代的反奴隶制协会逐渐向北部各州转移,废奴运动开始在北部兴起。而南部州法院对废奴主义者出版和言论自由的限制将会在内战后的重建国会里再次得到讨论。1787年美国宪法批准时,人们害怕联邦权力太大会剥夺各州人民的出版自由权,故而通过了联邦宪法第一条修正案。但是19世纪20年代之后,人们逐渐发现,限制人们言论和出版自由权的不是联邦政府,而是州政府。这种限制在美国内战前的南部州达到顶点,尤其表现在对废奴主义者的各种迫害,因此内战后联邦政府的首要考虑就是限制州政府的权力,从而有了后来的联邦宪法第十四条修正案。

① Nathan Dane, A General Abridgement and Digest of American Law, Boston: Cummings, Hilliard, 1823, p.39; William Blackstone, Commentaries on Laws of England, Book IV, p.5; Timothy Walker, Introduction to American Law, Cincinnati: Derby, Bradley & Co., 1846, p.474.

② 据笔者统计从1791—1860年,最高法院只有4个案子卷入了言论和出版自由。其中有关邮寄物品审查的有2个案例United States v. Bromley, 53 U.S. (12 How.) 88 (1851); Teal v. Felton, 53 U.S. (12 How.) 284 (1851); 有关诽谤的案例有2个,分别是United States v. Hudson, 11 U.S. (7 Cranch) 32 (1812); White v. Nicholls, 44 U.S. (3 How.) 266 (1845).

③ [美]麦克弗森(McPherson, James M.):《火的考验:美国南北战争及重建南部》,陈文娟等译,北京:商务印书馆1993年,第61页。

五 教学改革

大学“中国历史文选”课程教学改革刍议*

苏家寅①

摘 要:针对当前大学《中国历史文选》教材编选及使用过程中存在的问题,笔者提出了三点改革建议。首先,实现“文以载道”即从篇目甄选这一层面实现文选课与通史教育的深度结合,在教会本科生读史料的同时也帮助他们学会运用史料去加深对于特定历史问题的理解;其二,借助于调查问卷与分组实验相结合的方式,解决现行教材中编辑体例不相统一的问题;最后,运用多媒体教学手段拓展传统纸媒教材的表现手段,提升其知识丰度。

关键词:“中国历史文选”;教材编纂;教学改革;文以载道;分组实验

“中国历史文选”是大学历史系本科学生必修的专业基础课,也是历史专业的核心课程之一,是学习和研究中国古代历史的入门课程,也是当代大学生借以接受中华优秀传统文化熏陶和教育的一扇重要窗口。

习近平同志在党的十九大报告中先后五次提到“中华优秀传统文化”。他指出,“中国特色社会主义文化”正是源自“中华民族五千多年文明历史所孕育的中华优秀传统文化”,而“文化自信是一个国家、一个民族发展中更基本、更深沉、更持久的力量”。因此,作为“中华优秀传统文化的忠实传承者和

* 基金项目:西南大学校级教改项目“高校《中国历史文选》教材的教学改革研究”(项目编号:2020JY045);国家社会科学基金青年项目“秦、汉简牍所涉民族史料的搜集、整理与研究”(项目编号:18CMZ006);本论文得到中国国家留学基金资助。

① 作者简介:苏家寅,男,1986年生,河南南阳人,西南大学历史文化学院民族学院讲师,研究方向为历史文献学。

弘扬者”，全党要“深入挖掘中华优秀传统文化蕴含的思想观念、人文精神、道德规范”，并“结合时代要求继承创新，让中华文化展现出永久魅力和时代风采”。[①]

结合十九大报告精神，就现行《中国历史文选》教材在大学课堂教学实践中的使用情况，对其编选框架及配套使用方法开展有针对性的研究并提出具有较强可操作性的改革方案，以从具体而微的角度“推动中华优秀传统文化创造性转化、创新性发展”，很有必要。

一、文选类教材的编选现状

追本溯源，文选类课程的创设，是伴随着近代中国历史上白话文对文言文的取代而发生的。五四运动以后，白话文逐渐取代文言文成为高等院校授课的通用语体。本科学生入校以后接触文言文的机会越来越少，这必然造成文言文阅读与理解能力的下降，进而影响到学生们对于中国传统典籍中所蕴藏的历史文化信息的摄取。有鉴于此，解放前曾于北京大学等处任教的著名史学家陈垣先生首倡开设历史文选类课程，当时名之为“中国史学名著选读”与“中国史学名著评论”。这是两门既有联系又有区别的课程，虽同以四部分类法中史部要籍为教学蓝本，但前者重在为学生“解释疑难，指授体要”，从而“以为阅读一切史书之练习”。而后者重在“评论”即讨论其“编纂之体例及得失，板本之异同”，目的在于“使学者明瞭著述及读史之方法”。[②]要言之，前者在于帮助学生疏通文意，而后者则在于督促学生有鉴别地利用史料开展相关研究。两者相互结合以期维系历史研究者与历史研究的对象即古典文献之间开展直接对话的渠道。

解放后，自1950年刘乃和先生编纂的油印本《中国历史文选》投入教学实践以来，新中国高校《中国历史文选》的教材编纂与教学工作已经走过了70年的发展历程。从这期间的教学实践来看，陈垣先生对于本课程性质与价值的

① 习近平：《决胜全面建成小康社会 夺取新时代中国特色社会主义伟大胜利——在中国共产党第十九次全国代表大会上的报告》，《中国共产党第十九次全国代表大会文件汇编》，北京：人民出版社，2017年，第1-57页。

② 陈垣：《中国史学名著评论·课程说明》、《中国史学名著选读》，陈智超主编：《陈垣全集》（第22册），合肥：安徽大学出版社，2009年，第463、480页。

认识及定位，基本上得到了后学者的继承与发扬。[①]

当然，也有研究者对此提出了不同见解并将之付诸实践。譬如有研究者因为文选教材收录的主要是形成于各个历史时期的文言文，而在教学实践的过程中，帮助学生解决古代文献所涉及到的字、词、句、段、篇、章等的释义及结构问题，同样也是教师组织课堂教学时必须予以完成的一项基本任务，遂将文选课定位为是一门“语言课”或“语言工具课”，甚至径自将“中国历史文选”更名为“古代汉语”。[②]这种定位不能不影响到教材的编订体例及质量，使得使用这类教材所开展的课堂教学及课下训练，其重点逐渐偏离历史学范畴而趋同于语言学或文学。[③]这实际上是重蹈了20世纪50年代初期，苏联教育学家波波夫等人在北京师范大学所做教改失败的覆辙，所以是不足取的。[④]

与此相对，大部分承担文选课实际教学任务与从事文选教学理论研究的学者们更倾向于在编订文选教材的过程中，借助篇章的选择与组织，有意识、有步骤、可检测地培养教材使用者，尤其是初入大学历史系学习的本科学生群体对于中国古代历史与传统文化的兴趣，并在此基础上授之以中国史料学研究的基本理路，以期最终塑成其史学研究思维。[⑤]这符合教育学原理中以“兴趣”为导向的一般规律，在实践中也被证明是行之有效的，但关于具体该怎样来组织篇章，不同的编纂者之间仍有不尽一致的主张。较具代表性的是下列三种：

第一种以周予同先生主编的《中国历史文选》为代表。周先生主编的这部教材在20世纪60—80年代之间，实际上是全国高校的通用教材，也是新中国成立以来同类教材中发行量最大的一种，屡经改版，现在仍为许多高校历史系选用，影响很大。这部教材的编选原则乃以文献在历史上形成的时代先后为序，起自甲骨文、金文与《尚书》《诗经》，终于梁启超的《新史学》。除作为出土文献的甲文、金文之外，其余收录者皆为传世历史文献，每部典籍设一单元，自该典籍中甄选若干章节（最多者为5篇，且有删节）作为供教师选讲的代

---

① 陈泽延：《改革教学方法 培养学生智能——“中国历史文选”教学浅谈》，《江汉大学学报》（社会科学版）1987年第2期。

② 王雅轩等：《古代汉语》（上册），沈阳：辽宁人民出版社，1985年，说明。

③ 张富祥：《试论文选教学中知书、读史、学文三者的关系及其处理》，杨燕起、陈延泽编：《中国历史文选教学研究》，北京：北京师范大学出版社，1989年，第54、59-65页。

④ 颜芳：《苏联专家对北京师范大学教育改革的影响》，《高校教育管理》2011年第3期；朱清如：《中国历史文选教材编纂与普通高校之课程教学》，《武陵学刊》2015年第6期。

⑤ 阎崇东：《〈中国历史文选〉教材与教学》，《中国大学教学》2011年第2期。

表性作品。每篇选讲作品后附有简要的解题及注释，无配套练习，亦无针对整个单元所选内容的综述性文字。全书文字采用繁体横排方式。[①]

第二种以何晋先生编著的《新编中国历史文选》为代表。何先生的这部教材，除为出土文献单列一章外，其余各类传世文献均以传统的四部分类法为据进行编排。这就打破了周予同本通篇以时间为序的藩篱，但于每部之中该书仍大致依时间先后为序组织选文。每部之前有简短题解，概述部内所收文献的总体特征；每部典籍之前亦有题解，讲述该书体例内容、流变历程及相关参考论著资料等；该书选文之前再列"导读"，说明是篇所据版本、文章主旨等。何书最大的特点有三个：首先是采用影印的方式直接照排史料原文，故其中多有不采用新近所出标点本者；其次，必于所选章节之外，另附全书目录；再次，多附图、表，以展示出土文献原貌，廓清天干地支、月相演替以及亲属称谓体系等不易单纯使用文字进行说明的对象。全书无配套练习，文字则采用繁体竖排方式。[②]

第三种以张大可、邓瑞全两先生主编的《中国历史文选》为代表。这部书也是敝校中国史系选用的教材。同何晋本相仿，张书编排选文亦不以时间先后为序，但同时也没有严格按照四部分类法进行，而是于其中杂糅有编者个人的创见，因此体例上稍显驳杂。选文侧重点在于突出四部中"史"部文献的占比，因此于中国古代各类史书体例，如纪传体、编年体、纪事本末体等，均独立设章，分别介绍，而以《四库全书总目·史部总序》冠于全书之首。与此同时，压缩经、子、集三部文献选量，均仅各留一章而已。四部体系之外，另设"诏令奏议""地理、方志"及"考古文献"等单元。全书于各章开篇均设"概述"以明该章所录文体总貌，同时各篇选文之前亦有"题解"等说明性文字。张书的特点有三：首先是注意到了用民族文字记载的历史文献，为此设有"民族文献"一单元；其二，于每单元选文之后，附有练习文选，以供教师借以训练及检测学生的标点、断句、注释及翻译等能力；其三，每单元附一"通论"，介绍历史文献学中经常涉及到的目录、训诂、注疏等专门知识。全书文字横排，简繁交杂，除选文部分以外，多用简体汉字。[③]

---

① 周予同：《中国历史文选》，上海：上海古籍出版社，2013年。

② 何晋：《新编中国历史文选》，北京：北京大学出版社，2007年。

③ 张大可、邓瑞全主编：《中国历史文选》，北京：商务印书馆，2011年。

综上所述，从最早问世的周本，到新近陆续出版的何本及张本，包括这期间其他编者的同类作品，如郑之洪、张衍田、刘乃和、王育济、周作明、陈一梅、周国林、汝企和、华钟彦、张保同等人所编，无不反映出文选教材编订过程中一个基本的发展趋势，那就是由以作品为中心向以受众，即学生为中心的转变。[①]具体表现就是：首先，不再单纯以作品形成的时代先后为序，而倾向于以主题归并同类选文，这更符合人的认知规律，有利于加深学生对于同类文体总体特征的认识；其次，不再满足于简单的字词注释，而力图以“保姆式”的思维全方位地阐述所选文章的历史背景、作者生平、版本流变、当前学术界的主流意见及代表性研究成果等，这样做一方面有利于减轻课堂教学负担，同时也有利于学有余力的学生利用课余时间自学以进一步拓展知识结构；再次，不再满足于仅仅收录历史文献本身，而开始于选文之后另设练习题目，这样做既便于任课教师及时检测教学效果，查漏补缺，同时练习选文与待讲选文之间相互交叉，亦便于任课教师灵活掌握选讲对象。文后练习题目的出现，标志着对于文选课程考核方式科学化与标准化的探索，是“中国历史文选”课程教学体系进一步趋向严谨与独立的表现。有理由相信，这将是未来文选教材编订的一个值得注意的发展趋势。

二、现有教材编选过程中存在的问题

尽管已经取得了长足的进步，但不得不指出的是，在当前文选类教材的编订过程中仍然存在着若干可能对教学效果产生较大影响的问题。这里所说的“问题”主要涉及到教材编选的思路与原则，而非学术界经常纠结的具体

① 郑之洪、耿天勤：《中国历史文选》，桂林：广西师范大学出版社，1991年；张衍田：《中国历史文选》（增订版），北京：北京大学出版社，2002年（初版于1996年）；刘乃和：《中国历史文选》，北京：北京图书馆出版社，1999年；王育济、周作明：《中国历史文选》，福州：福建人民出版社，2007年（初版于2001年）；陈一梅：《中国历史文选》，西安：西北大学出版社，2005年；周国林：《中国历史文选》，北京：中华书局，2008年；汝企和：《中国历史文选》，北京：高等教育出版社，2013年（初版于2008年）；华钟彦：《中国历史文选》，沈阳：辽宁人民出版社，2011年；张保同：《中国历史文选》，郑州：大象出版社，2013年。

篇章中个别字词注释的正误与否。[①]即以笔者授课时所用的张大可本《中国历史文选》(第三版)为例,参考兄弟院校所使用的其他版本同类教材,可以看出:

第一,编选思路较为狭隘。如上所述,尽管大部分教学实践者与研究者都认为,应将文选教材的编订工作框定在历史学教学与研究的范畴之内,不至使其蜕变为文学或语言学类教材,但在如何与历史教学工作实现更紧密的结合等问题上仍鲜有作为。目前所见教材,在组织选文的过程中,或以时代为序,或以主题为序,其最终成果实际上更像是一部由"断章""节文"拼贴而成的文集,各单元之间以及每单元各篇选文之间缺乏逻辑上的有机联系。造成这种局面的原因,主要在于编选者大多仅为编文选而编,没有注意到使其与并行使用的《中国古代史》教材相互呼应,也没有借助于编选史料文献而有意识地体现学术界对于中国古代社会性质及其发展演进规律的探索与认识。即以近期教材中常用的四部分类法为据,四部分类法形成于特定历史时期,其本质在于体现拥有官方背景的儒家学派对于各类文献价值高下的认识,所以列"经"为首而"集"为殿,实际上从史料学的角度来讲,"经"的价值并不一定在"集"之上,所以这种文献分类法其实较少反映某类文献与历史运动规律之间的联系。同时,它也不便于含纳如今大量涌现并成为史学研究热点的各类出土文献及档案,因此借用这一体系的教材往往还要另列"考古文献"一章以求完备。编选思路的保守与狭隘,容易诱导历史系的任课教师沦为替学生

① 相当多关于文选类教材编选问题的探讨,都将关注的焦点集中于个别字词的释义是否精当及具体版本的选录是否允恰等,举其要者如金少英:《必须严肃认真地对待古史的注释工作——〈中国历史文选〉注释纠谬》,《西北师大学报》(社会科学版)1962第3期;高振铎:《〈中国历史文选〉上册注释商榷》,《东北师大学报》1980年第4期;杨资滨:《对〈中国历史文选〉上册注释的几点商榷意见》,《内蒙古师大学报》(哲学社会科学版)1985年第4期;刘启林:《〈中国历史文选〉诸本指瑕》,《汕头大学学报》1988年第3期;朱永林:《〈中国历史文选〉注释质疑》,《苏州大学学报》1989年第2/3期合刊;李绍平:《〈中国历史文选〉校释疑误举例》,《湖南师范大学社会科学学报》1990年第1期;修晓波:《〈中国历史文选〉(下)校注、商榷》,《古籍整理研究学刊》1991年第3期;许春在:《周编〈中国历史文选〉志疑》,《南京高师学报》1997年第3期;董立章:《大学教材〈中国历史文选〉研究》,《中山大学学报》(社会科学版)2001年第1期;施和金:《周予同主编〈中国历史文选〉校注商略》,《南京师大学报》(社会科学版)2003年第5期;杨天宇:《释"天子吊,主人必将倍殡柩"——〈中国历史文选〉注释纠误一则》,《郑州大学学报》(哲学社会科学版)2009年第6期;崔建华:《〈史记·淮阴侯列传〉考释两则——以〈中国历史文选〉注释商榷为中心》,《渭南师范学院学报》2014年第18期等等。笔者承认,以上这些论文中所谈的内容对于文选课的教学来讲,也是非常重要的,因为它们毕竟涉及了具体知识的准确传授问题,但我们也必须清醒地认识到:对于古文中具体字词的注解及版本的甄选,自古以来就常有争鸣,研究者对现有教材中的这些内容实际上更多的情况下只是提出了编写者以外的另一种理解角度,而不必然是关于此条目解释的定谳,因此对于动辄即以己说为正而以编者之说为误的做法,笔者并不敢尽数苟同。而更为重要的是,如果我们不首先解决编选思路与编选原则这些前提性、基础性的问题,不对现有教材的整体架构进行有益的反思而一仍其旧的话,那么对于教学效果所造成的影响就会是全局性的而非个别字词或篇目所带来的局部性问题。

扫除字词障碍的语言工具,而于学生来讲,则易于造成其只见碎片化的“选文”,不见整体化的“历史”的狭隘视野,不利于助其养成宏观历史视野与史学思维。

第二,编选技术较为混乱。这主要体现在编订整部教材的过程中,没有形成一整套一以贯之、整齐划一的格式。这个问题在新近出版的文选教材,如何晋本、张大可本等作品中表现得尤为突出。前者以影印原件直接收入教材,虽有利于培养学生识读原始文献的能力,但却忽视了许多技术上的细节问题,导致通篇教材的适读性显著降低。譬如,所选《睡虎地秦墓竹简》,原书为八开本,而何晋本版式仅为十六开本,为容纳原文影印件,不得不缩小其字号,尤其是原文中较具价值的注释及译文部分,在何晋本中若不仔细辨识则不能卒读。这必然影响学生的阅读体验,进而削弱其学习兴趣。再有,何晋本为求首尾完备,往往于“导读”之后,选文之前,另录原书序、跋、凡例、引言甚至题名内页等,这在装帧形式上拉开了“导读”与选文的距离,实际上无形中也就在逻辑上拉长了阅读者的认知链条,不利于学生将“导读”部分蕴含的引领与指示价值与选文文本本身结合起来。而在张大可本中,技术方面最显著的问题在于简、繁体交杂排版。编者以为这有利于减轻初学者的识字负担,排除其阅读障碍,实际上这类处理方式恰恰违背了文选课程设立的初衷。文选课程之设立,本为强化学生识读史料之能力,而中国传统史料,除民族语言文字外,皆为繁体竖排书写。因此,识读一定体量的繁体汉字,是文选课必须予以完成的一项硬性任务。教材通篇使用繁体汉字,不仅有利于保证版式的统一协调,更重要的是,可以在客观上为学生创造更多接触、认知繁体汉字的机会,有利于提升其识字能力,增强学习效果。

第三,教材的可扩展性不强。教材既是教师借以传授知识的文本依据,同时也是师生双方在教与学的良性互动中交流思想的渠道与平台。尤其是后者,在现代教育学理念中不断得到强调并逐渐成为各学科教育教学改革的一个发展趋向。这就要求教材本身在纸质媒体可承载的限阈内尽量丰富其内容的表现形式,同时,在有条件的情况下,为教师发挥其主观能动性援引纸外媒体参与教学活动而在教材架构中预留一定的可扩展空间。然而就目前的形势来看,这种趋向似乎并没有得到文选教材编订者的普遍响应。即以张大可本教材而论,全书仅在最后一章收图三幅,其余则通篇以文字填塞,而且所收图片像素偏低,印刷质量不高,有碍观感。这种处理方式极大地浪费了传统纸质媒体本已有限的承载能力,表现形式上则过于单调,不能不影响到学生的阅读兴趣以及借助双方共同使用的教材以实现与任课教师交流的冲动。至于纸外媒体,如网络、视频、音频以及电子格式图片等,在张本教材中则基本没有为之预留可供衔接的埠口。这种漠然处之的编辑方式弱化了教材本身与教育技术发展趋势之间的联系,萎缩了纸质教材的可扩展性,客观上使教学活动固着于教材编订者在编修过程中一次性所提供的有限的知识容量之内,不利于引导学生充分利用多媒体手段自发地拓展自己的知识结构。

三、针对现存问题的改革方案

针对以上问题,笔者以为,可以从下述三个方面着手进行改善:

首先,突破四部分类法的局限,实现"文以载道",即以选文的组织形式体现中国古代历史的宏观运动规律。

马克思在《德意志意识形态》中曾称:"我们仅仅知道一门唯一的科学,即历史科学。"马克思所讲的科学意义上的历史学,就是对于历史发展宏观规律的探索,也就是历史发展在一个较长时段内所表现出来的总体态势。这一点同样是年鉴学派的代表人物布罗代尔在其一系列作品中所着力探讨的,即何为长时段的历史。[①]在高校历史系的教学实践中,多数情况下,与"中国历史文选"并行的都有"中国古代史"课程,两者之间无论是就所授内容还是教学主旨上来讲都存在着密不可分的联系。具体而言,文选应该是古代史课程的拓展、丰富与形象化,而古代史则应是文选课程的抽象与条理化。两者一个具象,一个抽象,一实一虚,相互配合才能实现教学效果的叠加与强化。综合考虑历史学界的研究取向与大学教学实际,笔者以为,在通史研究的视野下,于课堂实践中可考虑适度调整张大可本《中国历史文选》选文的讲授顺序,以使其更贴合通史课所描绘的历史发展脉络。同时根据需要增补其中收录较少的可以反映古代中国不同时期经济制度、政治军事制度以及宗教、文化管理制度等方面的史料,特别是有关于农业经济,譬如农业生产技术、自然灾害

① 孙晶:《布罗代尔的长时段理论及其评价》,《广西大学学报》(哲学社会科学版)2002年第3期。

以及土地制度等的史料,在原教材中基本未收录,应着力增补。经过调整与增补,最终有望实现选文的层次化,即形成内部包含有反映经济现实(包括自然地理格局与作物、技术发展水平等)→反映经济制度(如田制等,根据经济现实而形成)→反映宗教、文化思潮(如社会价值取向等,根据经济现实与经济制度而形成)→反映政治制度→记载具有标志意义的政治、军事斗争事件等若干层次选文的教材架构。这一新的架构既保留了原有教材授之以"文"的有益成分,又实现了以"文"载"史",形成授之以"史"的创新体系,从而有利于克服目前教材在选文方面日益趋向碎片化的弊端。更重要的是,可使学生明确历史上各个时期的史料与孕育这类史料的具体时代环境之间的有机联系,从而逐步树立起于宏观历史背景下审视微观史料的良好的史学阅读习惯,培养其于沉寂的文字背后解读出鲜活历史的能力,最终加深其对于中国古代社会于较长时段内所呈现出的总体发展趋势的理解。①

其次,在尽量保持选文原貌的前提下,实现技术与格式的统一与协调。

就目前所见,格式方面的不协调之处,主要集中在两点,即是否该以影印版原文直接入教材,以及如何处理教材中的繁、简字体比例问题。这方面的问题主要涉及到受众的阅读体验,所以必须充分考虑到授课对象的意见。同

---

① 新中国大学文选类课程体系的开创者之一,曾执教于华中师范大学的张舜徽先生,在建国之初的教学活动中就特别注意在讲授具体篇章的过程中与古代史的教学相呼应,打通两门课程之间的联系[邱亚、周国林:《张舜徽先生1950年代的"中国历史文选"教研活动》,《历史教学》(下半月刊)2018年第7期]。后陈杰林先生也曾撰文探讨过在"中国历史文选"与"中国古代史"两门课程之间开展合作教学的可行性问题(陈杰林:《中国历史文选与中国古代史互动教学模式初探》,《池州师专学报》2003年第1期)。这说明对于两者之间的关系部分学界先辈早有清醒认识,但与我们所提出的改革方案有所不同的是,陈文方案的实施需要借助于跨课程教师之间的合作与协调,而我们强调的是,文选类课程必须首先实现自身教材编选思路的转变。否则的话,因为所选篇章与古代史的教学实际不协谐,后续各种形式的合作也就很难顺利开展,毕竟教材是任课教师借以规划知识传授格局的蓝本。近来,亦有考古学专业的任课教师提出,现有文选教材所选篇目往往脱离于考古学系的其他主干课程特别是脱离于田野考古实践,这就等于是浪费了田野发掘活动这一完全可以成为帮助考古系学生切身体认文选史料中所提到的各类古代史实的绝佳机会,因此也主张根据田野发掘的具体对象对现行教材编选格局进行调整[田成方:《高校考古专业〈中国历史文选〉教学思考——以郑州大学考古专业为例》,《河南教育》(高教)2015年第12期]。这种提法与我们作为历史系教师在此处提出的意见不谋而合,但仍然不得不指出的是,因为各地方在历史上形成的物质文化面貌存在着不容忽视的地域性差异,这就导致如果仅依照各地考古实践的具体需求而选篇的话,地域化倾向很可能会成为阻遏全国性通行教材最终成形的障碍。比如,甲校考古系的实践基地主要在中原地区而乙校在江浙甚至云贵一带,则前者可能希望编选过程中侧重于《国语·郑语》等文献而后者则希望对于《吴越春秋》《蛮书》《黔记》等给予更大篇幅。由于我国历史悠久、地域广阔,考虑到有限的课时数以及单一教材的容量问题,照此编写思路则很难同时满足不同省区高校考古学系的实际需求。因此不如采用我们这里提出的以古代社会的宏观结构为分析对象而实现分层次选文的办法,毕竟考古学研究的目的同样也是在于重构古代社会发展的动态,所以上述编选规划应该也可以在一定程度上满足考古系教学的需求。

时也应该注意到，授课对象在表达个人意见的过程中难免会掺入主观因素，这些主观因素的掺入可能会导致其对于即将采用的教材形式所带来的学习难度的变化进行预估时发生一定程度上的偏差。[①]为此，笔者建议，可以通过组织问卷调查与开展分组实验相结合的方式。一方面通过问卷调查充分吸收各年级授课对象的意见与建议，另一方面借助于分组实验，观察分别坚持使用影印本原文（未做断句、标点，繁体竖排）与点校本以及分别使用纯繁体字本与简、繁交杂本的学生在识别繁体汉字以及史料阅读速度与质量等方面的差异。通过分析这类差异形成的原因与节点来明确未来的调整方向，最终实现既保证教学质量，又便利初学者阅读与接受的双赢局面。[②]

在这其中需要注意的是，因为我们的研究过程同时涉及到两对变量，即是否使用现代标点与是否完全采用繁体中文排版，但由于业界所谓的点校本历史文献通常情况下也都是完全使用繁体汉字排版的，所以实际只需在参与者中对应划分出三个组别即可，这里暂名之为甲、乙与丙组。其中，甲组使用影印本选文，乙组使用点校本而丙组使用在乙组选本基础上仅为正文部分保留繁体汉字的简繁交杂本。除此之外，各组别使用的教材在具体篇目、选讲顺序以及对于期末考核内容涵盖的完整性等方面均无差别。在具体组织实施的过程中，为了不对正常的教学秩序形成干扰，同时也是为了便于让更多学生参与其中，分组实验拟随堂开展。至于每一组当中参与对象的构成情况，则由任课教师根据同步进行的问卷调查的结果来有针对性地进行划分。质言之，就是要求每一组当中既要包含课堂表现比较积极、自主学习愿望比较强烈的，也要包含在答卷的过程中对相关授课规划表露出畏难情绪乃至产生厌学思想的学生。这样每一个组别就都相当于是一个体小而微但内涵完整的教学班从而保证其皆具备广泛的代表性。至于实验开展的周期，这个问

---

① 比如有研究者在进行问卷调查时就发现，在关于文选类课程课时数增减以及开设学期调整等问题上，任课教师与学生之间的认识差距就比较明显。而导致这类现象出现的一个重要原因在于，刚刚脱离了高中教育环境而走进大学课堂的大一新生，他们实际上对于这些此前从未接触过的大学课程的教学目标并不熟悉，这就导致他们对于课程教学形式、必须完成的教学任务的体量包括对于究竟该采用哪种教材体例才更为合理等等这些问题，虽然有着表达个人意见的冲动但并不能完全保证所表达意见的合理性与可行性[蔡明伦:《〈中国历史文选〉学习心理调查及教改的针对性探讨》，《湖北师范学院学报》（哲学社会科学版）2010年第5期]。

② 配合问卷调查而进行的实验，可以有效纠正受访主体在回答问卷的过程中由于缺乏经验等因素而导致的对于未来教学难度预估的偏差，然而遗憾的是直到最近进行的一些相关研究，其中仍然是只重问卷调查而没有设计与其配伍的实验环节。关于这类调查可参见卢中阳、杨芯、陈雪涛:《自主学习在中国历史文选教学中的实践与调查分析》，《教学研究》2015年第4期。

题可以根据实际情况灵活掌握。因为我们并不一定非要等到整个学期结束进而需要进行期末测验的时候才利用统一印制的试卷来检测组别差异。在学期中实验进行的同时我们就可以随时进行时长有限的小测验,只要连续若干次测验的结果已经能够明显体现出组别差异,则分组实验的目的即可认为已经达成。这一目的的达成,一方面为下一步的改革行动提供了科学依据,同时也使那些此前在回答调查问卷的过程中对于自己是否能够适应相关改革抱持怀疑乃至否定态度的学生,帮助他们对于这类问题形成一个更清醒、更客观的认识,从而稳定其学习情绪。

再次,丰富纸质文选教材的表现形式,实现其与多媒体教学手段的衔接。

张大可本文选教材的表现形式过于单一,不利于学生形成对于历史事实的立体认识,更不利于维持其学习兴趣。在这方面,何晋本提供了有益的经验。笔者以为可仿何本于张本教材之外另行搜罗与标的选文相配合的图片,主要包括文物与出土文献的高清图版、部分文物的线描图、出土文献的摹本以及古代注疏本中的相关插图等,以期尽量丰富纸质教材的表现形式,同时也便于向学生展示古代器械、技术以及农业实践活动等的具体形象。至于与纸媒以外的其他现代教学手段相衔接的问题,这是现代高等教育的必然要求,也是业界同仁的共识。①在这方面,除了利用常见的电子课件之外,笔者以为,对于有条件的院系,还可考虑探索使用专业的多媒体实验室来组织课堂教学,有意识地引导学生掌握各实验室设备的使用技能,包括利用这些设备查阅网络资料、观看历史背景介绍影片、3D动画演示以及进行沙盘推演等,综合运用各种现代教育技术强化学生对于历史场景的体验与认知,从而实现文选课教学由单纯依赖纸质教材向多媒体教学形式的转变。

笔者相信,通过综合运用文本比较、问卷调查、分组实验、情景再现等技术手段,在继承已有《中国历史文选》教材研究成果的基础之上,经过课堂教学实践的检验以及师生间的集体理论思考,最终会形成一套既适应大学教学实际,具有鲜明自身特色,同时又可复制、宜推广的文选课教材编订框架及配套使用办法。

---

① 刘新慧:《关于高校〈中国历史文选〉课程教学的两点思考》,《内蒙古农业大学学报》(社会科学版)2008年第6期。

六 学术综述

20世纪50年代以来云贵高原战国秦汉时期青铜剑研究的回顾与思考

毕　洋[①]

摘　要: 本文对20世纪50年代以来云贵高原出土的战国秦汉时期的青铜剑资料,以及对青铜剑族属、类型、年代、分期等方面的研究进行了全面回顾,最后简要论述了几点意见:应通过对青铜剑的研究为云贵高原战国秦汉时期的青铜器群确立一个可资观照、对比的系统标尺;同时,还应加强对青铜剑的族属与族属关系的判定;对同一地区内不同文化类型的分析和不同文化的识别以及青铜剑所反映的文化变迁等情况应充分重视。

关键词: 青铜剑;云贵高原;战国秦汉

自20世纪50年代以来,云贵高原地区经科学考古调查和发掘的战国秦汉时期资料已积聚渐多,就云贵高原的青铜时代而言,这些考古资料中最能反映变化及典型区域民族特色的就是青铜剑。因此,通过对青铜剑的研究来揭露“西南夷”在战国秦汉时期的具体面貌和变化动因,探讨考古学文化所反映的文化联系、族群关系等问题历来是学者们研究的热点。

经过多年的努力和探索,前辈学者的相关研究已取得了令人瞩目的成果,这些都为进一步开展更深入的学术研究创造了条件。为此,笔者即对20世纪50年代以来云贵高原战国秦汉时期青铜剑的出土材料与研究成果进行

---

① 作者简介:毕洋,男,1988年生,四川内江人,四川大学历史文化学院考古系2017级博士研究生,研究方向为西南考古。

全面回顾。[①]同时也对今后的研究工作做一些自己的思考,以期对这一地区的青铜剑研究有所裨益。

对本文而言,只要是对云贵高原地区经考古发掘、调查与征集所获得的青铜剑资料有介绍、利用、讨论与分析的研究都是回顾与思考的内容。因此,本文将其分为三类,第一类:研究资料的整理,即对经考古发掘、调查与征集所得的青铜剑进行整理与初步分析的工作,其主要表现形式为各种相关的考古发掘与调查报告、简报等;第二类:专门的研究,即以青铜剑为研究对象,探讨其形制、纹饰、来源、演化及其所反映的文化联系、族属等情况;第三类:相关的研究,即在其他研究方面所涉及云贵高原战国秦汉时期青铜剑的相关研究。

云贵高原出土的战国秦汉时期的剑,按照其制作材料的不同可分为铜剑、铜铁合制剑、铁剑三类。关于铜铁合制剑和铁剑的研究,主要目的是要考察云贵高原早期汉文化(东汉中晚期普遍兴起的铁剑除外)及其与土著青铜文化的关系,因此关于铜铁合制剑和早期铁剑研究成果的回顾也是本文的内容。文中的铜铁合制剑和铁剑除单独论述时外,统一以青铜剑称之。

一、历年发掘、调查与征集资料总结

云贵高原地区比较科学的、正式的现代考古工作可以追溯到1938年11月吴金鼎、曾昭燏、王介忱等先生在苍山与洱海周围进行的考古调查、发掘与研究工作。[②]新中国成立后,云贵高原的考古研究工作才逐渐开展起来。相关研究表明,云贵高原地区的考古研究工作经历了从20世纪50年代中期的起步、70年代中期的停滞与恢复(过渡阶段)、80年代末的大力发展、90年代初至今的新发展等几个阶段。[③]云、贵、川三省的考古工作者通过对云贵高原地区科学考古发掘、调查所揭示的战国秦汉时期的遗存非常丰富。

云贵高原战国秦汉时期的文化遗存主要分布在云南、贵州及四川西南部,笔者对这三个地区历年考古发掘、调查与征集所获得青铜剑资料作了收

---

① 根据青铜剑资料的出土情况,本文所讨论的"云贵高原",仅包括云南、贵州全省及四川西南部的凉山彝族自治州、攀枝花市。

② 吴金鼎、曾昭燏、王介忱:《云南苍洱境考古报告》,南京:原国立中央博物院筹备处,中华民国三十一年(1942),第8页。

③ 余淼:《云贵高原战国秦汉时期的兵器研究》,贵阳:贵州大学硕士学位论文,2011年,第6-16页。

集整理。[①]（表1、表2、表3）据不完全统计，经考古发掘和调查与青铜剑相关的遗址有近80余处，大都出土于墓葬中，出土铜剑1512件、铜铁合制剑380件、铁剑145件。[②]（仅按有具体数据统计，不详的未计入，实际数据大于此）

表1 云南高原出土青铜剑情况统计表

云南	遗址/地点	调查/发掘简报、报告	剑类/数量			资料出处
			铜剑	铜铁合制	铁剑	
昆明	石寨山（共五次发掘）	《云南晋宁石寨山古遗址及墓葬》	21	4		《考古学报》1956.1
		《云南晋宁石寨山古墓群发掘报告》	226	48	22	文物出版社，1959
		《云南晋宁石寨山第三次发掘简报》 《云南晋宁石寨山第三次发掘简记》	不详	不详		《考古》1959.9 《考古》1959.3
		《云南晋宁石寨山古墓第四次发掘简报》	8	5	1	《考古》1963.9
		《晋宁石寨山——第五次发掘报告》	36	18		文物出版社，2009
	金砂山	《晋宁县金砂山古墓地清理简报》	27	21		《大理丛书·考古文物篇》云南民族出版社，2009
	天子庙（共三次发掘）	《云南呈贡天子庙古墓群的清理》	7	4		《考古学集刊》第3集，中国社会科学出版社，1982
		《呈贡天子庙滇墓》	30			《考古学报》1985.4
		《呈贡天子庙古墓群第三次发掘简报》	4			《云南文物》总第39期，1994
	石碑村（共两次发掘）	《云南呈贡龙街石碑村古墓群发掘简报》	25	11		《文物资料丛刊》第3辑，文物出版社，1980

① 注：本文材料搜集截至2017年。

② 注：因锈蚀、残缺的铜剑未纳入统计范围。

续表

云南	遗址/地点	调查/发掘简报、报告	剑类/数量			资料出处
			铜剑	铜铁合制	铁剑	
昆明	石碑村(共两次发掘)	《昆明呈贡石碑村古墓群第二次清理简报》	18	3		《考古》1984.3
	羊甫头	《云南昆明羊甫头墓地发掘简报》	289	72	7	《文物》2001.4
		《昆明羊甫头墓地》				科学出版社,2005
	太极山	《云南安宁太极山古墓葬清理报告》	7	3		《考古》1965.9
	大团山	《昆明大团山滇文化墓葬》	4			《考古》1983.9
	五台山	《昆明上马村五台山古墓清理简报》	7			《考古》1984.3
	普车河	《云南东川普车河古墓葬》	1			《云南考古文集》云南民族出版社,1998
	凤凰窝	《嵩明县凤凰窝古墓群调查简报》	10			《云南文物》总第30期,1991
		《嵩明凤凰窝古墓葬发掘报告》				《云南文物》总第57期,2003
曲靖	八塔台与横大路	《曲靖珠街八塔台古墓群发掘简况》	42		2	《云南文物》总第11期,1982
		《云南曲靖珠街八塔台古墓群发掘简报》				《云南考古文集》云南民族出版社,1998
		《曲靖八塔台与横大路》				科学出版社,2003
	会泽水城	《会泽水城古墓群发掘报告》			5	科学出版社,2014
	宣威	《云南宣威市发现青铜器等文物》	1			《考古》1996.5
	潇湘平坡	《曲靖市潇湘平坡墓地发掘报告》		1		《云南考古报告集(之二)》云南科技出版社,2006
昭通	桂家院子	《云南昭通桂家院子东汉墓发掘》			2	《考古》1960.5

续表

<table>
<tr><th rowspan="2">云南</th><th rowspan="2">遗址/地点</th><th rowspan="2">调查/发掘简报、报告</th><th colspan="3">剑类/数量</th><th rowspan="2">资料出处</th></tr>
<tr><th>铜剑</th><th>铜铁合制</th><th>铁剑</th></tr>
<tr><td rowspan="11">昭通</td><td>桂家院子</td><td>《云南昭通桂家院子东汉墓发掘》</td><td></td><td></td><td></td><td>《考古》1962.8</td></tr>
<tr><td>大关岔河</td><td>《云南大关、昭通东汉崖墓清理报告》</td><td></td><td></td><td>3</td><td>《考古》1965.3</td></tr>
<tr><td>文家老包</td><td>《昭通文家老包古墓群调查简报》</td><td>1</td><td></td><td></td><td>《云南文物》总第15期,1984</td></tr>
<tr><td>昭通营盘</td><td>《云南昭通营盘古墓群发掘简报》</td><td>6</td><td></td><td></td><td>《云南考古文集》云南民族出版社,1998</td></tr>
<tr><td>小湾子</td><td>《昭通小湾子崖墓发掘简报》</td><td></td><td></td><td>不详</td><td>《云南文物》总第33期,1992</td></tr>
<tr><td>张滩1989</td><td>《云南省昭通市水富县张滩土坑墓地试掘简报》</td><td>4</td><td></td><td>1</td><td>《四川文物》2010.3</td></tr>
<tr><td>张滩2005</td><td>《云南昭通水富张滩墓地发掘简报》</td><td>不详</td><td></td><td></td><td>《文物》2015.9</td></tr>
<tr><td>楼坝崖墓</td><td>《昭通水富县楼坝崖墓发掘报告》</td><td></td><td></td><td>2</td><td>《云南考古报告集(之二)》云南科技出版社,2006</td></tr>
<tr><td>余家坡</td><td>见昭通市文物管理所:《昭通田野考古之一》</td><td></td><td></td><td>1</td><td>云南人民出版社,2012</td></tr>
<tr><td>白沙地</td><td>同上</td><td>5</td><td></td><td></td><td>同上</td></tr>
<tr><td>回头湾</td><td>同上</td><td>3</td><td></td><td></td><td>同上</td></tr>
<tr><td rowspan="5">大理</td><td rowspan="3">鳌凤山</td><td>《云南剑川鳌凤山墓地发掘简报》</td><td rowspan="3">20</td><td rowspan="3"></td><td rowspan="3"></td><td>《文物》1986.7</td></tr>
<tr><td>《剑川鳌凤山古墓发掘报告》</td><td>《考古学报》1990.2</td></tr>
<tr><td>《〈云南剑川鳌凤山墓地发掘简报〉补遗》</td><td>《文物》1991.4</td></tr>
<tr><td>大波那1964</td><td>《云南祥云大波那木椁铜棺墓清理报告》</td><td>2</td><td></td><td></td><td>《考古》1964.12</td></tr>
<tr><td>大波那1977</td><td>《云南祥云大波那木椁墓》</td><td>1</td><td></td><td></td><td>《文物》1986.7</td></tr>
</table>

续表

云南	遗址/地点	调查/发掘简报、报告	剑类/数量			资料出处
			铜剑	铜铁合制	铁剑	
大理	大波那2014	《云南祥云县大波那墓地》	2			《考古》2015.7
	采集	《云南大理收集到一批汉代铜器》	7			《考古》1966.4
	弥渡苴力	《云南弥渡苴力战国石墓》	1			《文物》1986.7
	河东村	《洱源河东村又发现青铜器》	1			《云南文物》总34期,1992
	海东龟山	《大理海东龟山发现汉代古墓》	2			《云南文物》总19期,1985
	祥云县	《祥云县又发现一批战国青铜器》	2			《云南文物》总13期,1983
	宾川古底	《宾川古底石棺墓发掘简报》	1			《云南文物》总41期,1995
	宾川	《宾川县石棺墓、土坑墓调查简报》	1	1		《云南文物》总31期,1992
玉溪	李家山(共两次发掘,一次调查)	《云南江川李家山古墓群发掘简报》				《文物》1972.8
		《云南江川李家山古墓群发掘报告》	139	38		《考古学报》1975.2
		《江川李家山新出土文物调查》				《云南文物》总32期,1992
		《江川李家山古墓群第二次发掘简况》				《云南文物》总35期,1993
		《云南江川县李家山第二次古墓群第二次发掘》	179	77	33	《考古》2001.12
		《江川李家山——第二次发掘报告》				文物出版社2007
	江川团山	《云南江川团山古墓葬发掘简报》	2			《文物资料丛刊》第8辑,文物出版社,1983
	洼垤打篙陡	《云南元江县洼垤打篙陡青铜时代墓地》	1			《文物》1992.7

续表

云南	遗址/地点	调查/发掘简报、报告	剑类/数量			资料出处
			铜剑	铜铁合制	铁剑	
玉溪	金莲山	《云南澄江县金莲山墓地2008—2009年发掘简报》	23	19	6	《考古》2011.1
		《金莲山墓地研究》				吉林大学博士论文,2013
	通海碧山	《华宁小直坡墓地》	2			云南人民出版社,2014
		《通海四街碧山调勘报告》,见《华宁小直坡墓地》	2			云南人民出版社,2014
楚雄	牟定琅井	《牟定琅井发现的青铜器》	2			《云南文物》总14期,1983
	万家坝	《楚雄万家坝古墓群试掘简况》	15			《云南文物》总6期,1975
		《云南省楚雄县万家坝古墓群发掘简报》				《文物》1978.10
		《楚雄万家坝古墓群发掘报告》				《考古学报》1983.3
	张家屯	《楚雄张家屯出土青铜器简报》	1			《彝州文物资料》1988
		《楚雄张家屯出土青铜器初探》				云南文物38
	石龙村	《楚雄近期征集到一批青铜器》	2			《云南文物》2000.1
	姚安营盘山	《姚安县营盘山墓葬出土的青铜器》	1			《云南文物》31
迪庆	德钦	《云南德钦永芝发现的古墓葬》	5			《考古》1975.4
		《云南德钦县纳古石棺墓》	2			《考古》1983.3
		《云南德钦县石底古墓》	2			《考古》1983.3
	香格里拉石棺墓	见杨帆等:《云南考古1979—2009》	不详			云南人民出版社,2010
红河	个旧黑蚂井	《个旧黑蚂井古墓群发掘报告》		2		《云南考古报告集(之二)》云南科技出版社,2006
		《个旧市黑玛井墓地第四次发掘报告》	3		5	科学出版社,2013

续表

<table>
<tr><th rowspan="2">云南</th><th rowspan="2">遗址/地点</th><th rowspan="2">调查/发掘简报、报告</th><th colspan="3">剑类/数量</th><th rowspan="2">资料出处</th></tr>
<tr><th>铜剑</th><th>铜铁合制</th><th>铁剑</th></tr>
<tr><td rowspan="3">红河</td><td rowspan="3">石洞村、大逸圃</td><td>《泸西县石洞村墓地发掘简报》</td><td rowspan="3">14</td><td rowspan="3">6</td><td></td><td>《云南边境地区(文山州和红河州)考古调查报告》云南科技出版社，2008</td></tr>
<tr><td>《云南泸西县大逸圃秦汉墓地发掘简报》</td><td></td><td>《四川文物》2009.3</td></tr>
<tr><td>《泸西石洞村、大逸圃墓地》</td><td></td><td>云南科技出版社，2009</td></tr>
<tr><td rowspan="17">云南其他地区发掘与采集</td><td>金官龙潭</td><td>《云南永胜金官龙潭出土青铜器》</td><td>136</td><td>(前含)</td><td></td><td>《云南文物》总第19期，1986</td></tr>
<tr><td>宁蒗大兴</td><td>《云南宁蒗县大兴镇古墓葬》</td><td>4</td><td>1</td><td></td><td>《考古》1983.3</td></tr>
<tr><td rowspan="3">保山昌宁</td><td>《云南昌宁坟岭岗青铜时代墓地》</td><td>11</td><td></td><td></td><td>《文物》2005.8</td></tr>
<tr><td>《云南昌宁青铜器综说》</td><td>7</td><td></td><td></td><td>《考古》1992.5</td></tr>
<tr><td>《云南昌宁县大甸山墓地发掘简报》</td><td>9</td><td></td><td></td><td>《考古》2016.1</td></tr>
<tr><td>巍山</td><td>《云南巍山发现一批古代青铜器》</td><td>1</td><td></td><td></td><td>《中国文物报》2005.10.28</td></tr>
<tr><td>丘北县</td><td>见云南省文物考古研究所等:《云南边境地区(红河州和文山州)考古调查报告》</td><td>2</td><td></td><td></td><td>云南科技出版社，2008</td></tr>
<tr><td>广南县</td><td>同上</td><td>1</td><td>1</td><td></td><td>同上</td></tr>
<tr><td>麻栗坡县</td><td>同上</td><td>1</td><td></td><td></td><td>同上</td></tr>
<tr><td>个旧市</td><td>同上</td><td>1</td><td></td><td></td><td>同上</td></tr>
<tr><td>蒙自县</td><td>同上</td><td>1</td><td></td><td></td><td>同上</td></tr>
<tr><td>开远市</td><td>同上</td><td>2</td><td></td><td></td><td>同上</td></tr>
<tr><td>建水县</td><td>同上</td><td>2</td><td></td><td></td><td>同上</td></tr>
<tr><td>弥勒县</td><td>同上</td><td>2</td><td></td><td></td><td>同上</td></tr>
<tr><td>元阳县</td><td>同上</td><td>1</td><td></td><td></td><td>同上</td></tr>
<tr><td>金平县</td><td>同上</td><td>1</td><td></td><td></td><td>同上</td></tr>
<tr><td>河口县</td><td>同上</td><td>1</td><td></td><td></td><td>同上</td></tr>
</table>

表2 贵州高原出土青铜剑情况统计表

贵州	遗址/地点	调查/发掘简报、报告	剑类/数量			资料出处
			铜剑	铜铁合制	铁剑	
黔西北	赫章辅处	《辅处墓群》	不详			《贵州田野考古四十年》贵州民族出版社,1993
	赫章可乐(1960—1961年、1976—1978年、2000年)	《贵州赫章县汉墓发掘简报》		1		《考古》1966.1
		《赫章可乐发掘报告》		7	31	《考古学报》1986.2
		《赫章可乐二〇〇〇年发掘报告》	15	6	2	文物出版社,2008
	威宁中水(1978年、1979年共两次发掘)	《威宁中水汉墓》	12		3	《考古学报》1981.2
		《贵州威宁中水汉墓第二次发掘》	5		1	《文物资料丛刊》第10辑,文物出版社,1987
	红营盘	《贵州威宁县红营盘东周墓地》	5			《考古》2007.2
黔西南	安龙	《安龙发现古铜剑》	1			《贵州文物》1983.3、4合期
	普安铜鼓山	《普安铜鼓山遗址发掘报告》	1			《贵州田野考古四十年》贵州民族出版社,1993
	兴仁交乐	《贵州兴仁交乐汉墓发掘报告》			1	同上
黔东南	锦屏亮江	《锦屏亮江出土一批战国青铜器》	3			同上
	天柱	《贵州天柱出水青铜器调查征集报告》	4			《东亚古物》B卷,文物出版社,2007
其他	清镇平坝	《贵州清镇平坝汉墓发掘报告》			3	《考古学报》1959.1
		《贵州清镇平坝汉至宋墓发掘简报》			不详	《考古学报》1961.4
	安顺宁谷	《贵州安顺宁谷汉墓》			1	《贵州文物》1993.3、4合期
	仁怀合马东汉墓	《仁怀合马东汉砖室墓清理简报》			2	《贵州文物》1993.1、2合期
	分散采集	《贵州文物精华》	3			贵州人民出版社,2006

表3　川西高原出土青铜剑情况统计表

四川	遗址/地点	调查/发掘简报、报告	剑类/数量			资料来源
			铜剑	铜铁合制	铁剑	
凉山	老龙头墓地	《老龙头墓地与盐源青铜器》	3	1		文物出版社,2009
	盐源征集(2007年前)	同上	65	16		同上
	盐源征集(2007年)	同上	2			同上
	盐源征集(2008年后)	《盐源地区近年新出青铜器及相关遗物报告》	25	15		《成都考古新发现》,科学出版社,2009
	越西华阳村	《四川越西华阳村发现蜀文物》		1		《文物资料丛刊》第7辑,文物出版社,1983
	会理收藏	《会理新近收藏几件青铜器》	2			《四川文物》1996.3
西昌	礼州汉墓	《四川西昌礼州发现的汉墓》			5	《考古》1980.5
	河西大石墓	《西昌河西大石墓群》	1			《考古》1978.2
	西昌一号墓	《四川西昌一号墓发掘简报》		1		《考古学集刊》第3集,中国社会科学出版社,1982
	米易弯丘大石	《米易弯丘的两座大石墓》	1			《考古学集刊》第1集,中国社会科学出版社,1981
	经久大洋堆遗址	《四川西昌市经久大洋堆遗址的发掘》	1			《考古》2004.10
	经久西汉李音墓	《西昌市经久乡发现西汉李音墓》			1	《四川文物》1991.1

总体而言,云贵高原出土青铜剑的遗址主要分布在云南高原的滇池、阳宗海、抚仙湖、星云湖、杞麓湖、洱海等周围;贵州高原的毕节、清镇、安顺地区的平原或“山间坝子”、及四川西部高原的安宁河流域。(图1)云南省出土青铜

剑的典型遗址以滇中地区的晋宁石寨山、江川李家山、昆明羊甫头、楚雄万家坝、呈贡石碑村、安宁太极山、嵩明凤凰窝、泸西石洞村与大逸圃为代表;滇东地区主要有曲靖八塔台与横大路、曲靖潇湘平坡等墓地;滇东北地区以昭通营盘、水富张滩、白沙地墓地为代表;滇西及滇西北地区主要有祥云大波那、剑川鳌凤山、永胜金官龙潭;滇西南及滇南地区则有保山昌宁坟岭岗、大甸山、元江洼轻打蒿陡、个旧黑玛井等墓地。贵州高原地区所出的青铜剑的遗址多集中于贵州西部和西北部,东部出土较少;以黔西北赫章辅处、赫章可乐、威宁中水等墓地为代表;黔西南则主要有普安铜鼓山遗址。所属云贵高原的四川西南地区以沿安宁河流域分布的大石墓以及盐源的老龙头墓地为代表。

云贵高原地区考古发掘、调查与征集所获得青铜剑资料的整理大都比较细致、完整,对其出土情况、数量、形制等都有较为详细的介绍。在云南省的环滇池区域的滇中地区,这里是有确切文献记载的古滇国故地,分布着大量具有明显滇文化特征的遗存。如滇池东南岸冲积平原上以“石寨山文化”为代表的“滇文化”墓葬群,云南省文物考古研究所从1955年到1996年先后五次对晋宁石寨山墓地进行了考古发掘。其中第二次和第五次分别出版了《云南晋宁石寨山古墓群发掘报告》《云南晋宁石寨山——第五次发掘报告》。特别是在第二次发掘中出土的兵器,数量十分的丰富,仅铜剑就有226件,铜铁合制剑48件、铁剑22件。在第五次发掘报告中,不但有详细的文字叙述,还有大量的图片、表格,比较完整地呈现了这次发掘出土青铜剑的各种情况,并依据其剑格的不同分为无格剑、一字格剑和花蒂形格剑三大类,并对其做进一步的讨论。如发掘者认为M58:2椭圆塔盖剑在外形上与八塔台的圆形凸顶形剑相似,都为椭圆形茎、茎首镂空,只是在茎首上所饰的纹饰不一样;但八塔台的圆形凸顶茎首剑,其剑锋绝大部分有双凹血槽,中部起脊,比石寨山第五次发掘小墓中出土剑身扁平的铜短剑更具杀伤力,是比较进步的类型。[①]再如昆明羊甫头、江川李家山、曲靖的八塔台和横大路等墓地,考古工作者都对这些墓地所出青铜剑的出土情况、纹饰、形制等进行了细致的文字和图像描述。不但对这些青铜剑进行了较为细致的型式划分,还利用文献,

---

① 云南省文物考古研究所、昆明市博物馆、晋宁县文物管理所:《晋宁石寨山——第五次发掘报告》,北京:文物出版社,2009年,第151页。

结合地层关系等，对墓葬的年代、文化特征进行了分析，并同时与周边遗址出土的青铜剑进行了比较，进一步探讨了滇式铜剑的发展演变过程。

贵州位于云贵高原的东北部，战国秦汉时期这里为“夜郎国”的故地，古史对这一地区和古夜郎历史的记载极其简略。学界多年以来对夜郎历史的探索，主要依靠考古学资料。在考古资料的积累与整理方面，《赫章可乐二〇〇〇年发掘报告》就是典型的代表。贵州的考古工作者对2000年发掘的108座地方民族墓葬出土的青铜剑资料进行了细致的整理与分析。他们认为，在地方土著墓葬（乙类墓）中，青铜剑的不同来源地特征十分清楚。如镂空牌形茎首铜剑（M365:5），其茎上二穿与外茎二穿相吻合，剑身与茎交接处成直角，剑身为巴蜀式柳叶形，中部起脊。另有一件蛇头形茎剑（M325:3），属于云南横大路墓地Ba型剑。[①]此外，《报告》还与以往的田野考古报告有所不同，增加了“发掘者说”和“田野疏漏项清点”部分，刘庆柱先生曾评价这两个不同之处“作为原始资料的积累，将有其长远意义”。[②]

云贵高原所属四川地区的战国秦汉时期遗存主要分布在四川西南部的安宁河流域一带。这一地区由于其独特的地理位置与环境，考古遗存不如云南、贵州丰富。就考古资料的积累与整理而言，《老龙头墓地与盐源青铜器》是其杰出代表。从1987年到2001年，凉山彝族自治州博物馆对老龙头墓地先后进行了三次抢救性发掘。虽仅出土铜剑3件、铜铁合制剑1件，明器铜剑13件，但在盐源地区所征集的青铜兵器较为丰富。其中2007年以前征集铜剑65件，铜柄铁剑16件；2007年征集铜剑2件；2008年以后征集铜剑25件，铜柄铁剑15件。

发掘者认为盐源青铜文化出土的铜剑具有多元的文化因素，与滇西的青铜文化以及川西石棺葬文化甚至北方系青铜文化都存在一定的联系。[③]

综上所述，云、贵、川三省的考古工作者通过对云贵高原出土的战国秦汉时期青铜剑资料的积累与整理，向我们展示了这一地区的重要发现，为进一步的相关研究工作打下了坚实基础。

---

① 贵州省文物考古研究所：《赫章可乐二〇〇〇年发掘报告》，北京：文物出版社，2008年，第70、71页。

② 贵州省文物考古研究所：《赫章可乐二〇〇〇年发掘报告》，第3页。

③ 成都市文物考古研究所、凉山彝族自治州博物馆：《老龙头墓地与盐源青铜器》，北京：文物出版社，2009年，第198-209页。

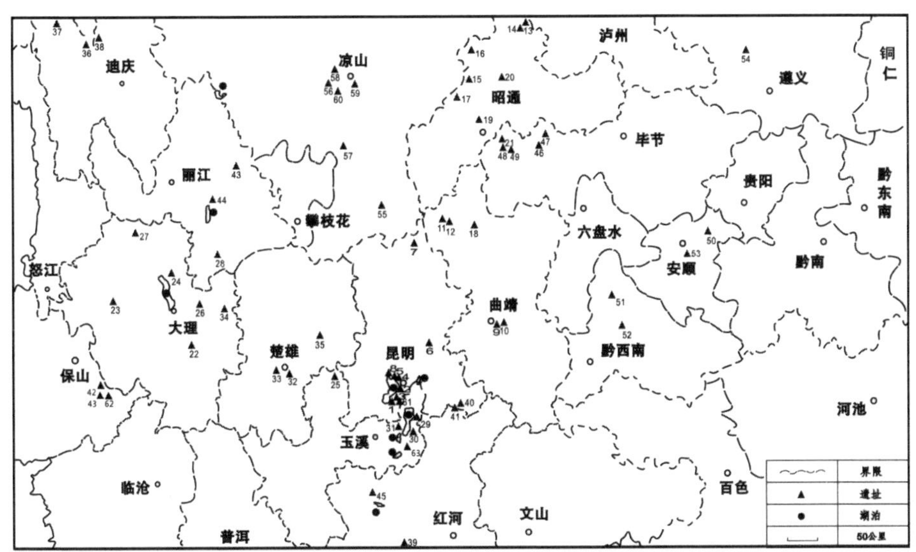

图1　云贵高原出土战国秦汉时期青铜剑遗址和墓葬分布示意图①

1.晋宁石寨山、2.呈贡天子庙、3.呈贡石碑村、4.羊甫头、5.上马村五台山、6.嵩明凤凰窝、7.东川普车河、8.昆明大团山、9.八塔台、10.横大路、11.曲靖潇湘平坡、12.会泽水城、13.水富张滩、14.水富楼坝、15.昭通营盘、16.白沙地、17.回头湾、18.桂家院子、19.得马寨余家坡、20.大关岔河、21.文家老包、22.弥渡苴力、23.洱源河东村、24.海东龟山、25.安宁太极山、26.祥云大波那、27.剑川鳌凤山、28.宾川古底、29.澄江金莲山、30.江川李家山、31.江川团山、32.楚雄万家坝、33.楚雄张家屯、34.姚安营盘山、35.牟定琅井、36.德钦永芝、37.德钦纳古、38.香格里拉、39.个旧黑蚂井、40.泸西石洞村、41.泸西大逸圃、42.昌宁坟岭岗、43.宁蒗大兴、44.永胜金官龙潭、45.洼垤打篙陡、46.赫章辅处、47.赫章可乐、48.威宁中水、49.威宁红营盘、50.清镇平坝、51.普安铜鼓山、52.兴仁交乐、53.安顺宁谷、54.仁怀合马、55.老龙头、56.西昌河西、57.米易弯丘、58.西昌礼州、59.久经大洋堆、60.久经乡汉墓、61.晋宁金砂山、62.昌宁大甸山、63.通海四街碧山

二、专门的研究

随着云贵高原地区考古工作的大量进行，研究资料的丰富，学界前辈开始在已有研究资料的基础上对青铜剑做进一步专门的分析与研究。国内早期对云贵高原地区青铜剑的研究最具有开创性的是童恩正先生。在《我国西南地区青铜剑的研究》一文中，童先生将西南地区出土的青铜剑按照其地域的不同划分为巴蜀与“西南夷”两大系统。在“西南夷”系统内，童先生又依据

① 部分零星采集地区未标注在内。

其不同的出土地点，分别以滇池、洱海、贵州、川西高原四个地区单独进行讨论，并通过对青铜剑的形制、纹饰，结合青铜剑的出土情况、文献记载等对"西南夷"系统内青铜剑的年代进行了探讨，初步建立起了"西南夷"系统内青铜剑的发展谱系；另外，童先生还对"西南夷"地区出土的铜柄铁剑进行了较为详细的讨论，并进一步厘清了由铜剑到铜柄铁剑之间的发展脉络。①

此后，又有宋世坤先生对云贵高原出土的青铜剑做了专门的研究。在《我国西南地区铜柄铁剑研究》一文中，宋先生对闽江上游地区、凉山地区、洱海地区、滇池地区和贵州北部地区的铜柄铁剑其分布情况、形制和年代进行了分析，并结合铜柄铁剑的出土情况、文献记载与C^{14}数据等对铜柄铁剑其年代做了初步的判断，从而初步建立了西南地区铜柄铁剑的发展谱系。②在其《贵州青铜戈、剑的分类断代》一文中，宋先生通过对贵州威宁、清镇、普安地区历年来出土和征集的14件青铜剑的形制、纹饰进行分析，并在此基础上与云南、四川地区出土的同类青铜剑进行比较，认为贵州古夜郎地区的青铜文化中同时具有"滇文化"与"巴蜀文化"的特征和因素。另外，宋先生还结合青铜剑的地层关系与伴出物，参照"滇文化"与"巴蜀文化"中同类剑的时代，对这些青铜剑的年代进行了推断，并进一步推论这些青铜剑所属的青铜文化为夜郎及其旁小邑地区的土著民族所创造。③在《赫章可乐铁剑刍论》一文中，宋先生对1960年以来在贵州赫章可乐战国秦汉时期墓葬中出土的铜柄铁剑和铁剑的形制与时代进行了分析，并在此基础上对铁剑的来源进行了探索，认为赫章可乐出土的铁剑（含铜铁合制剑），除本地独具一格的铜柄铁剑外，不但有"中原式"剑的因素，还有"巴蜀式"和"滇式"剑的特征。④

国内早期对云贵高原地区出土的战国秦汉时期的青铜剑进行研究的还有张增祺先生。在其《云南铜柄铁剑及其有关问题的初步探讨》一文中，张先生将云南出土的117件铜柄铁剑根据其器形和纹饰，对其来源等问题进行了探讨，认为"云南出土的五种铜柄铁剑都可以在当地青铜剑中找到它们的形式，它是在云南青铜剑的基础上直接发展演变来的。"⑤张先生又在《略论滇西

① 童恩正：《我国西南地区青铜剑的研究》，《考古学报》1977年第2期。

② 宋世坤：《我国西南地区铜柄铁剑研究》，《贵州考古论文集》，贵阳：贵州人民出版社，2000年，第266-279页。

③ 宋世坤：《贵州青铜戈、剑的分类断代》，《贵州考古论文集》，第241-252页。

④ 宋世坤：《赫章可乐铁剑刍论》，《贵州考古论文集》，第296-303页。

⑤ 张增祺：《云南铜柄铁剑及其有关问题的初步探讨》，《考古》1982年第1期。

地区的青铜剑》一文中，对滇西地区出土的青铜剑的特征、分类、时代、来源等分别进行了讨论，并认为“滇西青铜剑”是在当地新石器文化的基础上发展起来的，由原始的木柄铜剑发展而来，而其主要制作者与使用者则是古代的巂和昆明人。[①]

此外，宋治民先生的《三叉格铜柄铁剑及相关问题的探讨》一文对三叉格铜柄铁剑按照其地域特征分为北方与西南地区，对三叉格铜柄铁剑的出土情况、纹饰、形制等进行了介绍与分析，并在此基础上结合其他出土物对这两个地区的三叉格铜柄铁剑进行了详细地比较，认为三叉格铜柄铁剑是由北方传到南方的。[②]另外，还有苏奎、尹俊霞的《试析西南夷地区的三叉格铜柄铁剑》一文也是对三叉格铜柄铁剑来源、传播方式与过程讨论的著作。[③]

霍巍先生在其《试论西藏及西南地区出土的双圆柄形剑首青铜短剑》一文中，将西藏格林塘墓地出土的青铜短剑与四川凉山盐源和滇西北高原出土的青铜短剑进行了详细地分析与比较，认为“西藏出土的这柄青铜剑的年代与西南地区同类器物也应当大致同时”，并进一步指出，大约在中原地区汉代这个历史阶段中，“从西藏西部横越西藏高原，一直到横断山脉南端的滇西北、四川西南这样一个环形地带，都曾有过这类以双圆饼形剑首为主要特征的青铜短剑流行”，这与北方草原文化的南下与西进有关。[④]

除上述前辈学者对云贵高原战国秦汉时期的青铜剑资料进行的专门研究工作外，还有苏奎、何钰婧、毕洋等运用考古类型学和文化因素分析法对其进行的系统的整理、分析与研究。

苏奎在其《西南夷地区三种含北方系青铜文化因素短剑的研究》文中参考学界对青铜短剑的已有研究成果，结合历史文献、相关民族学资料等对西南夷地区的曲柄短剑、双圆饼首短剑、三叉格铜柄铁剑的形制与年代等进行了细致的分析与整理，并将“西南夷”地区出土的青铜短剑分别与北方系青铜文化区的曲柄短剑、双环首短剑、三叉格铜柄铁剑进行比较，探索了北方系青

① 张增祺：《略论滇西地区的青铜剑》，《考古》1983年第7期。

② 宋治民：《三叉格铜柄铁剑及相关问题的探讨》，《考古》1997年第12期。

③ 苏奎、尹俊霞：《试析西南夷地区的三叉格铜柄铁剑》，《四川文物》2005年第2期。

④ 霍巍：《试论西藏及西南地区出土的双圆柄形剑首青铜短剑》，《西南考古与中华文明》，成都：巴蜀书社，2011年，第340-373页。

铜文化对西南夷地区土著文化的传播方式、过程与特点等。[①]

何钰婧的《贵州战国秦汉时期青铜剑研究》一文对贵州地区出土的50余件青铜剑进行了类型学分析、分区与分期研究,认为贵州战国秦汉时期的铜剑虽深受巴蜀和滇池地区两地影响,但也发展出了具有本地特色的铜剑。[②]

毕洋在《云贵高原战国秦汉时期的青铜剑研究》文中,详尽梳理了20世纪50年代以来云贵高原战国秦汉时期青铜剑的发现、整理与研究情况;在全面掌握材料的基础上,以前人的研究成果为参照,运用考古类型学方法和文化因素分析法对这一地区出土的两千余件青铜剑(汉铜铁合制、铁制)的形制进行了细致的类型学划分,探讨了诸类型青铜剑的演变规律、年代及其特征。并根据云贵高原范围内不同区域与期段的青铜剑演变特征,进行了青铜剑的区系划分,从而在纵、横两个方面,初步厘清了云贵高原战国秦汉时期青铜剑的发展脉络。此外,作者还结合历史文献对青铜剑呈现出如此发展脉络的历史背景及其所反映的“西南夷”族群关系进行了初步的讨论,认为青铜剑的区域差异和阶段特征与云贵高原地区的族群构成、族群间的文化交流以及巴蜀文化、楚文化、早期汉文化的影响有密切关系。[③]不仅如此,毕洋还结合美术考古学图像分析的方法,对西南夷青铜剑其族属作了初步的推论。[④]

另外,还有日本学者今村启尔《滇西青铜剑》一文,作者在此文中,大致梳理了滇西出土青铜剑的发展脉络,同时对青铜剑的功能、来源等情况做了初步的探讨。由于时代的局限,并且一直到1994年才由黄德荣译后发表,这些研究还并不深入,只是初步分析与探索,很多观点都有待进一步的讨论。[⑤]

三、相关的研究

1.在兵器的综合研究、概述方面有关青铜剑的专门研究。

李飞在其《贵州夜郎时期青铜兵器综述》一文中对1993年以前在贵州发现的22件青铜剑的形制和年代进行了分析,并在此基础上与周边地区出土的

① 苏奎:《西南夷地区三种含北方系青铜文化因素短剑的研究》,成都:四川大学硕士学位论文,2005年,第25、26页。

② 何钰婧:《贵州战国秦汉时期青铜剑研究》,合肥:安徽大学硕士学位论文,2013年,第13-22页。

③ 毕洋:《云贵高原战国秦汉时期的青铜剑研究》,贵阳:贵州大学硕士学位论文,2017年,第48页。

④ 毕洋:《美术考古学学科目标及其方法刍论——以“西南夷”青铜剑族属关系分析为例》,《绵阳师范学院学报》2018年第3期。

⑤[日]今村启尔著:《滇西青铜剑》,黄德荣,译,《云南文物》1994年总第38期。

同类青铜剑进行了比较，探讨了贵州青铜冶铸技术、墓葬中的兵器组合情况及其与周邻文化间的关系。[①]另外，戴亚雄的《贵州古兵器浅议》也对贵州出土的青铜剑等兵器进行了简单的分析与介绍。[②]

梁太鹤的《贵州夜郎地区出土的巴蜀式铜兵器》一文将贵州出土的"巴蜀式"柳叶形剑进行分类介绍，并对柳叶形剑在当地文化的稳定融入和演变发展问题、传播过程中的"民间通道"等问题进行了讨论。[③]邹芙都、江娟丽的《滇楚青铜兵器比较研究》一文对滇、楚地区出土的青铜剑等兵器进行了初步比较，并进一步探讨楚文化对滇文化的影响。[④]又如万鹍的《春秋战国时代吴越青铜剑与其他地区青铜剑的比较研究》从艺术学的角度对春秋战国时期的吴越青铜剑与"西南夷"青铜剑进行了比较。[⑤]此外，还有朱凤瀚先生的《古代中国青铜器》和《中国青铜器综论》对云贵高原青铜剑的分类、断代等研究都极有参考价值。[⑥]

余淼在其硕士学位论文《云贵高原战国秦汉时期的兵器研究》中，将云贵高原出土的战国秦汉时期的青铜剑按照其分布区域的不同分为洱海——盐源区、川西南区、滇东北——黔西区、贵州地区、滇池区五个区域，并依据其有无剑格及剑格的形状差异对铜剑、铜铁合制剑、铁剑分别进行了系统的类型学分析。[⑦]唐彬的《云贵高原战国秦汉时期的西南夷兵器研究》、[⑧]赵琦茗的《川渝地区出土先秦时期青铜兵器研究》也是此类著作。[⑨]

此外，有关青铜剑纹饰研究的还有吴小平和蒋璐的《汉代刻纹铜器考古研究》一文。作者将一些有纹饰的青铜剑归为甲类刻纹铜器，并把其他青铜兵器、工具上的纹饰等按照图案的类型分为单个写实性动物图案、简单几何

① 李飞：《贵州夜郎时期青铜兵器综述》，'99夜郎学术研讨会论文集编辑委员会：《夜郎研究》，贵阳：贵州民族出版社，2000年，第73-96页。

② 戴亚雄：《贵州古兵器浅议》，《贵州文史丛刊》2001年第3期。

③ 梁太鹤：《贵州夜郎地区出土的巴蜀式铜兵器》，《中华文化论坛》2008年第12期。

④ 邹芙都、江娟丽：《滇楚青铜兵器比较研究》，《南方文物》2002年第3期。

⑤ 万鹍：《春秋战国时代吴越青铜剑与其他地区青铜剑的比较研究》，南京：南京艺术学院硕士学位论文，2014年，第24-26页。

⑥ 朱凤瀚：《古代中国青铜器》，天津：南开大学出版社，1995年，第1095-1097页；《中国青铜器综论》，上海：上海古籍出版社，2009年，第2321-2332页。

⑦ 余淼：《云贵高原战国秦汉时期的青铜兵器研究》，贵阳：贵州大学硕士学位论文，2011年，第58页。

⑧ 唐彬：《云贵高原战国秦汉时期的西南夷兵器研究》，成都：四川大学硕士学位论文，2015年，第9-29页。

⑨ 赵琦茗：《川渝地区出土先秦时期青铜兵器研究》，西安：陕西师范大学硕士学位论文，2015年，第24、25页。

纹图案、组合性写实性图案三类，通过对各区域刻纹铜器的个案研究，结合其造型、纹饰、年代、出土背景等，宏观构建了汉代刻纹铜器的发展过程及源流。[①]

2. 区域文化研究中对青铜剑的介绍、讨论、利用等。

冯汉骥先生在其《云南晋宁石寨山出土文物的族属问题试探》对云南晋宁石寨山第二次发掘出土的铜柄铁剑的来源做了简单的分析，认为晋宁石寨山墓葬出土的铜柄铁剑曾在四川岷江上游的汶川县和理县的石棺墓中均有大量发现，两地之间可能有较为密切的关系，此类剑当系从外族输入的。[②]

宋世坤的《贵州古夜郎地区青铜文化初论》《贵州古夜郎地区青铜文化再论》两文均对贵州地区出土的青铜剑作了简要的介绍，并结合贵州古夜郎地区出土的其他青铜文化遗物，进而与四邻的“滇文化”“巴蜀文化”“邛都文化”进行了分析对比。[③]李飞的《夷汉之间——从考古材料看贵州战国秦汉时代的文化格局》[④]和范勇的《云南青铜文化的区系类型研究》[⑤]也是此类性质的著作。另外，进行此类研究的学者还有张增祺、[⑥]童恩正、[⑦]汪宁生、[⑧]王大道、[⑨]阚

① 吴小平、蒋璐：《汉代刻纹铜器考古研究》，杭州：浙江大学出版社，2015年，第2、3页。

② 冯汉骥：《云南晋宁石寨山出土文物的族属问题试探》，《考古》1961年第9期。

③ 宋世坤：《贵州古夜郎地区青铜文化初论》，《贵州考古论文集》，第85-97页；《贵州古夜郎地区青铜文化再论》，《贵州考古论文集》，第98-105页。

④ 李飞：《夷汉之间——从考古材料看贵州战国秦汉时代的文化格局》，《贵州民族研究》2009年第6期。

⑤ 范勇：《云南青铜文化的区系类型研究》，《四川文物》2007年第2期。

⑥ 张增祺：《云南青铜文化研究》、《云南青铜文化的类型与族属问题》、《滇池区域青铜文化内涵分析》参见云南省博物馆：《云南青铜文化论集》，昆明：云南人民出版社，1991年，第17-45页、第220-243页、第68-89页。

⑦ 童恩正：《略谈云南祥云大波那木椁铜棺墓的族属》，《中国西南民族考古论文集》，北京：文物出版社，1990年，第71-76页。

⑧ 汪宁生：《试论石寨山文化》，《汪宁生论著萃编》，昆明：云南民族出版社，2001年，第562-585页。

⑨ 王大道：《滇池区域的青铜文化》，《云南青铜器论丛》，北京：文物出版社，1981年，第77-91页。

勇、[1]易学钟、[2]李保伦、[3]宋世坤、[4]李衍垣、[5]黄娅、[6]唐文元、[7]唐嘉弘、[8]刘弘[9]等。

在区域性文化研究中对青铜剑资料的介绍、讨论、利用的著作颇多,除利用青铜剑资料对具体的区域性文化进行相关考古学文化研究、族属探讨等外,在利用青铜剑资料对不同区域性文化的传播、比较的有宋世坤、[10]李保伦、[11]刘中华、[12]肖明华、[13]汪宁生、[14]张增祺、[15]童恩正、[16]霍巍[17]等。

在其他相关著作中对青铜剑资料的介绍、讨论、利用等的学者有张增

---

① 阚勇:《滇西青铜文化浅谈》,《云南青铜文化论集》,第46-67页。

② 易学钟:《永胜金官龙潭青铜类型及族属》,《云南青铜文化论集》,第244-261页。

③ 李宝伦:《对滇文化八塔台类型相关问题的探讨》,《云南文物》2014年总第80期。

④ 宋世坤:《从赫章出土文物探索夜郎社会性质》,贵州省社会科学院历史研究所:《夜郎考(讨论文集之二)》,贵阳:贵州人民出版社,1981年,第17-30页;《贵州赫章可乐"西南夷"墓族属试探》,中国考古学会:《中国考古学会第一次年会论文集》(1979),北京:文物出版社1980年,第308-314页。

⑤ 李衍垣:《夜郎故地上的探索——贵州文物考古三十年》,《夜郎故地上的探索》,贵阳:贵州人民出版社,1980年,第1-31页;《夜郎青铜时代的文物》,参见贵州省社会科学院历史研究所:《夜郎考(讨论文集之二)》,第1-16页。

⑥ 黄娅:《从青铜器遗物看夜郎社会》,贵州民族学院西南夜郎文化研究院:《中国西南夜郎文化研究文集》(卷二),贵阳:贵州民族出版社,2008年,第328-337页。

⑦ 唐文元:《从夜郎青铜器的埋藏特点试析夜郎民族葬俗及考古对策》,'99夜郎页数研讨会论文集编辑委员会:《夜郎研究》,第45-53页。

⑧ 唐嘉弘:《试论四川西南地区石墓的族属》,《考古》1979年第5期。

⑨ 刘弘:《川西南大石墓与邛都七部》,《文物》1993年第3期。

⑩ 宋世坤:《试论夜郎与巴蜀的关系》,《贵州文史丛刊》1982年第1期。

⑪ 李保伦:《从考古材料看古夜郎与滇东北地区的青铜文化》,参见'99夜郎页数研讨会论文集编辑委员会:《夜郎研究》,第146-149页。

⑫ 刘中华:《从滇与滇文化的比较谈夜郎及其文化》,《云南文物》2014年总第80期。

⑬ 肖明华:《滇青铜文化与汉文化在云贵的传播》,《四川文物》2008年第4期。

⑭ 汪宁生:《滇楚关系初探》,《汪宁生论著萃编》,第708-713页。

⑮ 张增祺:《从出土文物看战国至西汉时期云南和中原地区的密切联系》,《文物》1978年第10期;《古代云南骑马民族及其相关问题》,《云南民族学院学报》1984年第2期。

⑯ 童恩正:《近年来中国西南民族地区战国秦汉时代的考古发现及其研究》,《考古学报》1980年第4期。

⑰ 霍巍:《论横断山脉地带先秦两汉时期考古学文化的交流与互动》,四川大学中国藏学研究所:《藏学学刊》(第二辑),四川人民出版社,2005年,第155-169页。

祺、[1]李朝珍、[2]罗二虎、[3]马承源、[4]杜迺松、[5]彭长林、[6]杨勇、[7]周志清、[8]张合荣[9]等。另外，由张长寿和殷玮璋先生主编的《中国考古学·两周卷》、[10]刘庆柱和白云翔先生主编的《中国考古学·秦汉卷》[11]也有对云贵高原地区出土的战国秦汉时期的青铜剑进行相关的介绍和讨论。

3.考古遗存研究中对青铜剑的介绍、讨论、利用等。

冯汉骥先生在《岷江上游石棺葬》一文中对罗葡砦残墓中出土的铜柄铁剑与云南晋宁石寨山、安宁太极山出土的铜柄铁剑进行比较，认为它们的铜柄与铁剑样式完全一样，可能是由北方人传入的，而罗葡砦残墓中出土的铜炳铁剑比晋宁石寨山Ⅱ型墓中出土的铜炳铁剑更早。[12]

赵小帆的《试论贵州汉墓的几个问题》一文，在讨论汉墓中的随葬器物时，对汉墓中出土的部分兵器的形制做了较为详细的分析，并与邻近地区汉墓出土的兵器进行了比较。[13]又如刘弘的《凉山地区古墓葬多样性原因初探》、[14]郭继艳的《云南地区石棺葬的分区研究》、[15]刘世旭的《试论川西南大石墓的起源与分期》、[16]罗开玉的《川西南与滇西大石墓试析》[17]等都是此类著作。

此外，在墓葬系统研究中对青铜剑的利用、讨论的还有蒋志龙的《金莲山墓地研究》、[18]叶成勇的《金沙江中游石构墓葬研究》[19]《黔西滇东地区战国秦汉

① 张增祺：《滇文化》，北京：文物出版社，2001年，第158-159页；《滇国与滇文化》，昆明：云南美术出版社，2008年，第196-197页；《中国西南民族考古》，昆明：云南人民出版社，2012年，第24-25页。

② 李朝珍、段志刚：《彝州考古》，昆明：云南人民出版社，2000年，第89、100页。

③ 罗二虎：《秦汉时代的中国西南》，成都：天地出版社，2000年，第47页。

④ 马承源：《中国青铜器》，上海：上海古籍出版社，2003年，第463页。

⑤ 杜迺松：《古代青铜器》，北京：文物出版社，2005年，第120-122页。

⑥ 彭长林：《云贵高原的青铜时代》，桂林：广西科学技术出版社，2008年，第174-175页。

⑦ 杨勇：《战国秦汉时期云贵高原考古学文化研究》，北京：科学出版社，2011年，第330-363页。

⑧ 周志清：《滇东黔西青铜时代的居民》，北京：科学出版社，2014年，第98-163页。

⑨ 张合荣：《夜郎文明的考古学观察——滇东黔西先秦至两汉时期的遗存研究》，北京：科学出版社，2014年，第137-139页。

⑩ 中国社会科学院考古研究所：《中国考古学·两周卷》，北京：中国社会科学出版社，2011年，第548-562页。

⑪ 中国社会科学院考古研究所：《中国考古学·秦汉卷》，北京：中国社会科学出版社，2015年，第887-900页。

⑫ 冯汉骥：《岷江上游的石棺葬》，《考古学报》1973年第2期。

⑬ 赵小帆：《试论贵州汉墓的几个问题》，《贵州民族研究》1998年第4期。

⑭ 刘弘：《凉山地区古墓葬多样性原因初探》，《四川文物》1992年第4期。

⑮ 郭继艳：《云南地区石棺葬的分区研究》，《四川文物》2002年第2期。

⑯ 刘世旭：《试论川西南大石墓的起源与分期》，《考古》1985年第6期。

⑰ 罗开玉：《川西南与滇西大石墓试析》，《考古》1989年第2期。

⑱ 蒋志龙：《金莲山墓地研究》，长春：吉林大学博士学位论文，2013年，第27页。

⑲ 叶成勇：《金沙江中游石构墓葬研究》，北京：中央民族大学硕士学位论文，2005年，第47页。

时期考古遗存研究——以南夷社会文化变迁与文明化进程为重点》、[①]李飞的《贵州威宁银子坛墓地分析》[②]等。

4.冶铸技术及其来源等研究中对青铜剑的利用和分析。

宋世坤在《贵州早期铁器研究》一文中，将赫章可乐乙类墓的和威宁中水墓地出土的54件铁剑(含铜柄铁剑)进行了类型学分析，并结合历史文献以及贵州地区出土铁器中的生产工具、其他铁器兵器、生活杂用具的数量、出土情况等，对贵州地区早期铁器的使用与来源等问题进行了探索，认为南夷民族所需的铁器主要来源于冶铁业极为发达的巴蜀地区。[③]

林声在其《谈云南开始制造铁器的年代问题》一文中通过对云南晋宁石寨山出土的铜铁合制兵器的形制、纹饰的初步分析，他认为具有独特风格的铜柄铁剑不是外部输入而是当地独立制作的，并结合历史文献认为西汉时期，云南地区的滇人应已从外部学会了冶铁技术，开始自己制造铁器了。[④]

在冶铸技术及其来源等研究中涉及对青铜剑的讨论、利用和分析以及进一步对青铜剑进行化学成分分析、金相学分析的学者也颇多，如李家瑞、[⑤]童恩正、[⑥]刘弘、[⑦]白云翔、[⑧]李映福、[⑨]李伟卿、[⑩]曹献民、[⑪]刘恩元、[⑫]杨根、[⑬]华觉

① 叶成勇：《黔西滇东地区战国秦汉时期考古遗存研究——以南夷社会文化变迁与文明化进程为重点》，北京：中央民族大学博士学位论文，2009年，第40-49页。

② 李飞：《贵州威宁银子坛墓地分析》，成都：四川大学硕士学位论文，2006年，第33页。

③ 宋世坤：《贵州早期铁器研究》，《考古》1992年第3期。

④ 林声：《谈云南开始制造铁器的年代问题》，《考古》1963年第4期。

⑤ 李家瑞：《两汉时代云南的铁器》，《文物》1962年第3期；《关于云南开始制造铁器的年代的说明》，《考古》1964年第4期。

⑥ 童恩正：《对云南冶铁业产生时代的几点意见》，《考古》1964年第4期。

⑦ 刘弘：《汉代铁器在西南夷的传播》，《四川文物》1991年第6期。

⑧ 白云翔：《先秦两汉铁器的考古学研究》，北京：科学出版社，2005年，第318-324页。

⑨ 李映福、周磊：《云贵高原出土战国秦汉时期铁器研究》，《江汉考古》2014年第6期。

⑩ 李伟卿：《云南古代的铜铸艺术》，《云南青铜器论丛》，第192-202页。

⑪ 曹献民：《云南青铜器铸造技术》，《云南青铜器论丛》，第203-207页。

⑫ 刘恩元：《贵州古代青铜冶铸工艺技术研究》，《中国科技史料》2002年第4期。

⑬ 杨根：《云南晋宁青铜器的化学成分分析》，《考古学报》1958年第3期。

明、[①]李晓岑、[②]秦立凯、[③]樊海涛、[④]杨江林[⑤]等。

四、几点思考

综上所述，学界前辈们以不同的方式，从不同的视角对云贵高原地区出土的战国秦汉时期的青铜剑进行了分析与研究。这些研究主要表现在对青铜剑资料的整理与考古类型学分析、对某一区域内青铜剑发展脉络、文化族属、来源、铸造工艺的探讨以及在区域性文化研究、区域性文化比较、文化传播等相关研究中对青铜剑资料的讨论、利用、分析等方面。这些研究所取得的丰硕成果，对于云贵高原地区的考古研究工作具有重要意义，在一些专题研究方面也已相当深入，名符其实地成为西南地区战国秦汉时期考古中一个热点。但回顾其历程，我们在为这些成绩感到骄傲的同时，也清醒地认识到，围绕青铜剑的发现与研究仍然存在一些问题，还需考虑如何将青铜剑研究进一步推向深入，下面是笔者关于青铜剑发现与研究几点不成熟的思考。

1.田野考古资料积累

20世纪50年代以来大量田野考古发掘材料的发表，虽然为青铜剑的深入研究奠定了一个相对较好的基础。然而，就目前田野考古资料的积累程度而言，客观来说，目前除云南高原之外，其他地区的资料积累有限。尤其是在贵州地区，与古夜郎相关的发掘清理工作的目的性还不是很强，科研性的主动发掘不多。同时，在整个云贵高原范围内，很多资料未得到及时的整理与发表，部分研究工作也滞后于新整理的资料；部分所取的成果中存在着因对青铜剑的整理有所出入（如统计有出入、界定不明、不统一等情况）或仅有做简要介绍，致使相关研究工作滞后。

2.青铜剑的断代

现在关于某些区域青铜剑的年代学研究虽然已经相当细致和深入，但不

---

① 华觉明：《战国两汉铁器的金相学考查初步报告》，《考古学报》1960年第1期

② 李晓岑：《云南晋宁石寨山出土金属器的分析和研究》，《文物》2004年第11期；《云南江川县李家山墓地出土金属器的分析和研究》，《考古》2008年第8期；《云南青铜时代金属制作技术》，《考古与文物》1999年第2期；《古滇国金属技术研究》，北京：科技出版社，2011年，第136-138页。

③ 秦立凯：《先秦两汉时期西南铁器的传播与发展》，重庆：西南大学硕士学位论文，2006年，第55页。

④ 樊海涛：《石寨山第6号墓出土文物的科技考古与研究》，桂林：广西民族大学硕士学位论文，2008年，第45页。

⑤ 杨江林：《战国秦汉时期滇池区域出土铁器研究》，昆明：云南大学硕士学位论文，2013年，第18页。

同学者仍存在着较大的分歧和争论。究其原因,笔者认为这主要是由于没有将青铜剑研究乃至是青铜兵器研究放入云贵高原战国秦汉时期的青铜器群以确立一个可资观照、对比的系统标尺所致。因此,关于云贵高原的青铜剑以及其他青铜兵器的年代学深入研究仍是一个亟待解决的课题。

3.族群识别与族属关系

云贵高原地区的西南夷族群识别与族属关系一直是学者们共同关注的热点,虽然目前研究也已相当深入,但仍然有进一步探讨的必要。比较一致的观点是认为环滇池地区大都属于同一考古学文化或同一文化类型。但对于同一文化不同类型的研究,还需进一步深入。如元江洼垤打篙陡墓地出土的铜鼓状首柱状茎斜直三角形剑[①]与曲靖八塔台墓地出土的圆锥柱状茎剑,[②]可以明显看出它们是分属于同一文化的不同类型甚至是与滇文化密切相关的其他文化。笔者认为,目前对于同一地区内的有关青铜剑的族群识别与族属关系的判定尚未引起人们的充分重视。

4.文化变迁

相关文献和研究表明,云贵高原地区古代历史的发展与内地的历史进程密不可分,战国秦汉时期更是其最为重要的一个转折阶段。从战国后期秦并巴蜀到汉武帝经略西南夷,云贵高原的战略地理位置与经济利益、政治地位等日益增强,由"徼外蛮夷"之地逐步归纳为中原王朝的地方政权;同时,云贵高原还是沟通亚洲腹地和中南半岛以及连接中国内地和印度等地"南方丝绸之路"的重要枢纽。作为最能反映变化及典型区域的民族特色的青铜剑,通过其认识中国古代多民族统一国家的形成和发展、理解早期汉文化的扩张与传播以及对外交流,目前我们似乎还缺乏对这一方向的关注,更缺乏系统的综合研究。

5.多学科方法与综合研究

尽管20世纪50年代以来,虽有不少学者进行过一些相关的如青铜剑的金相学等专题研究,但尚无一种更深层面上的在与考古学、历史学、地理学、民族学、文化人类学等学科相结合的情况下进行美术考古(如青铜兵器纹

① 云南省文物考古研究所:《云南元江县洼垤打篙陡青铜时代墓地》,《文物》1992年第7期。

② 云南省文物考古研究所:《曲靖八塔台与横大路》,北京:科学出版社,2003年,第34-36页。

饰)、[①]冶金考古(青铜剑的铸造技术、铁器来源)、水下考古(滇池、阳宗海等)、聚落考古(识别青铜剑族属)等多种手段方法上以动态的观察分析进行多学科多视角的综合性研究。[②]

云贵高原是川滇青藏民族走廊的一个重要组成部分,也是我国历史上西南各民族活动极为频繁、文化面貌也极其复杂的一个区域,这个区域内不同类型青铜剑的演变关系非常复杂。

我们设想:在战国秦汉时期这个相对较长的历史时段、在云贵高原这个经常发生文化互动的地域空间内,在与历史学、民族学、文化人类学、地理学等学科更深层的结合下进行美术考古、冶金考古、水下考古、聚落考古等多种手段方法面上多学科、多视角的青铜剑综合性研究,以连续不断的动态追踪观察方式,揭示诸夷之间的族群关系、土著青铜文化与汉文化关系及其所产生的文化变迁与对外文化交流。这样才能最大限度地将考古材料还原为区域文化史,复原这一地区在这一历史阶段的文化特征、社会结构和古代生态状况,从而弥补以往研究之不足。

① 毕洋:《威宁饕餮纹铜戈考兼论美术考古学与美术史》,《贵州大学学报》(艺术版)2017年第3期。

② 罗二虎:《20世纪西南地区石棺葬发现研究的回顾与思考》,《中华文化论坛》2005年第4期。

国内外学界对俄美公司历史的研究综述*

梁立佳[①]

摘　要:俄罗斯美洲公司(简称"美俄公司")是近代俄国进行经济扩展和政治殖民的重要力量,其发展历史受到学界广泛关注,成果丰硕。本文从英语学术界、俄国学术界、国内学术界三个角度,对研究俄美公司发展历史的相关成果进行综述,并对现有研究中存在的不足进行评论。

关键词:俄美公司;历史;研究综述

近代俄国在征服西伯利亚的过程中逐渐形成一种商业团体与国家权力相结合的扩张模式。这种哥萨克、毛皮猎人与毛皮商人征服在先,沙皇代理人和政府机构治理在后的模式,在俄国征服西伯利亚的进程中发挥出巨大的效力。[②]18世纪40年代,俄国商业势力已扩张至美洲太平洋区域。然而,面临俄商内部的争夺,英美商人的竞争,以及印第安人的反抗,沙俄政府迫切需要重组本国的商业和政治殖民力量。1799年,沙皇保罗授权组建俄罗斯美洲公司(以下简称俄美公司),公司凭特许状享有在阿拉斯加、阿留申群岛、千岛群岛,以及东西伯利亚海岸的毛皮狩猎、对外贸易、移民拓殖、宗教传播等权利

* 基金项目:国家社科基金青年项目"国际史视域下的近代阿拉斯加问题研究"(18CSS006)。

① 作者简介:梁立佳,男,1985年生,吉林长春人,河北大学历史学院讲师,研究方向为美洲史、海洋史。

② 有关俄国征服西伯利亚的历史内容,参见:徐景学编著:《俄国征服西伯利亚纪略》,哈尔滨:黑龙江人民出版社,1984年;[俄]М.И.齐保鲁哈:《征服西伯利亚》,杨海明,译,北京:中国社会科学出版社,2017年。

与义务。[①]这些活动基本构成两次鸦片战争以前沙俄在远东太平洋区域活动的主要内容。因此,俄美公司的相关研究对于理解近代美洲——太平洋殖民探险、经济开发与国际竞争等问题具有十分重要的价值,本文尝试对国内外学界有关俄美公司历史的研究进行述评。

一、英语学术界对俄美公司问题的研究

美国史学界最早对俄美公司的考察发端于阿拉斯加历史的研究。1867年美国购买阿拉斯加伊始,阿拉斯加的历史与文化即成为美国社会和媒体关注的焦点。乔治E.庞德的《俄属美洲》[②]对阿拉斯加的地理环境、物产资源、俄国殖民等内容进行论述。斯诺W.帕克的《俄属美洲的物理特征和土著部落》[③]一文同属此类研究。另外,《纽约时报》等美国媒体亦对阿拉斯加的地理、人文、历史等方面进行了大量的报道,先后发表《俄国人在美洲》[④]《俄属美洲:它的气候,土壤,资源和居民》[⑤]《俄属美洲:贸易商栈的描述》[⑥]等文章。

提到美国学界对阿拉斯加历史的研究,就不得不提美国著名西部史学者——赫伯特·豪·班克罗夫特。班氏最重要的史学成就莫过于美国西部史三部曲:《美洲西北海岸历史》《加利福尼亚历史》和《阿拉斯加历史》。其中,《阿拉斯加历史》[⑦] 可谓是美国学者研究俄美公司历史的开山之作。这部近800页的专著对哥萨克和毛皮商人向西伯利亚扩张,直至俄国殖民阿拉斯加的历史进行论述,重点分析俄国政府与毛皮商人、俄美公司相互关系,俄国商人对待阿拉斯加原住民的政策态度、俄国远东当局、帝俄政府与俄美公司的不同关系、俄美公司与阿拉斯加的东正教传播、俄美公司与美洲西海岸国际竞争等内容。这是一部材料与思想并重的史学著作。

班克罗夫特关于阿拉斯加历史的认识长期主导美国史学界。直至第二

---

① 有关1799年沙皇敕令的内容,参见:The Bering Sea fur seals arbitration, Fur Seal Arbitration. Proceedings of the Tribunal of Arbitration, Volume VIII,Government Printing Office, 1895, pp.13-14.

② George E. Pond, Russian America, New York: Church, 1867.

③ Snow.W.Parker, "Russian America its physical characteristics and native tribes", Russian America, 1867.

④ New York Times, Oct 28, 1852.

⑤ New York Times, Apr 9, 1867.

⑥ New York Times, Oct 17, 1867.

⑦ Hubert Howe Bancroft, History of Alaska, A. L. Bancroft & Company, Publishers, 1886.

次世界大战结束，美国学者大多都以1867年作为阿拉斯加文明历史的开端。唯有斯图尔特·拉姆塞·汤普金的《阿拉斯加：毛皮商人与拓荒者》[①]一书肯定俄国毛皮商人在阿拉斯加发现与开发中的积极作用，系统梳理阿拉斯加问题的国际化过程。作者尤为认可俄美公司对阿拉斯加原住民的开化作用。

伴随美苏冷战的加剧，美国学术界掀起一股考察近代沙俄对外扩张和美俄冲突的潮流。弗·阿·戈尔德[②]认为"阿拉斯加的历史同西伯利亚的历史关系非常密切，"西伯利亚扩张问题应该成为研究俄国向阿拉斯加殖民历史的重要基础，而后者无疑标志着俄国扩张史中一个时代的终结。乔治·亚历山大·伦森[③]则擅长近代俄国向日本扩张问题的考察。

美俄两国历史冲突方面，霍华德·库什科夫的《西北海岸冲突：美-俄两国在太平洋西北海岸的竞争，1790—1867》一书，系统考察了18世纪末至19世纪60年代期间美-俄两国在美洲西北海岸的摩擦和对抗。作者认为美国商业与政治势力在该地区的扩张，成为压制俄国美洲殖民的主要力量，最终促成阿拉斯加的转让。应该说，库什科夫对美国实力增长与西北海岸国际格局变迁关联性的解读，增加了美俄关系问题的历史感，但也忽视了俄国、英国、西班牙等相关因素的影响，难以更为全面地解读这段历史。理查德·阿伦·沃德在《大不列颠与1821年9月沙俄敕令》[④]一文中，认为1821年敕令是沙皇政府调节俄美移民区走私问题的举措，并不表明俄国政府外交政策的实质改变。沙俄敕令的目标是美国商人，而非英国。哈罗德·E.波奎斯特[⑤]认为和平友好是同时期美俄两国关系的主流。沙皇对此严禁国内政府和报刊发表有关门罗宣言的报道。而英国则竭力宣传美洲非殖民原则的对俄性质。维克多J.法勒强调1821年敕令是俄美公司不断向帝俄政府施压的结果。[⑥]克拉伦斯·海

① Stuart Ramsay Tompkin，Alaska：Promyshlennik and Sourdough，Norman，1945.

② [美]弗·阿·戈尔德：《俄国在太平洋的扩张，1641—1850年：记述俄国人早期和后期在亚洲和北美洲太平洋沿岸的远征，包括至北极地区的某些有关远征》，陈铭康、严四光，译，北京：商务印书馆，1981年。

③ George Alexander Lensen，The Russian push toward Japan：Russo-Japanese relations，1697-1875，Octagon Books，1971.

④ Richard Allen Ward，Great Britain and the Russian Ukase of September 16，1821，Master Degree Thesis，Denton：North Texas State University，1970.

⑤ Harold E. Bergquist，"The Russian Ukase of September 16，1821，the noncolonization principle，and the Russo-American convention of 1824"，Canadian Journal of History，1975，Volume 10 Issue 2，Summer，pp. 165-184.

⑥ Victor J. Farrar，"The Russian Ukase and the Monroe Doctrine：A Re-Evaluation"，Pacific Historical Review，Vol. 36，No. 1（Feb.，1967），pp. 13-26.

恩斯则注意到沙俄敕令与美洲非殖民原则的密切关联。[①]

俄美公司作为沙俄美洲殖民的实际执行者，成为美国学者研究的重点。玛丽·伊丽莎白·惠勒在《俄美公司的起源与形成》[②]一文中，强调这一俄国历史上第一家商业垄断公司的出现在俄国商业史中的重要地位，而舍利霍夫等远东毛皮商人的积极争取，无疑是公司得以建立的主要因素。同时，作者注意到俄美公司与美国波士顿商人的合作关系。而双方在航运、物资、狩猎等方面的互补性，成为这一合作的基石。[③] 温斯顿·李·萨拉菲安的《俄美公司的雇佣政策与实践，1799—1867》[④] 一文主要对俄美公司的雇佣政策进行研究，论述俄美公司倾向雇佣俄国移民与国内农奴制现实之间的矛盾，以及公司雇佣克里奥人和土著居民的手段。作者认为俄美公司对待员工的政策显示矛盾性。一方面，为调动员工的劳动积极性，公司向员工提供医疗、子女教育、发放退休金等权益。另一方面，公司则竭力压低员工工资。约翰·邓肯的《俄美公司和1839年以前它在阿拉斯加与外国人的贸易关系》[⑤]一文主要考察俄美公司与外国商人在阿拉斯加进行贸易的活动及影响，强调粮食补给是困扰俄美公司生存与经营的主要问题。外国商人一直是公司获取补给物资的主要渠道，而1839年俄美公司与哈德逊湾公司达成的租让协议，最终导致俄美公司财政独立地位的丧失。

另外，斯蒂芬·海考克斯的《俄属美洲：英语学界的研究》[⑥]系统梳理20世纪90年代以前国际学界有关俄属美洲历史的研究。作者认为美洲西部首先是作为外交和商业竞争的地区，然后才是定居目的地而存在。近代美洲太平洋国际关系问题值得学界广泛关注，而俄国通过探险、贸易、殖民等活动取得

---

① Clarence Hines, "Adams, Russia and Northwest Trade, 1824" , Oregon Historical Quarterly, Vol. 36, No. 4 (Dec., 1935), pp. 348-358.

② Mary Elizabeth Wheeler, The origins and formation of the Russian-American Company, Ph.D. Dissertation, University of North Carolina, 1965.

③ Mary Elizabeth Wheeler, "Empires in conflict and cooperation: The Bostonians and the Russian-American company", Pacific Historical Review, Vol. 40 No. 4, Nov., 1971, pp. 419-441.

④ Winston Lee Sarafian, Russian-American Company employee policies and practices, 1799-1867, Ph.D. Dissertation, University of California, 1970.

⑤ John Duncan, The Russian American Company and its trading relations with foreigners in Alaska until 1839, Mater Degree Thesis, The University of British Columbia, 1969.

⑥ Stephen Haycox, "Russian America: studies in the English language," Pacific Historical Review, Vol.59, No.2 (May, 1990), pp. 231-252.

了与英国、美国、西班牙等国同样重要的作用。这类综述成果在提供研究动态的同时,也提供了一定的问题意识和思想方法。

值得注意的是,伴随美国学界有关阿拉斯加历史研究的展开,涌现出一批关注此领域的学术基地和学术期刊。阿拉斯加大学、加利福尼亚大学、华盛顿大学等美国高校发展为俄美公司历史研究的主要基地。阿拉斯加大学更是投入巨资,广泛收集、译介涉及俄美公司历史的档案文献。如理查德 A.皮尔斯编译的《俄美公司行政长官对外信件:1818》[①]、雷蒙德 H.费什编译的《俄美公司档案:1802,1817—1867》[②]等。阿拉斯加大学出版社还系统译介了俄语学者对俄美公司问题的最新成果。同时,以《太平洋历史评论》《西北太平洋季刊》为代表的美国西部和太平洋区域研究刊物,陆续刊载了大量关于俄美公司历史的学术论文。

20世纪八九十年代以来,受到新社会史、新文化史、生态环境史、跨国史和全球史、跨学科研究等学科潮流的影响,美国史学界有关俄美公司问题的研究呈现出研究范围扩展与跨学科研究的双重趋势。正如凯瑟琳 L.阿恩特所说,1990—2000年北美学界相关研究的两个趋势是研究范围的拓宽与研究方法的多样化,考古学资料和原住民口述史料受到越来越多的关注和使用。[③] 阿伦 L.科罗威尔的《考古学和资本主义世界体系:一项关于俄属美洲的研究》一书,利用考古发掘与历史文献相结合的方法,考察科迪亚克岛殖民地的经济开发、社会交往和日常生活等问题,尝试将"沃勒斯坦提出的世界体系视角与俄属美洲的考古发现相结合",[④]更为全面地揭示俄属美洲移民区原住民和俄美公司下层工人的日常生活和经济状况。詹姆斯·麦吉·阿伦的《仿制与锻造:罗斯殖民地的俄美公司工业制造的考古调查》[⑤] 一文利用罗斯堡考古发掘中的数据,分析俄美公司殖民加利福尼亚的主要路径与活动。另外,苏

---

① Richard A. Pierce edite, The Russian-American Company correspondence of the governors communications sent: 1818, Kingston: The Limestone Press, 1984.

② Raymond H. Fisher edite, Records of the Russian-American Company, 1802, 1817-1867, Washington: The National Archives, 1971.

③ Katherine L. Arndt: "The Russian-American Company and the Northwest Fur Trade: North American Scholarship, 1990—2000", "Meeting of Frontiers" Conference, May 2001.

④ Aron L. Crowell, Archaeology and the Capitalist world system: a study from Russian America, Plenum Press 1997, v, vi.

⑤ James McGhie Allan, Forge and falseworks: An archarological investigation of Russian American Company's industrial complex at Colony Ross, Ph. D. Dissertation, the University of California, Berkeley, 2001.

珊·史密斯·彼得的《在19世纪的俄属美洲制造一个克利奥人阶层》[①] 一文,论述1821年以后俄美公司力图通过制造一个俄国人与原住民后裔为主的中间阶层,实现俄美公司劳动力的补充与殖民地的长治久安。

同时期,莉迪亚·布拉克[②]通过对阿拉斯加俄国移民与土著居民人口数量的统计,注意到俄国政府要求俄美公司向公司雇佣的土著居民提供包括教育、医疗、老年护理等方面的帮助,并尝试在阿拉斯加推行社会立法改革,突出阿拉斯加具有的沙俄社会改革"试验场"的独特性质。斯蒂芬·海考克斯的《阿拉斯加:一块美洲殖民地》[③]一书认为阿拉斯加与西伯利亚不同的地理环境与国际形势决定了俄国殖民方式的差异性。作者还尝试对俄美公司与哈德逊湾公司进行比较,认为帝俄政府对俄美公司的贸易商业公司的定位,决定了俄属美洲的发展方向及最终归宿。伊利亚·威克维斯基的《俄属美洲:一个大陆帝国的海外殖民地,1804—1867》[④]一书分析了俄属美洲在俄罗斯帝国中的位置及沙俄决定出售阿拉斯加的历史背景,强调俄美公司作为一种官商合作的殖民形式本身就体现出俄属美洲的特殊性——沙俄唯一的海外殖民地。正是这种海外殖民地的性质,要求沙俄这个大陆帝国必须借鉴欧美其他列强的海外扩张模式,采取雇佣土著居民、俄国移民文化适应、同化土著居民等显示沙俄殖民灵活性的创新手段。在其另一篇论文《环球航行与帝国种族意识的现代化:环球航行对俄罗斯帝国意识的影响》[⑤]中,威克维斯基认为19世纪俄美公司资助的数十次环球航行促进了年轻海军军官的帝国意识与种族观念的变化,增进了有关人类种族与文化多样性的传播。

此外,美国学者还十分关注俄属美洲时期俄国文化与原住民文化的碰撞。玛蒂娜·温克勒的《从统治人民到占有土地:18世纪、19世纪初北太平洋

① Susan Smith-Peter, "Creating a Creole estate in early nineteenth-century Russian America", Cahiers du Monde russe, Vol. 51, No. 2/3, Dynamiques sociales et classifications juridiques dans l'Empire russe: Du XVIIe siècle à la révolution de 1917 (Avril-septembre 2010), pp. 441-459.

② Lydia Black, Russians in Alaska, 1732-1867, Fairbanks: University of Alaska Press, 2004.

③ Stephen Haycox, Alaska: An American Colony, Seattle: University of Washington Press, 2002.

④ Ilya Vinkovetsky, Russian America: an overseas colony of a Continental Empire, 1804-1867, Oxford: Oxford university press, 2011.

⑤ Ilya Vinkovetsky, "Circumnavigation Empire Modernity Race: The Impact of Round the World Voyages on Russia's Imperial Consciousness", Ab Imperio, 1-2/2001, pp. 191-210.

帝俄所有权概念的变化》[①]一文,通过将俄国在西伯利亚与阿拉斯加的扩张放入一个整体框架,注意到西班牙、英国、法国等殖民国家的竞争,促使俄国人对帝国所有权的概念界定经历了从统治人民到占有土地的转变。需要说明的是,尽管作者否认俄属美洲殖民地的独特性,但在美洲——太平洋殖民的国际环境影响下的帝国认识的变化,却恰恰凸显出俄属美洲殖民地的特殊性。安德烈A.赞埃姆斯基的《萨满教与基督教:土著居民与俄国东正教传教士在西伯利亚和阿拉斯加的相遇,1820—1917》[②]一书中,作者运用详实的传教笔记资料,对西伯利亚、阿拉斯加和阿留申群岛的原住民在接受东正教的过程与结果方面进行比较,发现处于社会变化之中的阿拉斯加土著居民更倾向于接受东正教作为精神依托,而较少受到俄国人影响的楚科奇人则极力排斥东正教信仰。戴维·诺德兰德的《艾诺肯京·维尼亚米诺夫与东正教在俄属美洲的扩张》[③]一文,认为俄美公司在阿拉斯加的持续传教,对土著居民的日常生活与精神世界都产生了重要影响,而19世纪40年代维尼亚米诺夫主导下的传教活动对此功不可没。

肯尼思N.欧文斯的《沙皇的边民:提莫菲·塔拉卡诺夫和俄属美洲的扩张》[④]一文是美国学术界对俄美公司中下层员工考察的代表作。塔拉卡诺夫是一名俄美公司职员,参与了俄美公司美洲事务官巴拉诺夫与美国商人合作的加利福尼亚狩猎。可以说,正是无数像塔拉卡诺夫这样卑微而又无可或缺的公司员工,在实际执行沙俄政府和俄美公司上层官员的殖民扩张梦想。事实上,通过对2000年以后英语学界出版的有关俄美公司成果的梳理可以发现,受到新文化史和新社会史思潮的影响,以往受到忽视的俄美公司下层员工、土著居民的社会与文化、殖民意识与概念的变迁等问题开始重新获得学界的重视,并取得了一定的研究成果。

伴随国际交流的频繁和互联网资源的利用,美国学界对俄美公司问题的

① Martina Winkler, "From ruling people to owning land: Russian concepts of imperial possession in the North Pacific, 18th and early 19th centuries", Jahrbücher für Geschichte Osteuropas, Neue Folge, Bd. 59, H. 3 (2011), pp. 321-353.

② Andrei A. Znamenski, Shamanism and Christianity: Native encounters with Russian Orthodox Missions in Siberia and Alaska, 1820-1917, Greenwood Press, 1999.

③ David Nordlander, "Innokentii Veniaminov and the expansion of Orthodoxy in Russian America", Pacific Historical Review, Vol.64, No.1 (Feb., 1995), pp.19-36.

④ Kenneth N. Owens, "Frontiersman for the Tsar: Timofei Tarakanov and the expansion of Russian America", The Magazine of Western History, Vol. 56, No. 3 (Autumn, 2006), pp. 3-21+93-94.

研究更为深入。肯特G.莱特富特在《俄国的殖民:北太平洋的商业殖民活动》[①]一文中,通过对历史考古学资料的利用,考察俄国美洲移民区的人员构成与人事关系,力图证明俄属美洲的劳动关系,以俄国人强迫土著居民服役为主,较少吸收外来移民,而这种劳动力的缺乏严重限制了俄属美洲殖民地的发展。约翰L.埃文斯的《俄国人在阿穆尔河的扩张1848—1860:向太平洋推进》[②]一书,主要围绕俄国海军军官与俄美公司在沙俄向阿穆尔河流域与库页岛扩张中的合作关系展开论述,以远东地区为个案考察商业资本与政治利益在近代俄国的融合及影响。埃里克T.希尔曼的《无耻者土地上的帝国:18世纪至1910年代太平洋沿岸的俄国人,特林吉特人,波莫人和美国人》[③]一文,从俄美公司与特林吉特人之间的长期对峙出发,考察俄美公司对阿拉斯加不同原住民部落间差异的认识演变,及其对俄美公司调整殖民政策的实际影响。彼得R.米尔斯在《夏威夷的俄国人探险:再探一段久远历史》[④]一书中,通过对19世纪初俄美公司殖民夏威夷群岛的起源、过程和结果的系统论述,揭示俄国人、美国人和夏威夷人在这一过程中的文化互动。威廉·麦科米的《俄国的角度:列扎诺夫访日再认识》[⑤]一文,透过列扎诺夫访日事件在日本统治阶层和社会中下层引发的激烈辩论,揭示日本社会中渴求对外贸易的进步势力与守旧势力的矛盾。

值得注意的是,史料挖掘的深入与史学碎片化的趋势,共同促成俄美公司人物传记史研究的繁荣。欧文·马修斯的《光荣的失败探险:尼古拉·列扎诺夫与一个俄属美洲梦想》[⑥]一书,从帝俄政府精英与公司上层思维的角度,分析俄美公司与沙俄政府在美洲——太平洋的扩张历史,尝试将列扎诺夫这样一位雄心勃勃与投机钻营、爱国热情与傲慢固执的人物,融入近代沙俄在美洲——太平洋扩张的“宏大事业”之内,为人们理解俄美公司的扩张历史,

---

① Kent G. Lightfoot, “Russian colonization: The implications of merchantile colonial practices in the North Pacific”, Historical Archaeology, Vol.37, No.4 (2003), pp.14-28.

② John L. Evans, Russian expansion on the Amur 1848-1860: The push to the Pacifc, The Edwin Mellen Press, 1999.

③ Erik T. Hirschmann, Empires in the land of the trickster: Russians, Tlingit, Pomo, and Americans on the Pacific rim, eighteenth century to 1910s, Ph.D., Dissertation, The University of New Mexico, 1999.

④ Peter R. Mills, Hawaii's Russian adventure: A new look at old history, University of Hawaii Press, 2002.

⑤ William McOmie, “From Russia with all due respect: revisiting the Rezanov embassy to Japan”, Issue Date: 31-Dec-2007. Publisher: 神奈川大学.

⑥ Owen Matthews, Glorious Misadventures: Nikolai Rezanov and the Dream of a Russian America, New York: Bloomsbury, 2011.

提供了一种全新的视角。这部著作的不足之处在于作者过分夸大列扎诺夫个人的历史作用,而忽视帝俄政治精英与海军军官的扩张诉求,尤其是俄美公司扩张中的政治抱负与经济诉求的统一性。

亚历山大•巴拉诺夫是俄美公司早期阶段的另一位重要人物。肯尼思N.欧文斯的《阿列克谢·巴拉诺夫和俄国向阿拉斯加和北部加利福尼亚的殖民扩张》[①]一书,围绕阿拉斯加第一座东正教堂的修建和俄美公司与特林吉特人、奥鲁提人的关系演变问题,论述巴拉诺夫在西北海岸和北部加利福尼亚从事贸易、修建新移民区和处理对外关系等内容,力图从阿拉斯加边疆地区多种族互动的角度,考察俄属美洲的殖民历史。另外,舍利霍夫的妻子舍利霍娃在为公司争取专营权的过程中同样发挥了重要作用。道恩·利·布拉克出版的《娜塔莉亚·舍利霍娃:阿拉斯加商业的俄国独裁者》[②]一书,紧紧围绕舍利霍娃追随丈夫舍利霍夫开创美洲毛皮贸易帝国的主题展开,运用详实的史料再现舍利霍娃在避免公司分裂、拓展经营业务、寻求贸易垄断等活动中的重要作用,为相关学者了解俄美公司成立及早期活动的历史提供了一种当事人的视角。

此外,马克斯·多恩豪尔,理查德·多恩豪尔和 莉迪亚T.布拉克编辑的《特林吉特人、美洲的俄国人:锡特卡战争,1802—1804》[③] 是一本有关俄国早期殖民特林吉特人领地历史的资料集,收录有涉及俄国人与特林吉特人的相遇、战争、拓殖,尤其是1802年特林吉特人进攻俄国移民区,以及1804年巴拉诺夫重新夺回移民区的战争等内容。其中包括移民区战争幸存者的日记、回忆录,以及特林吉特人的口述史料。这部资料集具有重要的史料价值。

环境史方面,瑞恩·塔克·琼斯的《灭绝的帝国:俄国人与北太平洋的奇怪海洋生物,1741—1867》[④]一书,从环境史的角度研究俄国人在北太平洋捕猎海洋毛皮动物的活动及其对生态环境的破坏。作者认为19世纪的国际环境

① Kenneth N. Owens, Aleksandr Baranov and Russian Colonial expansion into Alaska and Northern California, Seattle and London: University of Washington Press, 2015.

② Dawn Lea Black, Alexander Yu. Petrov edite and translate, Natalia Shelikhova, Russian Oligarch of Alaska Commerce, Fairbanks: Alaska University Press, 2010.

③ Marks Dauenhauer, Richard Dauenhauer, Lydia T. Black edite, Anooshi Lingit Aani Ka Russians in Tlingit America: The Battles of Sitka, 1802 and 1804, Seattle: University of Washington Press, 2008.

④ Ryan Tucker Jones, Empire of Extinction: Russians and the North Pacific's strange beasts of the sea, 1741-1867, Oxford: Oxford University Press, 2014.

专家们正是从北太平洋海洋毛皮动物灭绝的惨境中意识到自然世界正在遭受的严重威胁，而这些环境学者的观点通过欧洲传递给沙俄统治者，成为促使俄国人制定更为长久、持续的捕猎规划的重要推动力。

还有一些成果虽然不是专门研究俄美公司问题，但是却对本课题的开展有重要的价值。这些成果广泛涉及近代沙俄向西伯利亚的扩张，西班牙、英国、美国、法国在美洲——太平洋区域的经济利益、政治野心、国际关系，以及与俄美公司之间的竞争与合作等方面。

俄美公司的殖民活动对加拿大历史同样产生巨大影响。在某种程度上看，今天的加拿大西部边界正是近代俄美英在美洲太平洋权力角逐的产物。加拿大学界对俄美公司和近代俄国扩张问题的研究具有自己的独特性。这种独特性主要源于英属北美/加拿大在美俄两国扩张中的守势地位和英国的国家战略所决定的。加拿大著名历史地理学家詹姆斯 R. 吉普森尝试寻找出一条促使沙俄不断向远东——太平洋区域扩张的历史动因，发现近代俄国人正是在对毛皮这种“软黄金”的追逐中，完成对西伯利亚和阿拉斯加的殖民。吉普森在《供养俄国毛皮贸易：鄂霍次克海岸和勘察加半岛的补给，1639—1856》[①]和《帝俄的美洲边疆：俄属美洲补给的变化地理》[②]两部著作中，通过对西伯利亚、阿拉斯加和加拿大西部地区毛皮贸易的比较，以粮食补给问题为切入点，强调伴随海外殖民地而来的物资、运输难题，促使探寻各种解决补给问题的活动贯穿于公司历史的始终，成为列扎诺夫、巴拉诺夫等公司早期领导人组织对外扩张的重要目标。吉普森有关毛皮贸易——寻求补给是近代俄国对美洲太平洋区域扩张根本动力的论述，为人们理解俄美公司和沙俄政府的扩张，提供了一种全新的视角。稍显遗憾的是，作者并未深挖这一过程中商业利益与政治权益的复杂关系，因此难以从更深的层次解读这段历史。

吉普森还是一位多产学者。《欧洲人对美洲土著居民的依靠：以俄属美洲为例》[③]一文认为俄国美洲移民人口数量的稀少，使俄美公司从日常生活到经

① James R. Gibson, Feeding the Russian Fur trade: provisionment of the Okhotsk seaboard and the Kamchatka peninsula, 1639-1856, Madison: The university of Wisconsin press, 1969.

② James R. Gibson, Imperial Russia in frontier America: the changing geography of supply of Russian America, 1784-1867, Oxford: Oxford university press, 1976.

③ James R. Gibson, "European Dependence Upon American Natives: The Case of Russian America", Ethnohistory, Vol. 25, No. 4 (Autumn, 1978), pp. 359-385.

济贸易都需要美洲土著居民的帮助。《海獭皮毛,波士顿商船与中国货物:西北海岸的海洋毛皮贸易,1785—1841》[①]一书,对俄国人、英国人和美国人在美洲西北海岸与土著居民交换毛皮以运往中国广州贸易的历史进行考察,揭示出俄、美、英等国商人之间的贸易争夺以及美国新英格兰商人的最终胜利。

19世纪上半期,加拿大西部太平洋区域在大英帝国整体战略中具有重要的海军战略价值。受这种地域性因素影响,加拿大英属哥伦比亚大学发展出近代海军史研究的优势,其中很多成果涉及俄美公司、俄国太平洋海军,以及英美俄在美洲太平洋区域的战略冲突。格林·巴勒特在《俄国在太平洋水域,1715—1825:北太平洋和南太平洋俄国海军的研究》[②]一书中,将18世纪末以来美洲——太平洋沿岸俄国与英、美、西等国家的竞争与近代俄国海军的建设相联系,认为俄国海军实力的增强对俄美公司的经营与俄美殖民地的未来产生了重要的影响。而俄国海军在北太平洋势力的膨胀,及其造成的北太平洋国际关系的紧张局面,最终导致俄国海军在太平洋优势的丧失。需要说明的是,在俄美公司的经营中,俄国海军和宫廷贵族都具有十分重要的影响,促成俄美公司从商业垄断公司向政府行政机构的转变。巴勒特还主张英国参与19世纪20年代外交谈判的政策出发点在于拉拢俄国,阻挡美国向太平洋沿岸的扩张。

此外,罗伯特·伽罗瓦编辑的《一次通向美洲西北方向的航行:詹姆斯·克里特日记,1786—1789》[③]一书,对詹姆斯·克里特航海的背景、动因、过程进行论述,强调这些探险、贸易活动恰恰反映出19世纪末以来英国对太平洋地区兴趣的与日俱增。巴里M.高夫的《遥远的统治:英国和北美西北海岸,1579—1809》[④]一书主要考察英国凭借其航运贸易与海军优势,确立起对英属哥伦比亚所有权的过程和策略,为学者探查这一区域的国际关系变迁提供了一种英国视角。

---

① James R. Gibson, Otter skins, Boston ships, and China goods: The maritime fur trade of the Northwest Coast, 1785-1841, McGill-Queen's University Press, 1992.

② Glynn Barratt, Russia in Pacific water, 1715-1825: A survey of the origins of Russia's naval presence in the North and South Pacific, University of British Columbia Press, 1981.

③ Robert Galois, A voyage to the North West side of America: The journals of James Colnett, 1786-89, UBC Press, 2004.

④ Barry M. Gough, Distant Dominion: British and the Northwest coast of North America, 1579-1809, University of British Columbia Press, 1980.

二、俄国学术界对俄美公司问题的研究

俄美公司在近代俄国历史中占据十分重要的地位。正如俄国学者尼古拉耶夫所说，作为私人利益与公共权力相结合的模式，俄美公司经营着俄国唯一的海外殖民地。这些独特性使其无论对考察近代俄国向美洲太平洋扩张的历史，还是对当代俄罗斯联邦西伯利亚地区的开发，都具有重要的参考价值。[①] 显然，俄美公司的俄国第一家商业贸易垄断公司的特殊身份，为其赢得俄国学者的持续关注。

事实上，早在俄美公司成立伊始，俄国社会既已掀起对这一新鲜事物的各类评价。由俄国美洲殖民地的地理性质而来，俄国海军承担起俄美公司的海外物资补给与政府监察职责，于是海军军官成为向国内提供有关海外殖民地信息的主要来源。曾负责指挥1803—1806年俄国第一次环球航行的海军军官克鲁申施特恩即严厉指责俄美公司的经营混乱。克鲁申施特恩认为俄美公司美洲事务官巴拉诺夫将移民区变成一个内部管理混乱，外国商船横行的“醉酒殖民地”。同行的俄美公司监督列扎诺夫对移民区物资困乏、走私猖獗、资源枯竭、设施简陋等情况做了详尽的记录，并向沙皇提供解决上述问题的方案。[②]

另外，海军军官亦对俄美公司的对外殖民活动进行评价。P.N.戈洛夫宁在谈及舍利霍夫、列扎诺夫等人的美洲太平洋扩张计划时强调，“这一计划大胆而可行，只是伴随列扎诺夫的去世和巴拉诺夫的离职而被迫终结。”19世纪中叶享誉俄国社交界的D.I.扎瓦利申同样关注俄美公司的海外活动。扎瓦利申是俄国太平洋帝国计划的积极支持者，认为列扎诺夫、巴拉诺夫等人在北太平洋的殖民计划极具可行性，而1824—1825年俄国军舰进入北太平洋之时，正是俄美公司获取加利福尼亚的最佳时机。[③]

19世纪中叶，俄美公司的经营陷入困境，加之俄国全球战略重心的转移，

---

① Ермоласв Алексей Николаевив. Российско-американская Компания в Сибири и на Дальнем Востоке(1799-1871 гг.), Кемерово-2013. С.4.

② "A report from Imperial Chamberlain Rezanov to Minister of Commerce Rumyantsev about a voyage to Alta California in the ship Yunona and the situation in the Russian Colonies. New Archangel. 14 November 1806," James R. Gibson and Alexei A. Istomin compile and edit, Russian California, 1806-1860: a history in documents Volume I, London: Published by Ashgate for the Hakluty Scoeity, 2014, pp.190-191.

③ Andrei V. Grinev, "The Plans for Russian Expansion in the New World and the North Pacific in the Eighteenth and Nineteenth Centuries", European journal of American studies, Vol 5, No 2 ,2010, document 2, pp.1-2.

阿拉斯加已不再具有以往的经济和政治价值。俄美公司为继续获得沙俄政府的特许状而指派公司职员季赫麦涅夫根据公司档案编撰俄美公司历史,以凸显公司以往取得的辉煌“功业”。季赫麦涅夫依据这些原始档案创作出《俄美公司历史》[①]一书并于1861年在圣彼得堡出版。然而这部著作并未挽救俄美公司衰败的命运。伴随1867年美俄两国关于割让阿拉斯加的协议规定,俄美公司档案也一并交付美国政府,成为今天北美学者研究俄美公司相关问题的重要资源。20世纪70年代美国的俄国史专家雷蒙德H.费希特组织专家翻译了美国国家档案馆所藏的部分俄美公司档案,并以《俄美公司移民区长官1818年通信录》《俄美公司记录,1802,1817—1867》等资料集的形式出版。遗憾的是,有关俄美公司首任美洲移民区长官巴拉诺夫时期(1799—1818)的档案,大部分随巴拉诺夫一并转移至圣彼得堡,其后历经沙俄政治和社会的动荡而难以存留。是故,季赫麦涅夫的这部著作就成为学界认识和研究俄美公司早期历史的重要参考资料。同时,通观整部著作,季氏还是能够相对公允地记录俄美公司的发展历程,较少对相关事件做出评价。但考虑到作者创作的初衷,维护公司利益,美化公司形象的论述自然不可避免。公司档案文献,其中很多文献在历史的变迁中遗失,因此这部著作还具有重要的史料价值。作者在文中对公司早期领导人舍利霍夫、舍利霍娃、列扎诺夫和巴拉诺夫等多加赞美之词,但整体来看,这部著作还是基本客观地评述了公司的运营活动。遗憾的是,作者很少对俄美公司的重要举措或历史事件做出评价。《俄国海军军官在俄国远东的功勋》[②]一书记述了海军军官涅维尔斯科伊与俄美公司合作探查黑龙江入海口及库页岛的历史。书中肆意夸大个人功绩,鼓吹沙俄海军在远东——太平洋扩张中的重要作用,这些叙述显然是为沙俄殖民扩张歌功颂德,但也从一个角度展现出商业力量与海军势力在俄国远东太平洋扩张中的合作关系。总的来看,帝俄时代的学者深受沙皇专制社会氛围的影响,而更为注重政治高层和商业精英的历史作用。

十月革命后,反思和批判近代沙俄对外侵略历史成为苏联学界的重要任务。苏联领导人斯大林即对俄国殖民美洲的历史充满浓厚兴趣。1927年,斯

① P.A. Tikhmenev, A history of the Russian-American Company, trans. and edite. Richard A. Pierce and Alton S. Donnelly, Seattle: University of Washington Press, 1978.

② [俄]根·伊·涅维尔斯科伊:《俄国海军军官在俄国远东的功勋》,郝建恒,高文风,译,北京:商务印书馆,1978年。

大林在接见即将赴美的冶金部门负责人A.P. 斯列巴洛夫斯基时，指示他注意收集有关俄国殖民阿拉斯加、加利福尼亚等地的资料，以便日后编撰这段沙俄扩张的历史。遗憾的是，斯列巴洛夫斯基未能完成斯大林交代的这项任务。

20世纪30年代，苏联学者谢·宾·奥孔完成《俄美公司》[①]一书。奥孔认为，沙俄政府是19世纪太平洋扩张的主力，强调俄美公司附属于帝俄扩张战略的工具性。需要说明的是，奥孔作为一名苏联马克思主义史学家，基本是带着批判近代沙俄对外殖民侵略的政治立场来考察俄美公司的历史，从某种程度来说能够较为客观的评价这段历史。但作者在注意到俄美公司的沙俄扩张帮凶角色的基础上，过分强调沙俄政府在俄美公司形成与活动方面的重要性，甚至不惜断章取义式的构建起近代帝俄在美洲——太平洋区域的扩张战略，否认以俄国毛皮商人为代表的私人商业力量的历史作用，却不免一叶障目，难以更为真实全面还原这段历史。书中首次使用大量未公开的俄文档案与文件，具有重要的学术参考价值。稍显不足的是，本书较少利用外国收藏文献（1867年俄美公司档案也一并转移给美国政府）。这些材料对分析俄美公司的日常运营，以及阿拉斯加割让等问题无疑十分重要。同时，书中对俄美公司与中国的联系方面分析的也不够深入。

奥孔的观点深刻影响了苏联时代成长起来的俄国史学者。波霍夫第诺夫的《俄美关系的开始，1775—1815》一书，将俄属美洲的历史，尤其是俄美两国在美洲太平洋沿岸商业冲突与政府交涉等核心问题，放入俄美两国国家关系发展的整体框架之内。作者认为正是波士顿商人对俄美公司商业利益的损害，迫使俄国政府开始重视新兴的美国，进而对19世纪俄美两国关系产生重要的影响。[②]在述及俄国与“美洲非殖民原则”形成的关联时，波霍夫第诺夫以外交文献为基础，强调“美洲非殖民原则”与“门罗宣言”并非1821年沙俄敕令直接引发的结果，而是美国政治和商业扩张思想不断膨胀的必然产物。[③]伴随俄美公司相关档案的发掘，苏联时代过分强调的沙俄对外扩张主体论遭受质疑。尤其是沙俄政府在夏威夷岛屿唾手可得之时选择放弃，在罗

---

①［苏］谢·宾·奥孔：《俄美公司》，俞启骧，译，北京：商务印书馆，1982年。

② Nikolai N. Bolkhovitinov, The beginnings of Russian-American Relations 1775—1815, trans. Elena Levin, Cambridge: Havard University Press, 1975, xiii.

③ Nikolai N. Bolkhovitinov, “Russia and the Declaration of the Non-Colonization Principle: New Archival Evidence”, Oregon Historical Quarterly, Vol. 72, No. 2 (Jun., 1971), pp. 101-126.

斯移民区行将合法之时加以制止等举动，显然与传统的太平洋扩张政策相矛盾。这些疑问促使包括波霍夫第诺夫在内的俄国史学家逐渐放弃传统的帝俄扩张说，而选择从更为宽阔的视阈解读这段历史。①

1997—1999年，波霍夫第诺夫组织俄国、美国和加拿大学者共同编辑出版三卷本的《俄属美洲历史，1732—1867》。书中较为系统地论述了阿拉斯加原住民社会、俄国毛皮商人与原住民的相互关系、俄国海军军官对原住民的治理、殖民国家对美洲太平洋沿岸的争夺，以及俄国在夏威夷群岛、加利福尼亚、千岛群岛等地扩张的历史内容。这套汇集俄国、美国、加拿大学界前沿研究的成果，具有重要的学术价值。波霍夫第诺夫尤为强调沙俄在阿拉斯加与西伯利亚两地扩张的相似性。② 另外，波霍夫第诺夫还注重对俄美公司的国内外市场影响的考察。《俄美公司：国内和国外市场的活动（1799—1867）》一书以时间为序，围绕俄美公司与外国市场的交易、国内市场公司股票价格的波动，以及公司在国内外市场的声誉等内容逐一展开论述。③ 这部著作为人们了解俄美公司在国内外市场的贸易活动提供了重要参考。

此外，波霍夫第诺夫还注重对俄美公司相关文献的整理。《俄美公司和北太平洋研究，1815—1841》一书，收录有1815年至1841年间俄美公司总管理处、美洲移民区、沙皇和帝俄政府相关文书、信件和训令等材料。正如波霍夫第诺夫所强调的，以往俄国史学界有关俄美公司的资料集，大多收录俄国国内的档案文献，而这部资料集却兼顾美国国家档案馆所藏的俄美公司档案。④ 当然，由于美国学者早已对美国国家档案馆所藏俄美公司文献编录和出版，因此这部资料集对国内学者而言，似乎其中的俄藏文献更有价值。

安德列V. 格里尼奥夫是另一位享誉俄国史学界的俄美公司历史研究专家。格里尼奥夫师承波霍夫第诺夫，在2016年出版了圣彼得堡大学的博士论文，这本书于2018年被译介到美国，书名为《俄国人殖民阿拉斯加：先决条件、

---

① Andrei V. Grinev, "The Plans for Russian Expansion in the New World and the North Pacific in the Eighteenth and Nineteenth Centuries", European journal of American studies, Vol 5, No 2 ,2010, document 2, p.4.

② Andrei V. Grinev and Richard L. Bland, "A brief survey of the Russian Historiography of Russian America of recent years", Pacific Historical Review, Vol. 79, No.2 (May 2010), pp.268-269.

③ Н. Н. Ъолховитинов. Российско－американская компания: деятелъностъ на отечественном и эарубежном рынках, 1799-1867. М.: ИВИ РАН. 2006. С.4.

④ Н.Н. Ъолховитинов. Россииско американскаыа компапиыа и изухепте ТикхоокеанскоГо Сеыера, 1815-1841. М.: Наука, 2005. С.6.

发现和早期发展,1741—1799》。在序言中,作者开宗明义地强调西方学术界在俄属美洲问题研究上出现的碎片化和实证主义弊端,认为这种趋势限制了学者的主观思维及其对整体历史的把握,强调从俄国历史和全球历史发展的整体框架下,探索俄国人殖民阿拉斯加的历史意义。[①] 作者以近代早期沙皇与平民联合对抗地方贵族的时代背景入手,述及俄国社会的阶层划分,征服西伯利亚及其治理,白令两次勘察加探险,俄国毛皮商人殖民阿拉斯加和阿留申群岛的早期历史,考察俄国人的殖民活动对上述地区带来的社会经济方面的影响。书中大量引用的研究前沿和新发掘史料,成为学界了解相关问题的前沿动态和史料资源的重要参考。同时,格利尼奥夫的研究还广泛涉及俄美公司员工、原住民、海员、奴隶等内容,其成果被广泛地译介到英语学界,并具有较大的学术影响。[②]

值得注意的是,格里尼奥夫的《近年来俄国史学界有关俄属美洲研究状况概览》一文,系统梳理了2000—2010年间俄国学界关于俄属美洲历史的研究状况。作者认为"新世界的俄国殖民地的经济社会特征""俄国移民与土著居民的多种联系""有重要影响的历史人物"等尚未被探索的课题仍具有重要的研究价值,[③]强调俄国学术界研究经费的紧张与获取历史文献与域外成果的困难,不利于俄国学界对俄美公司历史研究的深入。在《18、19世纪俄国人向新世界和北太平洋的扩张计划》一文中,格里尼奥夫通过对俄国向美洲太平洋扩张各阶段的梳理,强调俄国美洲扩张是政府与私人合作的产物。作者认为沙俄政府最先炮制出"北太平洋帝国"的计划,随后毛皮商人成为殖民开拓的先锋,19世纪初的俄美公司继续承担美洲太平洋扩张的任务,同时期沙俄政府则表现消极,直至19世纪20年代沙俄政府才再次出面干预,但国际形势和殖民状况迫使其放弃扩张,逐渐退出美洲。[④]

---

① Andrei Val'terovich Grinëv, Russian colonization of Alaska: preconditions, discovery, and initial development, 1741-1799, trans. Richard L. Bland, Lincoln: University of Nebraska Press, 2018, pp.1-3.

② Andrei Val'terovich Grinev, The Tlingit Indians in Russian America, 1741-1867, trans. Richard L. Bland and Katerina G. Solovjova, Lincole: University of Nebraska Press, 2005; Andrei Val'terovich Grinev, "Russian maritime catastrophes during the colonization of Alaska, 1741-1867", The Pacific Northwest Quarterly, Vol.102, No.4 (Fall 2011), pp.178-194.

③ Andrei V. Grinëv , Richard L. Bland translate, " A brief survey of the Russian historiography of Russian America of recent years", Pacific Historical Review, Vol.79, No.2 (May 2010), p.277.

④ Andrei V. Grinev, "The Plans for Russian Expansion in the New World and the North Pacific in the Eighteenth and Nineteenth Centuries", European journal of American studies, Vol 5, No 2 ,2010, document 2, pp.1-19.

还有学者注意到俄美公司与俄国远东开发与贸易的关联性。A.H.叶尔莫拉耶夫与A.Ю.彼得罗夫的《俄美公司与中国的贸易往来》一文[①]受近年来中俄冰上丝绸之路合作理念的影响,侧重于对俄美公司来华贸易与俄国太平洋地区开发进行联系,认为俄美公司对华贸易客观上建立起一条横跨阿拉斯加、俄国远东地区与中国的经济贸易带,有力地促进了俄国远东地区居民点、港口城市和道路建设的发展,提升了俄国在远东——太平洋区域的影响力。V.A.威奇塞克和A.O.佩特罗斯利用俄罗斯联邦和地方档案馆所藏文献,分析俄美公司在沙俄吞并和开发阿穆尔河流域、滨海边疆、萨哈林岛和千岛群岛等地区中的作用。另外,作者对俄美公司成立、俄美公司与中国、日本的互动交流等问题都有较为详细的论述。[②]

此外,俄国学者关于阿拉斯加原住民和殖民地出售方面的研究亦享誉国际学术界。[③] 阿纳托利·卡明斯基[④]对印、白文化接触条件下的特林吉特人经济生活和文化信仰的变迁问题,做了较为详细地阐释。R.G.利亚普诺夫的《阿留申人民族志集:18世纪末19世纪前半期》[⑤]也是一部有广泛影响力的阿拉斯加种族、文化交流史。亚历山大·彼得罗夫在《阿拉斯加出售给美国以前俄美公司的活动》[⑥]一文中,认为俄美公司的经济困境使其无法阻止俄国政府出售阿拉斯加的决定。

综上所述,俄国史学界有关俄美公司问题的研究成果较为丰富,拥有俄文文献的优势,但受制于近年来俄罗斯科研经费投入的不足,俄国学者获取域外档案和研究成果的渠道受限,难以在更为广泛的史料基础上做出更为合理的论述。同时,俄国学者在述及俄美公司对外殖民等问题时,通常会美化沙俄的远东——北太平洋扩张,使其研究有意识或无意识地带有较大的主观性。

① [俄]A.H.叶尔莫拉耶夫,A.Ю.彼得罗夫著,张广翔、高笑译:《俄美公司与中国的贸易往来》,《北方论丛》2018年第4期。

② В.А. Волчека, А.Ю. Петрова. Российско-американская Компания в Сибири и на Дальенем Востоке, 1799-1871 гг. Кемерово: Иэдательство《ИНТ》, 2013. С.2.

③ Ilya Vinkovetsk, Russian America: an overseas colony of a continentual empire, 1804-1867, Oxford: Oxford University Press, 2011, x.

④ Archimandrite Anatolii Kamenskii, Tlingit Indians of Alaska, trans. Sergei Kan, Fairbanks: The University of Alaska Press, 1985.

⑤ Roza G. Liapunova, Essays on the Ethnography of the Aleuts (At the end of eighteenth and the first half of the nineteenth century), trans. Jerry Shelest, Fairbanks: University of Alaska Press, 1996.

⑥ Alexander Iu Petrov, "The activity of the Russian-American company on the eve of the sale of Alaska to the United States (1858-67)", Russian Studies in History, vol. 54, no. 1, 2015, pp. 61 - 90

三、国内学界对俄美公司问题的研究

俄美公司是近代中俄商贸发展的直接产物。《尼布楚条约》和《恰克图条约》的签订开启了近代中俄两国商业交往的新纪元，成为清代中国融入现代世界经济体系的重要孔道。其中，毛皮在俄国对华商品输出中占有重要地位。清人何秋涛的"彼以皮来，我以茶往"[①]，一语道破中俄恰克图边贸的主要商品结构。俄美公司作为毛皮贸易的巨头，自然引得国人的关注，"该国极东亚美理驾西北地方，设有公司，专管皮货"。[②]

国内学界对俄美公司的关注源于中俄关系史领域。徐景学教授在《西伯利亚史》[③]一书中注意到俄美公司在近代沙俄殖民扩张中的帮凶角色，并围绕着俄美公司建立、黑龙江流域探险，以及公司对雇员和原住民的压榨等问题展开论述。孟宪章的《中苏经贸史资料》[④]一书通过对中苏经贸活动近300年历史的梳理，围绕俄美公司对华贸易问题做了较为详细的论述。殷剑平的《早期的西伯利亚对外经济联系》[⑤]一书梳理了俄美公司创立及其对华贸易的历史过程。也有学者专注于俄美公司的商业经营。郭蕴深的《中俄茶叶贸易史》[⑥]一书对中俄茶叶贸易中俄美公司的角色与地位进行探查。米镇波的《清代中俄恰克图边界贸易》[⑦]运用大量中、俄两国档案文献，较为系统地论述恰克图贸易发展的历史脉络。

此外，俄美公司商船私闯广州口岸的事件也是国内学者关注的热点。有清一代，俄国即被清廷纳入北疆朝贡体系，不许俄商进入广州口岸，由此拉开中俄两国围绕广州贸易的博弈历程。广州海事史专家蔡鸿生先生的《俄罗斯馆纪事》[⑧]一书通过对清朝外交史料和广州十三行档案的梳理，系统分析了19世纪初俄美公司商船来广州贸易的来龙去脉，揭示沙俄入侵中国市场与清廷海关腐败的本质。伍宇星以不同国际体系的碰撞为切入点，认为19世纪初的"俄船入广"事件，体现出"朝贡贸易体制"与"自由贸易体系"的矛盾与冲

---

① 何秋涛：《朔方备乘》，清光绪灵鹣阁丛书本，第1994页。

② 李星沅：《李文恭公遗集》，清同治四年芋香山馆刻本，第1562页。

③ 徐景学：《西伯利亚史》，哈尔滨：黑龙江教育出版社，1991年。

④ 孟宪章：《中苏贸易史资料》，北京：中国对外经济贸易出版社，1991年。

⑤ 殷剑平：《早期的西伯利亚对外经济联系》，哈尔滨：黑龙江人民出版社，1998年。

⑥ 郭蕴深：《中俄茶叶贸易史》，哈尔滨：黑龙江教育出版社，1995年。

⑦ 米镇波：《清代中俄恰克图边界贸易》，天津：南开大学出版社，2003年。

⑧ 蔡鸿生：《俄罗斯馆纪事》，北京：中华书局，2006年。

究。[①] 柳若梅的《历史上俄罗斯通过广州开展对华贸易问题探究》[②] 一文则从整体视角下梳理出俄国尝试对广贸易的历史脉络。还有学者注意到"俄船入广"事件与俄国首次环球航行的历史联系。[③] 这些有关俄美公司性质及其对华贸易的研究,有利于揭示出俄美公司的对外殖民工具本质,但较少关注俄美公司对华侵略史的专题性研究。

20世纪80年代以来,伴随《俄美公司》[④]《涅瓦号环球航行记》[⑤]等相关研究和资料的译介出版,国内学者对俄美公司的认识更为全面,认识到俄美公司与沙皇政府对外侵略的关联——"到19世纪初,它便以罗曼诺夫王朝暴发户的姿态崛起于太平洋区域,变成一个像英国东印度公司那样的商业强权、军事强权和拥有领土的强权",[⑥]成为近代帝俄在美洲——北太平洋区域推行扩张的主力。学界开始出现一些探讨俄美公司对外扩张方面的研究。侯育成的《俄美公司在北太平洋的活动及特点》[⑦]一文,对俄美公司的成立背景、贸易活动、官方性质等方面进行概述,对从整体上了解俄美公司的历史具有一定的意义。李丹的《俄美公司在北太平洋地区的活动研究》[⑧]一文,尝试梳理"俄美公司对中国和日本的贸易活动、对黑龙江流域、库页岛、北美西海岸、夏威夷群岛等地的探查和殖民"等内容。但所述极简略,缺乏对相关问题的深入探讨。董小川的《美俄关系史》[⑨]一书从近代美俄两国关系发展的角度,认为俄美公司的侵略与扩张活动直接促成俄美两国在美洲西北海岸的争端,成为两国关系发展的主要障碍。而沙俄在远东地区海军的薄弱最终导致俄美公司对外扩张的失败。

另外,周启乾的《日俄关系简史》一书[⑩]对俄美公司代表列扎诺夫出使日本,要求发展俄日两国自由贸易的事件,以及事情败露后俄舰对日本北部领

---

① 伍宇星:《俄船首航广州贸易风波再研究》,《中俄关系的历史与现实》(第二辑),北京:社会科学文献出版社,2009年,第172-184页。

② 柳若梅:《历史上俄罗斯通过广州开展对华贸易问题探究》,《俄罗斯学刊》2011年第3期。

③ 丁则良:《俄国人第一次环球航行与中国》,《丁则良文集》,北京:清华大学出版社,2009年,第323-342页。

④ [苏]谢·宾·奥孔:《俄美公司》。

⑤ [俄]尤·弗·里相斯基:《涅瓦号环球旅行记》,徐景学译,哈尔滨:黑龙江人民出版社,1983年。

⑥ 中外关系史学会编:《中外关系史论丛》(第二辑),北京:世界知识出版社,1987年,第129页。

⑦ 侯育成:《俄美公司在北太平洋的活动及其特点》,《学习与探索》1989年第3期。

⑧ 李丹:《俄美公司在北太平洋地区的活动研究》,哈尔滨:黑龙江省社会科学院硕士学位论文,2014年。

⑨ 董小川:《美俄关系史研究:1648—1917》,长春:东北师范大学出版社,1999年。

⑩ 周启乾:《日俄关系简史》,天津人民出版社,1985年。

土的劫掠行径的考察，揭示沙俄侵略扩张的丑恶行径。王钺的《俄美公司与日本》[①] 一文则将19世纪初的列扎诺夫叩关日本事件与俄美公司的历史命运相联系，强调这次侵略活动的负面效益——不但直接促成俄日两国关系的恶化，而且成为俄美公司最终失败的主要因素。梁立佳的《1821年敕令与近代帝俄美洲殖民政策的嬗变》一文[②]通过对1821年沙俄政府维护俄美公司商业利益的缘由、过程与结果的分析，揭示沙俄政府与俄美公司处理俄属美洲问题的立场差异，即俄美公司更为看重商业利益，而沙俄政府则只是将其作为帝国全球扩张中的一个筹码。

同时，彭佩锋的《俄美公司在黑龙江流域的活动研究》[③]、董铁军的《俄美公司：19世纪40—60年代俄国在远东殖民活动的“外套”》[④]、张良玉的《俄美公司与俄国在北美的殖民扩张（1799—1867）》[⑤]、邹继伟的《试论Г. И.涅维尔斯科伊与沙俄在远东的殖民活动》[⑥]、王春良、李蓉的《简论俄国向西伯利亚、千岛和阿拉斯加的扩张》[⑦] 等文章大多聚焦于俄美公司的某一次探险或在某一区域的殖民活动，同样具有一定的参考价值。

还有部分学者选择对俄美公司的组织或运营状况进行考察。如肖婷婷的《试析俄美公司的经营》[⑧]和耿喜波的《谈英国东印度公司与俄美公司职员的状况》[⑨]。值得注意的是，耿喜波在《俄美公司与英国东印度公司差异之探讨》[⑩]一文中，比较俄美公司与东印度公司在政府干预、经营管理与解体原因等方面的差异，为相关问题的后续研究提供了一种比较视角。

总的来看，国内学界对俄美公司问题的研究相对零散，缺乏系统性论述。俄国学者的研究较为丰富，大量运用俄文档案文献，但在涉及俄美公司对外殖民问题时，通常美化俄国人在远东和北太平洋地区的活动，带有一定的片面性。同时，俄国学者在研究中对美国所藏的文献较少使用。美国学者是目

① 王钺：《俄美公司与日本》，《学习与探索》1988年第8期。

② 梁立佳：《1821年敕令与近代帝俄美洲殖民政策的嬗变》，《历史教学》2017年第10期。

③ 彭佩锋：《俄美公司在黑龙江流域的活动研究》，《营销策略》2010年第35期。

④ 董铁军：《俄美公司：19世纪40—60年代俄国在远东殖民活动的“外套”》，《绥化学院学报》2009年第6期。

⑤ 张玉良：《俄美公司与俄国在北美的殖民扩张（1799—1867）》，《阜阳师院学报》1996年第2期。

⑥ 邹继伟：《试论Г.И.涅维尔斯科伊与沙俄在远东的殖民活动》，《北方文物》2012年第1期。

⑦ 王春良、李蓉：《简论俄国向西伯利亚、千岛和阿拉斯加的扩张》，《聊城大学学报》2006年第1期。

⑧ 肖婷婷：《试析俄美公司的经营》，长春：吉林大学硕士学位论文，2015年。

⑨ 耿喜波：《谈英国东印度公司与俄美公司职员的状况》，《黎明职业大学学报》2000年第3期。

⑩ 耿喜波：《俄美公司与英国东印度公司差异之探讨》，长春：东北师范大学硕士学位论文，1999年。

前研究俄美公司问题的主要力量。但相关研究大多集中在俄美公司的殖民活动对阿拉斯加、阿留申群岛、加利福尼亚、夏威夷群岛等美国领土的影响方面，较少涉及俄美公司在中国黑龙江流域、日本、菲律宾、鄂霍次克海沿岸等地区的贸易和殖民活动。森永贵子是专注于俄国远东和俄美公司的日本学者，她认为近代英、美、俄等国家在美洲太平洋区域的商业争夺与俄国毛皮公司的扩张，共同塑造了19世纪以后这一区域的国际关系格局。同时指出，俄美公司的历史还是一部被沙皇、海军和官僚利用、控制和误导的过程，在某种程度上注定了俄美公司的失败命运。[①]显然，只有在充分阅读和借鉴中、俄、美等国已有成果的基础上，将俄美公司这一沙俄殖民工具的殖民和扩张活动，放入近代英、美、俄对中国和北美西北部政治和经济利益争夺的大环境中进行考察，关注这些因素彼此间的影响和互动，将为近代中俄关系史和俄国远东、北太平洋地区政策的研究提供一种新的视角和认识。

① 森永貴子:ロシアの拡大と毛皮交易—16~19世紀シベリア・北太平洋の商人世界，彩流社（2008/11），第4、48、62页。

七 中学历史教育研究

求真·求证·求智

——高中历史课程创新基地建设实践研究*

邓晓鹏　杨　森①

摘　要：本文从一流的高中历史学科教育建设入手，聚焦钱学森之问，对回归高中教育原点，打破高中教育瓶颈，破解高中教育难题，创新"大学+中学"联合培养创新人才的育人模式，努力培养学生的创新精神、实践能力等进行了综合分析，结合西南大学附属中学实际，深度整合校内外资源，开展了基于"求真、求证、求智"的普通高中历史课程创新基地建设实践研究。

关键词：求真、求证、求智；历史课程创新基地建设；实践研究

基于"求真、求证、求智"的西南大学附属中学历史课程创新基地自2016年申报立项建设以来，按照规划目标，在硬件与软件方面进行系统建设。硬件方面，基地建筑面积达350平方米，包括历史功能室、形象墙、历史教学模型展示区、抗战文化展示区、学生活动区、教学区、研讨区等。软件方面，基地建设聚焦普通高中历史课程标准，围绕历史课程核心内容，建设开放、互通的学生自主学习平台，开发兼具信息化特色与历史学科文化特色的课程资源，使

* 基金项目：重庆市教育科学"十三五"规划2019年度重点课题"新高考背景下中学生历史学科核心素养培养的教学实践研究"（项目编号：2019-10-070）。

① 作者简介：邓晓鹏，男，1964年生，重庆市长寿区人，西南大学附中正高级教师，重庆市历史教学专委会理事长，西南大学历史文化学院兼职教授、硕士生导师，主要从事中学历史教育研究；杨森，男，1985年生，河南省兰考县人，西南大学附中一级教师，历史学硕士，西南大学历史文化学院师范专业课程专任教师，主要从事中学历史教育研究。

基地成为学生创新学习和教师专业发展的中心，培养了一批学生，成就了一批名师，彰显了学校特色，引领了全市的历史课程变革。

一、“求真、求证、求智”高中历史课程创新基地建设的理论架构

（一）“求真、求证、求智”的内涵阐释

“求真”指的是不断接近历史的真实，在这一过程中形成科学的历史时空观念，挖掘历史发展的基本内涵，揭示历史发展的客观规律。

“求证”指的是在唯物史观指导下，通过史料实证的方法，培养和发展学生对历史的理解和解释的能力。

“求智”是使学生能够从历史的角度养成求真求实的意识和精神，具有关注人类前途和国家命运的情怀，能够对历史和现实中的重大问题做出正确的价值判断，并在未来的实践中做出正确的选择。

“求真”的历史意识（真相、真知）、“求证”的历史方法（论证意识、论证能力）和“求智”的历史素能（因果、逻辑、规律），共同促进学生创新思维的发展。“求真+求证+求智”是高中历史课程创新基地建设的灵魂。

（二）“求真、求证、求智”基地建设的策略路向

前期研究发现，全国很多省市建有学科课程基地。大多省市借助了优势学校的优势项目建立学科体验辐射基地，多元探索创新人才培养路径。如何在基地建设已有做法、模式、经验基础上，构建内在生发的、科学运行的、持续生成的、特色鲜明的高中历史课程创新基地策略路向，是摆在我们面前的难题。

高中历史教育教学应该着力培养学生形成历史研究的思维，引导学生学会批判和反思，揭示历史的规律；高中历史课程学习不应当只是记住现成的结论，而是要运用历史学的思想和方法去研究和解释历史现象，并学以致用。高中历史教育教学和课程学习的核心是“求真、求证、求智”。

“求真、求证、求智”历史课程创新基地建设，应该深度融合“小课堂、大社会”，通过影音体验、光影体验、阅读体验、实物体验、重走体验等具体实践，强化求得历史的真实。让学生学会体验，在体验中学会思考、学会探索、学会感

悟。通过重视证据，以历史材料为依据来解释历史。从“事实”“褒贬”“文采”等历史本质内容，“编次”“详略”“取舍”诸要素等历史记载手段入手，培养学生的历史意识和求真精神。通过知能并进，从梳理事件之间的关系或来龙去脉转为探寻历史规律与事实之间的因果关系。

（三）“求真、求证、求智”基地要素的功能定位

聚焦“求真·求证·求智”，依据《历史课程标准》，全面创设历史学科育人环境，创新教育教学模式，拓展学生学习平台，研发优质配套资源，增强教师专业发展，发挥各大要素协同育人、联合育人、综合育人的功能，促进学生、教师、学校发展。[①]

科学制订教学目标，合理整合教学内容，有效设计教学过程，多维度进行教学评价。开发历史在线数据平台、创建历史体验教室、建设历史思维广场，以满足师生开放、现代、创新的教学环境要求。教学过程要重视“感知·探究·感悟”，通过建构“感知历史——探究历史——感悟历史”的三维教学模型、实施基于历史文化情景的体验式教学、开展基于信息技术的效能学习，来达到教学预定目标。

学习平台的定位是“自主·个性·合作”，主要通过建立“选课·走班”教学制度、开发“人机互动”在线学习平台、拓展“历史体验”主题活动平台等来进行。课程资源开发重视“多元·生动·开放”，主要通过建立历史在线数据库、共建开放的历史文化活动基地、建立“求真·求证·求智”历史课程基地网站来进行。教师专业发展研修共同体的定位是“共建·共享·共生”，主要通过建立“求真”历史名师工作室、开展主题研修、完善工作室研修机制来促进。

二、“求真、求证、求智”高中历史课程创新基地建设的实践过程

（一）创设真实的教学环境

1.开发历史在线数据平台。以大数据平台为支撑，建立包括高中历史学习领域课程资源选择、开发、实施的数据单元系统和环境保障系统，集“应用、管理、开发、辐射”功能为一体的综合平台。核心覆盖西南大学历史文化学院

① 中华人民共和国教育部：《普通高中历史课程标准（2017年版）》，北京：人民教育出版社，2018年，第5页。

历史文化数据库、历史教师教学备课系统、历史教师视频课例录播系统、历史教师教学研究系统、缙云历史课程资源系统、历史学习选课系统、在线学习交互系统等,实现基于大数据信息化时代历史教学的整体创新。

探索建立多元化交互式平台,学生在普通教室,通过配备的交互式学生终端,以互联网为媒介接入各地博物馆、展览馆,拓展数字虚拟体验教室。

2.创建历史体验教室。建立1间历史体验教室,配备多媒体投影仪、激光"人机"互动系统、激光"事件三维模拟系统"、影音播放设备、历史事件推演沙盘、历史实物等,为历史重大事件情景还原、历史事件情境互动、历史事件推演等提供技术支撑,实现"历史情境再现式体验学习"。

3.建设历史思维广场。建立2个专用教室的思维广场。"思维广场,是一个集图书馆、电脑房、会议室、沙龙、休闲吧等功能于一身的'非典型'教室。"[①]一是设置"宽敞、通透、舒适"的场域,使学生不感到压抑,能够打开心胸和心智接受新知识,享受学习的愉悦过程;二是设置"半开放、半封闭的"场域,包括半开放的学生个性化自主学习空间、半封闭的分组讨论区域等。思维广场的建立,旨在通过建立宽松自由的学习环境,使学生开展自主、选择、合作、互动的个性化学习,在广场式的学习共同体中优化学习效果,培养沟通交流、辩证思维等综合能力,培养学生自觉学习的意识,提升学生的学习品质。

(二)明确教学核心指向

1.准确把握《普通高中历史课程标准》。历史课程将培养和提高学生的历史学科核心素养作为重心,引导学生通过历史学习逐步形成具有历史学科特征的思维品质和关键能力。日常教育教学过程中,"课程目标的确定、课程内容的选择、课程实施的措施、课程评价的标准等,都要始终贯穿着发展学生历史核心素养这一核心任务"。[②]准确把握历史学科的性质及其功能,深刻领会历史课程的本质和教育价值,全面认识历史学科核心素养的内涵,制定基地配套课程开发、课堂教学、教学评价的指导标准和实施意见,建设准确、科学体现历史学科核心素养的教学内容,创新、完善教学实施方法与途径,努力建构从历史课程标准到历史教学内容、历史教学实施、历史教学评价的历史课

① 周靖、罗明:《核心素养:中学历史学科育人机制研究》,上海:复旦大学出版社,2018年,第97页。
② 中华人民共和国教育部:《普通高中历史课程标准(2017年版)》,第2页。

程创新基地教学实践模型。

2.科学制订教学目标。从发展学生历史学科核心素养的角度制订教学目标,将核心素养的培养作为教学的出发点和落脚点。认真研读《历史课程标准》,把握高中历史课程的总目标和发展核心素养的具体目标。在整个高中历史教学过程中,不仅要从整体上设计模块化的教学目标,而且要依据课程标准具体设计学习主题的教学目标和课时的教学目标,确保历史教学全过程能够紧密围绕学科核心素养展开,以达到学业质量标准。

3.合理整合教学内容。依据历史课程标准,完整、准确地把握历史课程内容及教学要求,对教学内容进行更为有效的整合,把握学习主题中的关键问题,确定教学内容中的重点,设计新的综合性的学习主题,既加强历史横向联系的整合,又凸显历史纵向联系的整合。

4.有效设计教学过程。基于培养学生核心素养的教学设计,不仅要考虑到历史教学内容的逻辑、教学过程的环节以及学生的认知特点等,更重要的是在教学理念上要以学生的学习与发展为教学的本位、重点,以调动和发挥学生历史学习的积极性、主动性和创造性为核心,以学生的学习活动为实质性线路,以学生的自主探究活动为中心展开教学。在设计教学过程时,要重点关注创设历史情境,以问题为引领,开展基于史料研习的教学活动。

5.多维度进行教学评价。高中历史教学的评价应以课程标准为依据,以历史学科核心素养发展情况为评价核心,以促进学生的发展及改善教师的教学为目的,采用科学、可行和多样的方式方法,设计或提供各种形式的评价任务,在系统收集学生学习过程、学习效果等相关材料的基础上,对学生的学习状况进行量化和质性的全面分析,并将评价结果及时反馈给学生。

(三)探索教学的有效路径

1.聚焦"求真",建构"感知历史——探究历史——感悟历史"的三维教学模型。历史是过去的事情,学生要了解和认识历史,需要了解、感受、体会历史的真实境况和当时人们所面临的实际问题,进而才能去理解历史和解释历史,形成正确的历史价值观。

2.突出"求证",实施基于历史文化情景的体验式教学。充分利用历史文化情景再现实验室进行历史的情景再现和历史重大事件沙盘推演,利用影像实验室进行纪念片等历史题材内容的鉴赏分析，利用文物标本室进行文物的识别与修复，增强教学内容的直观性和形象性，实施情境式教学和体验式学习。通过历史文化情景的体验式学习，使学生能够知道史料是通向历史认识的桥梁，了解史料的多种类型，掌握搜集史料的途径与方法；能够通过对史料的辨析和对史料作者意图的认知，判断史料的真伪和价值，并在此过程中体会实证精神；能够从史料中提取有效信息，作为历史叙述的可靠证据，并据此提出自己的历史认识；能够以实证精神对待历史与现实问题。

3. 达到"求智"，开展基于信息技术的效能学习。借鉴信息技术背景下的慕课、翻转课堂等新兴教学技术与模式，开展"云课堂"研究，拓展学生学习历史的时空，增强学生历史学习的自主性、合作性、差异性。"求智"旨在以"立德树人"为核心的目标统领下，通过建立宽松自由的学习环境，使学生开展自主、选择、合作、互动的个性化学习，在广场式的学习共同体中优化学习效果，培养沟通交流、辩证思维等综合能力，培养学生自觉学习的意识，提升学生运用所学解决问题的能力，涵育家国情怀，拓展国际视野。

(四)创新交互学习平台

1. 建立"选课·走班"教学制度。根据历史学习主题能力及学习的主题单元，建立"选课·走班"教学制度，促进高中历史课程向模块化、层次化、体系化、多样化、弹性化发展，拓展学生的知识与技能，发展学生的兴趣和特长，培养学生的核心素养。

2. 开发"人机互动"在线学习平台。整合西南大学、科研机构、技术公司等实体单位，运用新理念、新技术、新方法、新手段，开发建设人机互动在线教学平台，设计历史教学内容模拟软件，实现多人多机联网在线学习，自主评估、掌握学习状况，突破学习的时空瓶颈，促进学生主动学习、自主学习、移动学习。

3. 拓展"历史体验"主题活动平台。建立学生历史社团，广泛开展历史主题活动，建立"探寻历史真相、解密历史故事、品味历史人生"系列主题活动，"为学生搭建历史学习的舞台，学生在多样化、开放式的学习环境中，充分发挥学生的主体性、积极性与参与性"，[1]培养学生经世致用的人文素养，培养探

① 周靖、罗明：《核心素养：中学历史学科育人机制研究》，第192页。

究历史问题的能力和实事求是的科学态度，提高创新意识和实践能力。

（五）研发配套课程资源体系

1.建立历史在线课程资源数据库。建立历史在线大数据库，包括西南大学历史文化学院历史文化数据库、历史课程资源系统、历史学习选课系统等，实现课程资源研发、管理、应用深度融合，满足教师、学生备课、录播、选课、上课、评价等需要，实现基于大数据信息化时代历史教学资源的创新。

具体包括：(1)编制系列历史主题课例和微课。依据国家课程标准和教学指导意见，根据历史模块构成，编制历史典型课例，开发典型微课。(2)开发"求真·求证·求智"选修课程。以《重庆抗战文化》、《听历史故事，品人生智慧》等选修课程为基础，开发适合不同年段的选修课程，形成系列化、主题化的校本课程。(3)收集"时序·主题"历史感观课程资源。以历史时序和历史主题模块为单位，分版块、专题或时段逐步搜集历史书籍、历史实物、历史影像等历史资源，形成历史感观课程资源。

2.共建开放的历史文化活动基地。学校通过与其他文化单位合作共建校外活动基地，定期组织学生到重庆中国三峡博物馆、西南大学重庆抗战大后方中心、以及张自忠将军陵园（北碚）、复旦大学旧址（北碚）等遗址参观学习，为学生提供历史体验与历史参与的时间和空间，促进学生开展历史思考，积累宝贵的校外、选修、历史学科主题研学实践活动课程资源。

3.研发"求真·求证·求智"历史课程基地网页。有序开发"求真·求证·求智"网站，上传相关历史课程资源，包括相关历史网站链接、历史课程基地网站、历史电子资料库、历史学习交流论坛等。老师和学生可以随时通过网络查找资料，观看各种教学视频、图片，及时了解各种信息，也可以将老师和学生创作的作品上传到网站以供交流和观摩学习。

（六）打造教师专业发展研修共同体

1.建立"求真"历史名师工作室。挂牌成立"杨泽新历史名师工作室"，组成以我校历史教师为主体、涵盖北碚区及市内外的历史教师专业发展共同体，探索以"问题研究、行动反思、行为改进"为基本模式的教学名师成长途径，追求学科本质，搭建研修平台、攻克教研难题、提炼教学策略、打造师资团队。

2.开展主题研修,完善工作室研修机制。工作室由名师领衔,骨干教师主体参与,通过名师工作室追求学科本质,负责专题教室建设、校本课程开发、社团活动指导、学情诊断与跟踪评价等,进一步搭建研修平台,攻克难题,形成教学策略,打造一支具有区域影响力的教师团队。

教研组即基地的核心,定期组织理论学习,集体备课,观课评教,围绕"史德·史才·史能"组织开展不同层次、不同规模、不同形式的课例研修活动,通过教师示范课、教学观摩课、历史教学基本功技能考核等提升教师的教学水平,提升教学骨干的课程开发能力与课程实施能力。

3.聚合专业引领,拓展辐射作用。借助大学附中的优势,定期地聘请"历史教学论—历史课程论"专家学者来校讲学,对全体教师进行专业引领,建立教师培养基地,带动教师的专业发展和历史人文素养的提高。

以课程基地为平台,深度整合西南大学历史文化学院、教师教育学院、教育学部等师范大学教育资源,加强市内外、区内外、校内外历史文化领域有关机构单位的合作,采取"讲出去"与"学进来"相结合的方式,充分发挥本课程创新基地的引领、辐射作用。系统规划并有序开展区域"教学科研一体化"的互动交流活动,努力把我校建设成为区域性教师的培训基地,以实现各学校间资源共享、优势互补、互利共赢。

(七)形成课程创新基地运行模型

聚焦"求真、求证、求智",打造开放的、现代的、创新的课程环境,开发、选用多元、立体、丰富的影视资源,创设"求证"的真实情境、事件,让学生不断接近历史真实,了解历史发展的基本内涵;开展历史探究活动,引导学生找寻史据,学会历史的"感知、探究、感悟"。

围绕"问题引领课堂"的教学目标,"在核心问题统领下,设计编制若干有逻辑关联、有层次梯度的子问题",①组成问题求证链,以揭示历史发展的客观规律,发展对历史的理解和解释的能力;持续生成"多元·生动·开放"的历史课程资源,引导学生"自主·个性·合作"学习,然后尝试撰写历史小论文或者进行历史研究判断。

课堂实施注意突出核心问题,体现学生主体,加强逻辑分析,培养学生明

---

① 孙浩:《基于课程标准、素养导向、问题驱动的历史新授课》,《中学历史教学参考》2020年第14期。

辨是非、正确决策的能力，达到求智的目的。在课程实施评价方面，我们尤其关注历史问题的核心、节点、难度、台阶，注重构建“共建·共享·共生”的教师专业发展研修共同体。

三、“求真、求证、求智”高中历史课程创新基地建设的效能产出

（一）促进高中历史教育要素的聚汇

“求真、求证、求智”高中历史课程创新基地的建设，聚焦高中历史课程改革主题，聚合了历史教育教学思想、课程资源研发、教师队伍建设的软环境与历史教育教学场馆、平台、设施的硬环境，探索了从“课程标准—教学内容—教学策略”三端历史教学模型，促进对高中历史教育全要素的整体优化，是高中历史教育从结果质量转向“结果质量+过程质量”的核心载体。

（二）提高教师课程领导、研发、实施能力

“求真、求证、求智”高中历史课程创新基地，将历史教研组织建设在课程基地，历史教研活动开展在课程基地，历史教育科研研究实验在课程基地，组织历史教师在“研”中“教”，在“教”中“研”，引导教师更新教育理念，大力提高教师“研究课程结构、选择课程内容、实施课程”的水平和能力，着眼激发学生历史学习兴趣，挖掘学生历史学习潜能和创造潜能，培育学生的“史德·史才·史能”，从而提高历史教育教学质量，培养了一批在中学历史教育教学领域有思想并付诸实践的知名教师，打造出市内知名的历史教师专业发展团队。

（三）培养学生求真、求证、求智的历史学科素养

“求真、求证、求智”高中历史课程创新基地的建设，非常注重“培养和提高学生的‘求真’的历史意识、‘求证’的历史方法和‘求智’的历史素能”，[①]并以此为导向，探索了行之有效的实践策略，促进了学生的全面发展。“求真·求证·求智”的历史教育，促进了学生历史学习方式的转变，促进了全面发挥历史课程的教育功能，促使学生增强历史意识，汲取历史智慧，开阔视野，了解中国和世界的发展大势，增强历史洞察力和历史使命感，促进学生的历史思

① 朱华：《创设情境，培养学生求真、求证、求智的素养》，《中学历史教学》2018年第11期。

维、历史判断、历史阐释能力的提升。

(四)辐射带动区域高中历史教育协同发展

“求真、求证、求智”高中历史课程创新基地的建设,通过区域性的课程基地协同活动,发挥了西南大学及其附属中学的引领力量,促进了区域高中历史教育的整体协调发展。通过课程基地网络平台建设,呈现了以课程创新基地建设为载体的历史教育教学整体改革模型,拓展了高中历史课程改革效能,引领其他学校、其他区县关注并深化高中历史课程育人改革,主动自觉形成以课程创新基地为平台,以学科教学方式变革为核心,以学生历史素养培育为根本追求的高中历史教育教学整体变革。

四、“求真、求证、求智”高中历史课程创新基地建设的创新突破

(一)理念创新:化知识消费为知识创生

区别于传统的历史知识过程的个体化、随机性、不稳定的传统方式的弊端,“求真、求证、求智”高中历史课程创新基地的建设立足于当代信息社会对知识生产的时代要求,建立机制化、兼顾个性化及可持续发展的知识生产过程,把复制性历史学习改造为历史体验性学习和历史情境参与式学习。

(二)模式创新:融汇大学与中学

“求真、求证、求智”高中历史课程创新基地的建设,实现大学、中学一体化的融汇创新,西南大学历史学科课程基地平台的数据、硬件、软件、人才队伍、专业支持和附属中学教学的无缝对接构成大学和中学的协同创新模式,形成了“大学中的中学、中学里的大学”特有课程创新模式。

(三)内容创新:追求历史课程本原

回归历史学科核心课程价值与育人功能,围绕“求真·求证·求智”史学核心素养开展基地建设,引导历史学科教育关注高中历史学科的核心价值,回归历史学科育人本原,有助于学科课程价值与“立德树人”核心价值观教育的深度融合。

(四)方法创新:融入现代化的大数据库

"求真、求证、求智"高中历史课程创新基地的建设,突出大数据在历史教学中的方法创新,以信息化时代的大数据库应用为基础,把基于经验的人文学科学习还原为基于事实与情境的体验学习,为教与学的个性化发展提供基础平台,打造成熟的教与学体系,进入现代化课堂,形成信息化条件下的教与学的方法创新,进而实现育人目标的达成。

五、"求真、求证、求智"高中历史课程创新基地建设的问题反思

"求真、求证、求智",教育是一项大的系统工程,单凭一校之力来推进有一定难度,我们只能做个探路者。

在课程基地辐射过程中,教学质量保障问题如何解决是个难题。其一,在学校内部,教学理念、课程建设和资源共享、学习支持服务、考核制度和师资建设等方面较为熟悉和可控,如何创新思维和创新方法是头等难题。其二,在基地产生辐射效应的过程中,教学效果反馈经常失灵,学习支持服务形式较为单一。其三,教师的业务素质有待提高。如何增强基地校的自主学习内驱力,处理好教学质量保障问题,构建人性化学习支持服务体系,建立多元化、科学的教学监控和评价体系,是后期不得不解决的问题。